**Gila van Delden**

# Liebe ist die größte Kraft!

**Gila van Delden**

# Liebe ist die größte Kraft!

**Ein erfrischender humorvoller Tatsachenbericht, voller Tiefgang und Spiritualität**

COUNTRY VERLAG

***Bisher erschienen als autobiografische Tatsachenberichte***

| | |
|---|---|
| 1. … nicht heulen, Husky! | ISBN: 978-3-9803144-0-4 |
| 2. Mutter Erde, trage mich … | ISBN: 978-3-9803144-2-8 |
| 3. … gib uns Herzen, die verstehen! | ISBN: 978-3-9803144-6-6 |
| 4. … aus einem kleinen Samenkorn | ISBN: 978-3-9803144-9-7 |
| 5. Liebe ist die größte Kraft! | ISBN: 978-3-9803144-7-3 |

***sowie die beiden Lebenshilfebücher***

| | |
|---|---|
| 1. Impulse zum Glücklichsein | ISBN: 978-3-9803144-5-9 |
| 2. Lass dein Leben leuchten! (HEYNE-VERLAG) | ISBN: 978-3-453-70190-8 |

Bibliografische Information Der Deutschen Bibliothek
Die Deutsche Bibliothek verzeichnet diese Publikation in der Deutschen Nationalbibliografie; detaillierte biografische Daten sind im Internet über http://dnb.ddb.de abrufbar.

2. überarbeitete Auflage - 2012

Fischweg 7, D-33790 Halle/Westf.

Titelfoto: fotolia – african fishermen
Lektorat: Götz Draeger – draegergoetz@freenet.de
Herstellung: Hans Kock, Bielefeld
Printed in Germany
ISBN 978-3-9803144-7-3

***Nun aber bleiben***
***Glaube, Hoffnung, Liebe,***
***diese drei;***
***aber die Liebe ist die größte unter ihnen.***

(1. Korinther, 13)

***DANKE!***

*Ich danke euch allen von ganzem Herzen*
*für die berührenden, zauberhaften*
*und humorvollen Erlebnisse,*
*die ich mit euch auf*
*unseren gemeinsamen Seminaren teilen konnte.*
*Danke, dass ich darüber berichten durfte.*
*Bei denjenigen, die ich nicht fragen konnte,*
*habe ich Namen und Orte verändert.*

***DANKE!***

*Ganz besonders aber danke*
*ich all euch Vorausgegangenen,*
*dass ihr mich mit eurer tiefen Liebe unterstützt habt.*

*Ohne euch alle hätte dieses Buch nicht entstehen*
*können.*

***DANKE!***

# EINLEITUNG

*Ich glaube, dass wir einen Funken*
*jenes ewigen Lichts in uns tragen,*
*das im Grunde des Seins leuchten muss*
*und welches unsere schwachen Sinne*
*nur von ferne ahnen können.*
*Diesen Funken in uns Flamme werden zu lassen*
*und das Göttliche in uns zu verwirklichen,*
*ist unsere höchste Pflicht.*

(Johann Wolfgang von Goethe)

Liebe ist die höchste Schwingung zwischen allem, was lebt. Sie ist die stärkste Heilkraft im Universum. Es gibt nur ein einziges Gebot – das Gebot der Liebe! Es ist das Leben selbst, das uns lehrt, Liebe zu leben und unsere Gedanken liebevoll für uns und andere einzusetzen.

Die Hinwendung zum Licht und zur Liebe kann wunderbare Veränderungen in unserem Leben bewirken. So leben wir immer mehr unser Selbst – und das bringt uns weiter. Geliebt zu sein, macht stark, selbst zu lieben, macht mutig.

Wenn wir uns verändern, dann verändern wir die Welt. Wir erleben die Welt und die Menschen so, wie wir sie sehen. Und die Menschen reagieren so, wie wir uns ihnen gegenüber verhalten. Deshalb wird jede Veränderung unserer Gedanken und unseres Verhaltens auch Einfluss auf unsere Umgebung haben.

Je mehr Liebe wir geben, um so mehr bekommen wir zurück! Unser Leben kann nicht immer voller Freude sein, aber immer voller Liebe. Sie trägt uns vorwärts, lässt unsere Gedanken und Worte als kraftvolle Energie fließen. Wenn wir unsere Seele und unser Gemüt mit Licht und Liebe anfüllen, erfüllen wir Gottes Auftrag, und es liegt Segen über unserem Leben.

Alles, was wir im Leben tun, sollte zu Harmonie und Freude für uns und andere beitragen. Damit schöpfen wir aus der unendlichen Quelle der Göttlichen Liebe und des Göttlichen Lichtes.

Wir sind alle eins – einer braucht den anderen. Jeder weiß, dass es die Schöpfung gibt – wir leben schließlich in ihr. Doch wenn wir anerkennen, dass es sie gibt, müssen wir als Fazit auch anerkennen, dass es einen Schöpfer gibt.

Ich bin im christlichen Glauben aufgewachsen, darum nenne ich den Schöpfer ‚Gott' oder ‚Vater'. Damit ist für mich nicht der männliche, menschliche Vater gemeint, sondern das Gesetz der Liebe.

Es ist egal, ob wir Menschen zu Gott, Allah oder einer anderen Höheren Macht beten – wichtig ist, dass wir das Gesetz der Liebe befolgen. Gesetz? Wir müssen gar kein Gesetz befolgen, wenn wir die Liebe in uns tragen, und davon sollten wir uns leiten lassen bei all unseren Entscheidungen.

So besteht für mich der wesentliche Aspekt meiner Arbeit darin, Impulse zu geben, dass die Menschen in die Liebe zurückfinden, in den Glauben an die eigene Kraft, die von der Quelle kommt – von Gott.

Meine Lebensaufgabe wurde von meinem großen Freund und Lebenslehrer Günter Ilse beeinflusst, bei dem ich mein erstes Seminar besuchte.

In einigen meiner Bücher schreibe ich über Affirmationen. Ich möchte es mal anders ausdrücken: Für mich sind Affirmationen Gebete. Wie das Wort Affirmation aussagt: bestätigen, was noch nicht ist. Nach dem Bibelwort: ‚Alles, um was ihr bittet, glaubet zuerst, ihr *habet* es empfangen, dann erst werdet ihr es empfangen.'

Ich bin wirklich dankbar für mein starkes Urvertrauen, dass tatsächlich das in mein Leben tritt, was ich gedanklich ‚bestellt' habe. Es ereignet sich, wenn die Zeit reif ist. Daran glaube ich ganz fest und brauche auch dann nicht zu zweifeln, wenn es nicht sofort geschieht.

Von meiner ersten Affirmation vor vielen Jahren, in der ich schrieb, dass ich dankbar bin für die Verfilmung meines Buches *„... nicht heulen, Husky!"*, bis zur Verwirklichung hat es drei Jahre gedauert. Doch Zweifel kamen gar nicht erst auf, da ich unbeirrt meine Affirmationen weiter geschrieben habe.

Wenn jedoch die Erfüllung meiner Wünsche wirklich mal nicht vorgesehen ist, dann spüre ich das und sage mir: ‚Herr, *Dein* Wille geschehe!'

So war es sicher auch nicht vorgesehen, dass ich mit Rainer mein weiteres Leben verbringen sollte. Er ist der Vater meiner beiden jüngeren Kinder Dana und Rico und war der Mann meiner Freundin Eva, die von unserer Beziehung bis kurz vor unserer Auswanderung nichts gewusst hatte. Mit ihm, Dana und den beiden älteren Jungen André und Marco, die meiner ersten Ehe mit Achim entstammen, sowie dreizehn Huskies bin ich nach Whitehorse, der Hauptstadt der Yukon Territories in Kanada, ausgewandert. Später sind wir jedoch wieder nach Deutschland zurückgekehrt, wo im Sommer 1986 Rico geboren wurde.

Drei Monate vor Ricos Geburt hatte ich mich dann endgültig von Rainer getrennt. Er war nach Kanada zurückgegangen und hat nie wieder versucht, mit mir oder unseren Kindern

Kontakt aufzunehmen. Rico hat ihn bis zum heutigen Zeitpunkt nicht kennengelernt, und auch Dana kann sich kaum noch an ihn erinnern.

Über diese Zeit habe ich ausführlich in meinem ersten Buch '*... nicht heulen, Husky!'* berichtet, was auch die Grundlage für den gleichnamigen Fernsehfilm mit Heiner Lauterbach und Barbara Rudnik in den Hauptrollen war.

Seit 1994 leite ich nun bereits Seminare über die Kraft des Unterbewusstseins und gebe damit Impulse, an die Kraft der Liebe zu glauben. Doch auch ich musste erst einmal lernen, mein Ego zurückzufahren und mich leiten zu lassen, weil diese Kraft *durch* mich fließt und nicht *von* mir kommt.

Voller Dankbarkeit habe ich inzwischen erkannt: Meine Lebensaufgabe liegt in der Lebenshilfe, und ich bin fest davon überzeugt, dass alle Kraft von Gott kommt. Und wenn diese Tätigkeit meine Lebensaufgabe ist, dann gibt Er mir auch die Kraft dafür.

# KAPITEL 1

*Nicht Erfolg*
*ist der Schlüssel zum Glück,*
*sondern Glück*
*ist der Schlüssel zum Erfolg.*

(Albert Schweitzer)

Jedes Mal, wenn ich ein Seminar in Sasbachwalden leitete, fuhr ich auf dem Hinweg in Heidelberg bei Günter Ilse vorbei, meinem großen Freund und Lebenslehrer, wie ich ihn voller Liebe nenne.

„Komm rein, Mädchen!“, strahlte er mich auch dieses Mal an, als er mir die Tür seiner Penthousewohnung öffnete, im Eichwald hoch über Heidelberg gelegen, und nahm mich herzlich in seine Arme.

Er schien kaum älter zu werden. Man sah ihm die 76 Jahre wirklich nicht an. Seine kraftvolle Stimme hatte er sich wohl durch die vielen Kurse, die er geleitet hatte, bewahrt. Es war wirklich eine Freude zu sehen, wie sportlich und jugendlich sein Gang immer noch war.

Er lebte die Botschaft: Im Kleinen Großes sehen – im Stillen Freude haben, die Hand ausstrecken – und dieses Gefühl hinübertragen in das Herz eines Fremden. Er wusste, es macht den Wert und das Glück des Lebens aus, in etwas Größerem aufzugehen. Er hatte verstanden, dass das Geheimnis des Glücks nicht im Besitzen liegt, sondern im Geben. Und indem er die Menschen um sich herum glücklich machte, kam das

Glück vermehrt zu ihm zurück. Mit seiner Warmherzigkeit und geistigen Klarheit brachte er die Herzen vieler Menschen zum Strahlen.

Unsere Lebenswege kreuzten sich vor langer Zeit. Ich hatte sein Seminar besucht, mit dessen Botschaft er mich damals mitten ins Herz traf.

Es war eine tiefe Freude für ihn, als später mein Husky-Buch erschien. Damit erhielt die Botschaft seiner Lebensphilosophie noch mehr Strahlkraft.

Danach wurde die Begegnung mit ihm und seiner Frau Röschen zu einer innigen Freundschaft. Ich denke gern an die vielen gemeinsamen Tage voller Erlebnisfülle, ob bei uns zu Hause oder bei den beiden in Heidelberg, wo wir den Eichwald als ‚Engel-Umschlagplatz' benutzt haben. Renate und Klaus aus Sasbachwalden hatten damals eine von Klaus wunderschön gestaltete Engelskulptur mit kleinem Kind für uns zu Günter gebracht, die Götz dann später dort abholte.

Gern erinnere ich mich an unser gemeinsames Lachen, an die vielen tiefgehenden Gespräche, die erkennen ließen, wie sehr wir auf einer Wellenlänge lagen. Als Röschen dann vor einigen Jahren ins Licht ging, wurde unsere Freundschaft immer mehr durch Fürsorge für ihn getragen.

Und das spürte ich auch jetzt wieder ganz deutlich, als ich ihm gegenüber auf der Couch saß. Eine Warmhaltekanne mit frisch gekochtem Kaffee stand vor uns auf dem niedrigen Couchtisch. Von seinem Wohnzimmer aus konnte ich das herrliche Panorama von Heidelberg genießen. Jetzt im Mai hatte die Natur ihr schönstes Kleid angelegt, als ob sie gewusst hätte, was in diesem Augenblick für ein Same gesetzt werden sollte.

„Sag, Günter, wie geht es dir!", begann ich und schaute ihm

dabei offen in sein sympathisches Gesicht. Mit seinen großen grauen Augen, die stets etwas Strahlendes, aber auch Neugier auf das Leben vermittelten, erwiderte er meinen Blick. Sein Lachen erinnerte mich oft an einen kleinen Jungen. Sein volles graues Haar trug ebenfalls dazu bei, ihn weit jünger wirken zu lassen als er war.

„Ach, Gila“, brach es auf einmal aus ihm heraus, „mir fehlt einfach eine Partnerin wie mein Röschen. Ich bin zwar auch gern allein“, seine Stimme begann etwas zu zittern, „aber nicht auf Dauer. Das tägliche Miteinander und auch der Austausch von Zärtlichkeiten – das fehlt mir einfach.“

Er wischte sich kurz über die Augen. Je älter er wurde, umso weicher wurde er, wie man es oft bei reiferen Menschen findet. „Es ist nicht so, dass mir die Seminare fehlen, ich habe auch gar nicht mehr die Kraft, wie du in ganz Deutschland und Europa herumzureisen.“

Ich hing meinen Gedanken nach. Es war seine Offenheit mir gegenüber, die mich erstaunte, aber auch berührte. Auch ich hatte jahrelang allein gelebt und kannte die heimliche Sehnsucht nach einem Partner.

„Du weißt doch, Günter“, sagte ich leise und nahm seine Hand in meine, „wenn du wieder eine liebevolle Partnerin finden möchtest, dann glaube einfach daran, dass sie bald in dein Leben tritt. Du kennst doch die geistigen Gesetze.“

„Ja, aber du weißt, wie ich bin.“

„Das stimmt, aber wenn du dich nach so einer Verbindung sehnst, dann solltest du auch etwas dafür tun.“

„Mädchen, du hast ja Recht. Komm“, lenkte er dann ein, „lass uns jetzt über dich reden. Läuft alles gut mit dir und Götz?“

Ich ging auf sein Ablenkungsmanöver ein, weil ich merkte,

dass er sich nicht ganz wohl zu fühlen schien in seiner Haut, und antwortete:

„Ja, Günter. Götz lässt dich ganz herzlich grüßen, aber er macht gerade seine Hypnosetherapeuten-Ausbildung in Koblenz. Es tut mir so gut, dass es ihn jetzt in meinem Leben gibt."

Und dann erzählte ich ihm von unserem Urlaub, den wir einen Monat zuvor in Australien verbracht hatten, wo ich Götz fast ‚verloren' hätte, weil er den Flieger durch seine Umdisposition beinahe verpasst hatte. Über diese Geschichte habe ich ausführlicher in meinem Buch ‚*... aus einem kleinen Samenkorn*' berichtet.

Die beiden Stunden, die wir bei ihm zu Hause miteinander verbrachten, flogen nur so dahin. Und dann hieß es wieder Abschied nehmen, aber dieses Mal nur für kurze Zeit, da ich einen Monat später ein weiteres Seminar in Sasbachwalden leiten sollte.

*

Vor mehr als 10 Jahren haben Götz und ich uns übers Internet kennengelernt und kurz darauf zum ersten Mal getroffen, worüber ich ausführlich in dem oben erwähnten Buch berichtet habe.

Nach dieser langen Zeit sind wir der Meinung, dass diese Begegnung für uns beide besonders wertvoll war. Gerade unsere Unterschiedlichkeiten haben dazu beigetragen, eine gute Symbiose zu schaffen. Die Toleranz ist so wichtig, da wir beide verschiedene Persönlichkeiten haben und es in einer Partnerschaft gerade deshalb immer wieder zu Konflikten kommt. Doch diese Unterschiedlichkeit braucht nicht unbedingt für

Spannungen zu sorgen, sondern kann auch ein großes Maß an gegenseitiger Ergänzung beinhalten.

Wenn nämlich die Andersartigkeit des Partners nicht als Angriff gegen die eigene Person empfunden wird, erkennt man vielmehr darin die Chance der Ergänzung. Infolgedessen kann es zum Beispiel zu einer natürlichen und entsprechend gesunden Verteilung von Aufgaben und Rollen innerhalb der Beziehung kommen. So kann die Verschiedenheit zweier Menschen durchaus zu einem wichtigen Element der Beziehung werden. Beide hatten wir ja auch unsere ganz eigene Geschichte, bevor wir uns trafen.

Ich bewundere an Götz immer wieder seine Sorgfalt, mit der er alles in Angriff nimmt. Fängt er etwas an, dann bringt er es auch zu Ende, und das Ergebnis kann sich sehen lassen. Bei technischen Herausforderungen geht sein Herz auf. Er hilft mir in vielen Lebenslagen, vor allem, wenn es um unser Haus geht, das immer wieder seinen Einsatz benötigt. Dabei steht für ihn der Zeitfaktor erst an zweiter Stelle. Mit meinem Planungstalent kann ich ihn dann oftmals unterstützen, denn Organisation ist nicht unbedingt seine Stärke.

Ich gebe ja zu, dass ich ab und zu etwas kribbelig werde, wenn er doppelt so viel Zeit benötigt wie ich, aber was er macht, das macht er gut – zum Beispiel auch Pakete packen!

Dazu fällt mir eine kleine Episode ein.

Irmi, meine Bürochefin, ist seit langen Jahren bei mir beschäftigt und vielen Teilnehmern vom Telefon oder auch von Seminaren, die sie besucht hat, persönlich bekannt. Wie so oft hatte sie Bücher bei verschiedenen Verlagen bestellt, und täglich wurden Bücherpakete angeliefert. Ich war gerade am Telefon, da schellte es – wieder der Paketdienst.

Als mein Telefonat beendet war, ging ich die Treppe herunter und sah das Paket. Ich wollte wissen, welche Bücher geliefert worden waren und machte mich mit einem Messer ans Werk. Mich wunderte nur, dass es so akribisch verklebt war und ich richtig Schwierigkeiten hatte, die Umhüllung zu öffnen.

‚Warum werden diese Pakete bloß so kundenunfreundlich verpackt', dachte ich noch, während ich gegen die Verpackung ankämpfte. Dann endlich hatte ich es geschafft. Erstaunt erblickte ich im Karton einen Rucksack und noch weitere Artikel, die ich überhaupt nicht bestellt hatte.

Vielleicht hatte Götz etwas geordert? Ich schaute auf den Empfänger – ganz klar unsere Anschrift! Im Büro fragte ich nach, ob irgendjemand einen Rucksack bestellt hätte. Nichts!

Als ich zurückkam, fand ich einen völlig aufgelösten Götz vor, der kopfschüttelnd und fassungslos auf das Paket starrte.

„Was hast du denn mit dem Paket gemacht?", fragte er leicht verärgert.

„Ich hab's geöffnet. Hast du was bestellt?"

„Bestellt?", brauste er auf, „das sind Saschas Geburtstagsgeschenke, die ich ihm schicken will! Was meinst du, wie lange ich daran gesessen habe, die Sachen zu verpacken! Und jetzt alles umsonst! Schau dir mal die Bescherung an!"

„Ja, und warum ist dann unsere Empfängeradresse angegeben?", fragte ich konsterniert.

„Gerade bin ich in mein Büro gegangen und wollte einen neuen Aufkleber holen – komme wieder runter, und mein Werk ist völlig im Eimer!"

Was war passiert? Der Briefträger hatte ein Paket gebracht, dieses aber woanders abgestellt, was ich durch mein Telefonat nicht mitbekommen hatte. Götz dagegen hatte einen Karton, in dem Bücher an uns geliefert worden waren, für die Geburtstagsgeschenke an seinen Sohn mit unserem Adressaufkleber verwendet.

Solche Dinge geschehen – in dem Moment, wo sie passieren, kommen Emotionen hoch, aber im Nachhinein haben sie einen netten Erinnerungswert …

Dazu fällt mir ein, eine Studie hat ergeben, dass Menschen zehnmal mehr getadelt als gelobt werden. Wenn wir den anderen loben und ihm zeigen, dass wir gern mit ihm zusammen leben, bekommt er von uns die Anerkennung, die er vielleicht sonst woanders sucht. Immer wieder mal sage ich Götz, was ich alles an ihm mag und schätze. Und dann wird die Schwingung zwischen uns wieder ganz weich.

Wir werden spüren, Liebe vermehrt sich, wenn wir sie verschenken. Gegenseitige Achtung und gemeinsame Ziele sind das Fundament einer haltbaren Beziehung.

Trotz missverständlicher Situationen ist es wichtig, dem anderen weiterhin ein guter Partner zu sein – ganz gleich, ob in einer Freundschaft oder in einer Beziehung. Es wäre gut, seine Erwartungen zurückzunehmen, so hat der andere die Möglichkeit, auf seine Art sein Bestes zu geben!

Wie Götz in vielen Dingen ganz selbstverständlich da ist, wenn er etwas für mich tun kann, so bin ich es auch für ihn. Und trotzdem gibt es, wie in jeder Partnerschaft, auch zwischen uns immer mal wieder Kuriositäten. Die Sache ist eben nur, wie man damit umgeht.

So zeigen zum Beispiel Untersuchungen, dass insgesamt betrachtet Frauen ihr Gehirn anders nutzen. Männer verlassen sich bei der Wegsuche häufiger auf ihre Fähigkeiten, Richtungen und Entfernungen besser abzuschätzen, während sich Frauen an charakteristischen Objekten orientieren.

Darüber, wie unterschiedlich Frauen und Männer Bilder in

ihrem Unterbewusstsein gespeichert haben, möchte ich gern anhand unserer eigenen Erfahrung berichten.

Als Götz damals bei mir einzog, kannte er unseren Ort nur von den Wochenenden, die er bisher bei mir verbracht hatte. So musste er die Umgebung seines neuen Zuhauses erstmal erfahren – und das im wahrsten Sinne des Wortes.

Wir saßen morgens beim Frühstück, als Götz meinte: „Gila, ich brauche neue Winterreifen. Es hat zwar noch keinen Schnee gegeben, aber sicher ist sicher. Kannst du mir einen Händler empfehlen?“

Ich dachte kurz nach und nannte ihm dann eine Werkstatt, mit der ich bisher gute Erfahrungen gemacht hatte. Allerdings lag sie etwas außerhalb unserer Ortschaft.

Götz hatte zu dem Zeitpunkt noch kein Navigationsgerät. So beschrieb ich ihm den Weg dorthin.

„An der Kreuzung dort, wo der Blumenladen ist, musst du links abbiegen. Nach einigen Kilometern geradeaus siehst du rechts einen Bäcker. Dann bist du richtig. Ungefähr einen Kilometer weiter findest du auf der rechten Seite eine Buchhandlung – du fährst dann hinter der Buchhandlung rechts ab. Und genau neben dem Friseur – da ist die Werkstatt!“

Meine Wegbeschreibung war perfekt. Götz hatte sich alles fein säuberlich aufgeschrieben.

„Bin bald wieder zurück!“, sagte er fröhlich, gab mir einen Kuss und setzte sich in Bewegung.

Doch das sollte dauern. Ungefähr 30 Minuten später rief er an: „Gila, ich finde die Werkstatt nicht!“

„Wo bist du denn jetzt?“

Er nannte mir die Straße – völlig verkehrte Richtung!

„Wie kommst du denn dahin? Du hast doch alles mitgeschrieben!“

„Ja, meinst du, ich hätte den Blumenladen gesehen? Einen Supermarkt statt des Bäckers habe ich ja noch gefunden, aber das scheint wohl nicht richtig gewesen zu sein."

Noch einmal glichen wir die Eckpunkte ab, und ich lotste ihn am Telefon wieder zurück zum Blumenladen, den er dann auch fand. So, dachte ich beruhigt, jetzt ist alles okay!

Weit gefehlt – nach weiteren 20 Minuten – Götz wieder am Telefon: „Gila, ich finde das nicht! Beim Blumenladen bin ich links abgebogen, aber kein Bäcker, keine Buchhandlung, kein Friseur! Deine Wegbeschreibung passt einfach nicht!"

Und ob sie passte! Ich fuhr doch selbst oft diese Strecke. Damit er endlich seine Werkstatt erreichte, lotste ich ihn jetzt am Telefon komplett dorthin.

Dann kam es!

Er grummelte ein wenig, als er reklamierte: „Gila, deine Wegbeschreibung kannst du abhaken! Hättest du mir gesagt, dort beim Zigarrengeschäft, dort bei der Tankstelle, dort beim Baumarkt oder beim Computerladen links oder rechts ab, das wäre verständlicher gewesen! Solche Wegbeschreibungen verstehen wir Männer!"

Lieb – oder?

Ach ja, da fällt mir noch etwas ein! Viele von uns kennen sicher die unterschiedliche Wahrnehmung von Temperaturen bei Männern und Frauen. Manche Männer schwitzen bei 20 Grad, während Frauen bei gleicher Temperatur frieren können.

Im Winter gibt es auch bei uns meistens Diskussionen um die Heizung im Schlafzimmer. Ich mag es gern etwas wärmer – Götz dagegen möglichst kühl. Klar kann man das über die unterschiedlichen Füllungen der Steppbetten regeln – haben wir auch schon getan, hilft aber nicht viel!

Götz hat das dann auf seine Art geregelt. Durch sein langjähriges Tourneegeschäft ist er die Nachtarbeit gewohnt. Also war er clever und wartete, bis ich ihm einen Gutenachtkuss gab und mich zum Schlafen legte.

Wenn er dann zu Bett ging, drehte er heimlich, still und leise die Heizung wieder herunter und ratzte danach wie ein Bär.

Übrigens, wisst ihr, warum Männer schnarchen? Nein? Na, ganz einfach, um ihre Frauen vor den wilden Tieren zu beschützen. Wie, ihr habt noch nie wilde Tiere im Schlafzimmer gesehen? Da könnt ihr mal sehen, wie gut das wirkt!

Aber das nur nebenbei. Jedenfalls hatte ich mich immer gewundert, warum mir nachts so kalt wurde und ich manchmal fror, während es Götz unter seiner sehr dünnen Bettdecke noch so heiß war wie manchen Frauen in den Wechseljahren.

Doch eines Abends wurde es mir zu bunt, und ich legte mich auf die Lauer. Als ich Götz im Badezimmer hantieren hörte, löschte ich schnell das Licht meiner Leselampe und harrte der Dinge, die da kommen sollten.

Es dauerte eine kurze Weile, dann hörte ich das mir vertraute Geräusch, wie die Schlafzimmertür über den dicken Teppichboden schabte. Alles war stockdunkel. Ich war gespannt wie ein Flitzebogen.

Dann vernahm ich seine vorsichtigen Schritte, die direkt an der Heizung haltmachten. Und als ich das ganz feine Quietschen des Thermostats beim Herunterdrehen hörte, sprang ich auf wie Batman aus dem Dunkel der Nacht und schrie: „Erwischt!“

Götz’ entsetzter Schrei klingt mir noch heute im Ohr! In Zukunft war er dann etwas vorsichtiger mit seiner heimlichen Heizungsmanipulation …

Meine Tochter Dana hatte vor einigen Jahren bei uns im Verlag ihre Ausbildung als Bürokauffrau abgeschlossen und war dann als Sachbearbeiterin bei uns beschäftigt. Sie ist 1982 geboren und hat sich inzwischen zu einer attraktiven jungen Frau gemausert. Ihre dunklen Augen hat sie von mir, doch ihre schlanke Figur hat sie eher von der Familie ihres Vaters geerbt.

Irmi, meine Mitarbeiterin, war während Danas Tätigkeit bei uns im Büro ihre direkte Ansprechpartnerin. Alles was anlag, bekam ich nur positiv gefiltert mit. So wurde in den fünf Jahren von Danas Mitarbeit unser Verhältnis zwischen Mutter und Tochter kaum belastet.

Inzwischen ist Dana zu ihrem Lebensgefährten nach Friedrichshafen gezogen und fühlt sich am Bodensee sehr wohl. Sie hat dort eine weitere Ausbildung als Versicherungsfachfrau abgeschlossen. Im Herbst 2011 haben die beiden geheiratet.

Rico, mein jüngster Sohn, hat sich auch ohne Vater zu einer starken positiven Persönlichkeit entwickelt. Er befindet sich im Moment noch im Studium als Projektmanager und strebt seinen Master-Abschluss an.

Sein 25-ster Geburtstag war gerade vorüber, und mittags sollten dann die Reste vom Vortag zusammen verzehrt werden. Auch Dana war wieder zu Besuch aus Friedrichshafen.

Da noch genug Kartoffelsalat übrig geblieben war, brauchten wir für das Mittagessen nur noch ein paar Knackwürstchen heiß zu machen.

Dana hatte mir vorher signalisiert, dass sie sich danach noch verabredet hätte und deshalb nicht mitessen wollte. Jetzt war ich dabei, noch schnell die Knacker warm zu machen.

Ich selbst hatte vor, nur Salat zu essen. Deshalb öffnete ich lediglich zwei Packungen mit je fünf Würstchen und stellte den Teller in die Mikrowelle – nicht gerade gesund, das weiß ich, aber wenn es schnell gehen soll, denkt man anders. Da bemerkte ich, dass Götz in der Küche eine weitere Packung herausgelegt hatte und dabei war, einen Topf mit lauwarmem Wasser zu füllen.

„Gila, leg doch die Würstchen hier in den Topf. Dann mache ich sie auf dem Herd warm“, meinte er, während sich mein Teller bereits in der Mikrowelle drehte.

„Das geht doch so viel schneller. Sie sind gleich fertig“, argumentierte ich. „Die anderen sitzen alle schon am Tisch und warten!“

Doch wie schon erwähnt, ist zeitliche Planung nicht unbedingt Götz’ Stärke. Ich sah aus den Augenwinkeln, wie er trotzdem die dritte Packung aufriss und weitere fünf Würstchen ins Wasser legte.

„Was willst du denn damit? Das sind zusammen fünfzehn Stück für drei Personen – viel zu viel!“

Nein, offensichtlich war es für Götz nicht zuviel. Was er sich einmal vorgenommen hat, das zieht er auch durch, egal, wer etwas dagegen sagt und wie viel Zeit es braucht.

Die Knacker in der Mikrowelle waren inzwischen heiß geworden, und ich stellte sie auf den Tisch.

Und als wir dann mit dem Essen beginnen wollten, deponierte Götz ruckzuck seinen Topf mit den weiteren fünf Würstchen direkt daneben – nahm meine zehn heißen Würstchen und ließ diese doch wahrhaftig in den Topf mit lauwarmem Wasser fallen! Ich stieß einen Urschrei aus – meine Kinder waren Zeuge!

Als ich mich dann wieder beruhigt hatte, dachte ich: ‚Mal sehen, wie Götz sich gleich aus der Affäre zieht, wenn nach dem Essen so viele übrig bleiben!’

Doch den Triumph wollte er mir offensichtlich nicht gönnen. Ich beobachtete aus den Augenwinkeln, wie er ganz in Ruhe seinen Kartoffelsalat aß. Dann zog er nach und nach ein Würstchen nach dem anderen auf seinen Teller – klammheimlich wie unsere Katze Mulle! Die Knacker wurden zusehends weniger. Götz aß – und aß, und aß, bis er wahrhaftig allein neun davon verputzt hatte!

Schon bevor er sich dem letzten näherte, bekam ich einen derartigen Kicheranfall, dass ich mich gar nicht wieder beruhigen konnte! Dann prustete ich los! Die anderen am Tisch wussten in dem Moment gar nicht, was los war! Erst später war ich halbwegs in der Lage, ihnen diese saublöde Situation zu erklären.

Nachmittags fragte ich Götz dann ganz dezent: „Ich vermute mal, ein Stück Kuchen ist heute wohl nicht mehr angebracht – oder?"

Und das Schöne bei uns ist – wir können dann beide hinterher in Liebe herzlich darüber lachen!

Es stimmt – das Wesentliche ist die Liebe! Darauf sollten wir uns konzentrieren und mit dem Herzen entscheiden, was für unser Leben gut und richtig ist, und nicht nur gehorsam tun, was andere uns raten.

Gut wäre es, wenn wir uns nicht hauptsächlich von unserem Verstand, der analysiert und abwägt, beeinflussen ließen, sondern auf die tiefe Weisheit unserer Seele hörten. Unser Unterbewusstsein verfügt über unzählige abgespeicherte Informationen, die über den Verstand nicht abrufbar sind.

Die Wissenschaft hat erst vor kurzem festgestellt, dass die Übertragungsrate des Verstandes 60 Bit pro Sekunde beträgt – die Übertragungsrate des Unterbewusstseins jedoch 11 Millionen Bit pro Sekunde!

Einerseits steht unser Höheres Selbst, unsere innere Stimme, in unmittelbarer Verbindung zur Göttlichen Weisheit, andererseits schöpft unser Unterbewusstsein das Wissen aus den reichhaltigen Erfahrungen unseres Lebens, auf die es in jeder Situation zurückgreifen kann.

Unser Unterbewusstsein ist wie eine Produktionsabteilung. Von dort kommt die entscheidende Schubkraft, von der wir zielgenau gelenkt werden. Der Schritt von der Idee zur Tat ist bereits der halbe Weg zum Erfolg.

Wenn wir diese elementaren Zusammenhänge erkennen, sind wir der Erfüllung unserer Lebensaufgabe bereits einen großen Schritt näher gekommen. Durch dieses Wissen sind wir dann selbst in der Lage, die Verantwortung für unser Denken und Handeln zu übernehmen.

Wenn wir das Leben als sinnvoll erfahren und positive Ziele verwirklichen, wirkt sich unsere dementsprechende Grundstimmung auch auf die Funktion unseres körperlichen Immunsystems aus, also auf unsere Gesundheit.

Hilfreich ist es dabei, in allem einen Sinn zu erkennen. Ein Ereignis, das uns aufrüttelt oder betroffen macht, will uns etwas sagen. Lasst uns doch mal zur Ruhe kommen und uns Zeit nehmen, über den Sinn nachzudenken – im festen Glauben daran, dass das Leben uns in allem fördern will, was geschieht. Manchmal verstehen wir die Bedeutung eines Ereignisses erst viel später, wenn sich alles wieder zum Guten gewendet hat. Vielleicht erkennen wir dann sogar, dass dadurch unser Leben eine ganz andere Qualität erhalten hat. Besinnen wir uns also auf unsere Fähigkeiten und Freiheiten, statt uns zu sorgen!

Wir sind spirituelle Wesen, die auf Erden eine körperliche Erfahrung machen, und keine körperlichen Wesen, die in ihrem Leben nach einer spirituellen Erfahrung suchen.

Liebe ist die Energie mit der höchsten Schwingung. Sie ist ein Geschenk an den anderen. Wie die Pflanzen erwachen, wenn sie am Morgen die Sonne spüren, so beginnen wir Menschen wieder zu leben, wenn uns ein anderer sein Herz öffnet.

Unsere inneren Ziele sollten Freude, Harmonie und Frieden sein. Harmonie bedeutet auch, vor allem mit uns selbst in Frieden zu sein. Wir können nicht gleichzeitig Groll und Harmonie im Herzen empfinden, das geht einfach nicht. Aber wir können uns entscheiden für eines dieser Gefühle. Und wir wissen inzwischen, was uns gut tut.

Jedem gesprochenen Wort geht ein Gedanke, ein Bild oder ein Gefühl voran. Dieses auf telepathische Weise zu vermitteln, ist eine *allen* Geschöpfen angeborene Fähigkeit. Auch Tiere aller Art verständigen sich auf diese Weise miteinander, und unter Naturvölkern war dies eine Möglichkeit, mit allem Lebendigen zu kommunizieren. Jedoch durch die Lebensbedingungen in unserer hoch technisierten Welt ist uns diese Gabe weitgehend abhanden gekommen.

Unser Leben erfordert Mut, doch wenn wir die Liebe in uns tragen, ist auch immer die Hoffnung an unserer Seite. Nur durch die Liebe können wir unser Schicksal positiv mitgestalten. Je mehr wir darauf vertrauen, umso leichter lässt es sich leben.

Um leichter das Ziel unseres Lebens zu erreichen, können wir unterstützend Affirmationen einsetzen. In meinen beiden Lebenshilfebüchern habe ich ausführlich darüber geschrieben und für alle zentralen Lebensthemen viele hochwirksame Affirmationen angeboten. Darum werde ich in diesem Buch weniger auf deren Anwendung eingehen und hier nur ein paar Worte dazu schreiben: Das, was wir oft und intensiv denken und fühlen, wird sich früher oder später in unserem Leben manifestieren. Wir sollten eine harmonische Verbindung schaffen zwischen unserem Verstand und unserem Unterbewusstsein, das uns ständig neue und gute Ideen liefert, und dann in Liebe handeln!

Ach ja – oftmals werde ich von meinen Teilnehmern gefragt, ob man Affirmationen lieber aufschreiben oder besser aufsagen sollte. Jahrelang habe ich meine Affis, wie ich sie liebevoll nenne, täglich zu Papier gebracht, jedoch habe ich mich seit einiger Zeit für die zweite Variante entschieden. Einmal pro Tag marschiere ich eine Strecke von 5,5 Kilometern durch angrenzende Wiesen und Felder. Diese Stunde gehört meinen Affirmationen, die ich leise – und wenn mir niemand begegnet auch schon mal etwas lauter – vor mich hin spreche.

Und dabei habe ich eine eigenartige Entdeckung gemacht: Anfangs haben Götz und ich auch mal gemeinsam unsere Runde gedreht. Auf halber Strecke kamen wir an einem Bauernhof vorbei. Auf dem Hof – in einem geräumigen Zwinger, der von der Straße jedoch nicht einsehbar ist, – wacht ein Münsterländer. Jedes Mal schlägt er an, wenn jemand vorbeikommt.

Vor kurzem sagte ich zu Götz: „Ich glaube, der Hund ist nicht mehr da. Wenn ich allein an dem Hof vorbeilaufe – kein Laut! Ich kann zwar nicht in den Zwinger reinschauen – dazu müsste ich das Grundstück betreten – aber der Hund scheint weg zu sein!"

Nachdem Götz eines Morgens allein seine Runde gejoggt war, meinte er, der Hund sei wieder da. Er habe jedenfalls angeschlagen, als er vorbeilief. Nachmittags wanderte ich die vertraute Strecke – alles blieb ruhig!

Als ich am nächsten Tag an dem Hof vorbeiging, wollte ich

nachschauen, ob der Hund im Zwinger war, und betrat die Hofeinfahrt. Da lag er friedlich – sah mich ganz treuherzig an und wedelte vor lauter Freude heftig mit dem Schwanz.

Wie kam das bloß? Warum bellte er nicht bei mir, sondern nur bei anderen? Ich war ihm doch auch fremd.

Erst zu Hause kam mir die Lösung in den Sinn, und ich sagte schmunzelnd zu Götz: „Ich hab's! Ich weiß jetzt, warum der Hund nicht bellt! Weißt du, wenn ich täglich an seinem Zwinger vorbeimarschiere und monoton meine Affirmationen vor mich hin spreche, muss er mich wohl schon von weitem hören. Hunde haben ja ein viel feineres Gehör als wir Menschen. Er denkt bestimmt jedes Mal: ‚Da kommt ja meine Freundin wieder – die spricht die ganze Zeit ganz leise und lieb mit mir.' Darum das Schwanzwedeln und die immense Freude!"

Eine nette Geschichte – oder? Daran können wir doch wieder erkennen, dass gute Schwingungen auch auf Tiere wirken. Und obwohl dieser Hund keine Ahnung hat von Affirmationen, freut er sich offensichtlich täglich darauf, sie zu hören …

# KAPITEL 2

*Irgendwann in deinem Leben*
*wirst du auf eine Reise gehen.*
*Es wird die längste Reise sein,*
*die du je gemacht hast.*
*Es ist die Reise zu dir selbst.*

(Katherine Sharp)

Seit langer Zeit leite ich in dem kleinen Örtchen Vöhl-Oberorke in der Nähe des Edersees in einem wunderschönen Sporthotel regelmäßig meine Kurse. So waren wir auch jetzt wieder dorthin unterwegs.

Wie bei allen Seminaren reisen Götz und ich stets einen Tag vorher an, um den Raum liebevoll zu gestalten, damit die Teilnehmer sich während der nächsten Tage dort auch wohlfühlen.

Auf der Fahrt hing ich meinen Gedanken nach. „Weißt du, Götz, wir alle haben ja von Gott die schöpferische Kraft erhalten, für unser Leben selbst verantwortlich zu sein. Mit unseren Gedanken setzen wir Ursachen für den Erfolg und können dadurch früher oder später dementsprechende Ergebnisse erzielen. Jeder bekommt das zurück, was er vorher verursacht hat, nach dem Bibelwort: An ihren Früchten sollt ihr sie erkennen!“

„Worauf willst du hinaus, Gila?“

„Ich meine, Erfolg bedeutet auch, unser Leben selbst in die Hand zu nehmen. Vor allem sollten wir unser Ziel kennen, damit wir nicht wie ein Schiff ohne Kurs durch die Meere schaukeln."

„Richtig", bestätigte Götz, während er beim Fahren auf den Verkehr achtete, „mit einer positiven Einstellung werden wir unser Lebensschiff durch alle Stürme in den sicheren Hafen steuern können. Und wir wissen ja beide, durch unsere guten Gedanken können wir Liebe, Struktur und Balance in unser Leben bringen. Jetzt, wo ich meine Ausbildung als Hypnosetherapeut beendet habe, wird mein Ziel immer deutlicher, anderen Menschen durch Beratungsgespräche Impulse für ihr Leben zu geben."

Ich schaute ihn an und dachte daran, wie ich ihn kennengelernt hatte. Es hatte einfach gepasst, für ihn und auch für mich. Ich bin ein Sponti – Götz geht alles systematisch an. Er ist oft bereit, meinen Vorschlägen zu folgen, aber nur dann, wenn er sie für richtig hält – Knackwürstchen mal ausgenommen!

Als wir uns das erste Mal trafen, war Götz wieder Single und ging noch seiner Tätigkeit als freiberuflicher Tontechniker nach. Jahrzehntelang war er mit bekannten Größen der Musikbranche unterwegs. Nach wie vor ist er manchmal für Monate unterwegs, wenn James Last, dessen Tourneen er seit mehr als drei Jahrzehnten begleitet hat, oder auch Marius Müller-Westernhagen rufen. Auch mit Peter Maffay war er viele Jahre lang auf Tournee.

Durch unser Zusammenleben und sein späteres Studium der Psychologie hat er sein Arbeitsfeld jedoch mehr auf die psychologische Beratung verlagert.

Götz ist ein sanfter und harmoniebetonter Mensch und in vielen Situationen sehr unkompliziert. Sein typischer Humor bringt mich stets zum Lachen, wenn er mal wieder einen passenden Spruch auf Lager hat. Doch auch seine tiefen spirituellen Erkenntnisse machen unser Zusammenleben sehr wertvoll.

Ich hing eine Weile meinen Gedanken nach und fuhr dann fort: „Allein schon der Impuls, dass die Fähigkeit zur Programmierung unseres Unterbewusstseins von uns genauso erlernt werden kann wie das Bedienen eines Computers, ist unendlich wichtig."

„Ich habe eines für mich festgestellt", setzte Götz den Gedanken fort, „wenn wir erfolgreich planen und handeln, wird auch unsere Persönlichkeit immer kraftvoller. Damit geben wir unserem Unterbewusstsein automatisch den Auftrag für ein erfolgreiches Handeln."

Wir beendeten unser Gespräch, als wir unser Tagungshotel erreicht hatten.

Nachdem wir am Abend alles vorbereitet hatten, saßen wir am nächsten Morgen in aller Ruhe in dem Licht durchfluteten Raum am Frühstückstisch und unterhielten uns. Unser Gespräch drehte sich um das bevorstehende Spirituelle Seminar.

Ich habe es so genannt, weil die Teilnehmer hier lernen, Readings zu machen, das heißt, dass sie nach einem wichtigen Vorbereitungsritual in der Lage sind, die Aura eines von ihnen ausgewählten Seminarteilnehmers zu lesen.

Götz trank seinen Tee, während ich mir noch eine Tasse Kaffee einschenkte.

„Es ist schön", meinte ich und sah ihn dabei dankbar an, „dass du wieder mitkommen konntest. Weißt du, ich finde es immer erhebend, aber auch ergreifend, wenn die Teilnehmer, die ja das Leben ihres Gegenübers nicht kennen, in der Lage sind, so genaue Angaben über deren Lebensumstände machen zu können."

„Und?", hakte Götz nach, „geschieht das jedes Mal?"

„In den allermeisten Fällen schon."

Als ich mich wieder zum Frühstücksbüffet begab, bemerkte ich in einiger Entfernung eine Gruppe von drei Frauen, die zu Götz und mir hinüber sahen. Eine davon winkte mir zu, somit wusste ich, dass die drei zu unserer Gruppe gehören mussten.

Spontan wollte ich zu ihnen hingehen, doch sie kamen mir bereits entgegen, und wir begrüßten einander herzlich. Eine der Frauen nahm dann meine beiden Hände, drückte sie fest und sprach aus vollem Herzen die Worte: „Gila van Delden – ich liebe dich!"

Ich war baff! So wurde ich nicht jeden Morgen begrüßt. Ihre hellen blauen Augen funkelten mich an – ihr Lachen war voller Herzenswärme. Ihr Händedruck war kräftig und ihr junges Gesicht sommerlich gebräunt. Vor mir stand Ingeborg mit einer Ausstrahlung, die nicht nur mich, sondern jeden von uns gefangen nahm. Ihr Halstuch passte zu ihren blitzenden blauen Augen. Sie wirkte sehr sportlich in ihrer weißen dreiviertellangen Hose. Das blonde Haar trug sie etwas streng zu einem Knoten gebunden.

Ich lachte und nahm sie einfach in die Arme. Wann hört man schon solche Worte – und dann noch von einer Frau! Sofort war eine besondere Verbindung zwischen uns entstanden. Vom Alter her konnte ich sie nicht gleich einordnen – sie hätte Anfang bis Mitte 60 sein können. Das war auch gar nicht wichtig.

Doch wir waren alle sehr erstaunt, als sich dann herausstellte, dass Ingeborg ein paar Monate später bereits 79 Jahre alt wurde. Sie war über 30 Jahre lang als Heilpraktikerin tätig gewesen und hatte vor kurzem ihre Praxis ihrer Nachfolgerin übergeben. Mit ihrem knallroten Sportflitzer war sie von Norddeutschland nach Oberorke gefahren.

Während des Seminars lernten wir diese innerlich und äußerlich so junge Frau näher kennen, und es entstand ein Gefühl von Liebe und Respekt. Bei allen hinterließ sie den Eindruck eines weitaus jüngeren Menschen. Und immer wieder hörten wir den Satz: „Ingeborg, du machst uns Mut, das Alter so anzunehmen, wie du es tust. Das lässt hoffen!"

Brigitte Träger, eine recht bekannte und begnadete Sängerin, war schon des Öfteren bei mir gewesen. Als Ingeborg sich mal wieder zu einem Thema kompetent zu Wort meldete, nahm mich Brigitte zur Seite und staunte nur: „Diese Frau ist ein Phänomen. Es fällt mir schwer zu glauben, wie alt sie in Wirklichkeit ist."

Es war ihre Begeisterung, die Ingeborgs Ausstrahlung ausmachte und die sie so jung erscheinen ließ.

Wenn wir Begeisterung in alle unsere Handlungen legen, ziehen wir wie ein Magnet genau das an, was für unser Leben wichtig ist – fließende, wirksame Energie der Liebe und der Freude! Unsere begeisternde Lebenseinstellung ist es auch, die andere anzieht. Unsere positive Ausstrahlung hat mit innerer Schönheit zu tun, nicht mit Äußerlichkeiten. Dadurch kehrt immer mehr Zufriedenheit in unser Herz ein. Aufmerksamkeit, Anerkennung und Achtung anderer Menschen sind uns dann sicher. Wir dürfen uns unseres Wertes bewusst sein und dankbar alles Gute annehmen, das uns begegnet.

Und genau das spürten wir bei Ingeborg, die vor Liebe nur so sprühte. Wir wissen doch alle, wie wunderschön und jung wir aussehen, wenn wir andere mitreißen mit unserem Schwung! Begeisterung heißt also, uns anzufüllen mit lebendiger Freude – sämtliche Aufgaben mit einem Elan anzugehen, als wären sie für uns das Beste auf der Welt!

Es ist doch kein Geheimnis mehr, wenn ich schreibe: Unsere Gedanken von heute stellen die Wirklichkeit von morgen dar. Überall hören und lesen wir es: Wenn wir in allen Situationen positiv denken, dann werden wir dementsprechend gute Ergebnisse erzielen!

Schon darum sollte jeder von uns darauf achten, dass die Aussaat seiner Gedanken, sein Tun und Handeln immer von guter Qualität ist, damit er sich später über die Ergebnisse freuen kann.

Natürlich ist es nicht immer leicht. Doch wenn wir einmal erkannt haben, wie einfach man mit einer positiven Einstellung Menschen und Ereignisse, die unserer Bewusstseinshaltung entsprechen, anziehen kann, werden wir immer mutiger. Lasst uns nach vorn schauen – darauf vertrauen, dass es für jedes Problem eine Lösung gibt!

Strahlen wir inneren Frieden und Harmonie aus, dann machen wir uns automatisch magnetisch für diese Qualitäten und ziehen sie in allen Lebenslagen an. Wir wissen doch inzwischen: Gleiches zieht Gleiches an.

Niemand hat sich als Seele mehr ausgesucht, als er als Mensch im Leben tragen kann, obwohl wir das manchmal nicht glauben wollen. Bevor sich eine Seele wieder für ein körperliches Leben entscheidet, spürt sie hinein in die Umstände des zukünftigen Erdenlebens.

Dazu stellte mir Sonja, eine Teilnehmerin, eines Abends in einer Gesprächsrunde die Frage: „Hat wirklich jede Seele ihren eigenen Lebensplan?“

„Ja, aber als Mensch wissen wir das oftmals nicht. Wir entscheiden nahezu alles mit unserem Verstand. Doch unser Leben unterliegt einem Plan, der vorher im Jenseits von unserer Seele festgelegt wurde. Uns steht es jedoch frei, gar nicht auf die Absichten der Seele einzugehen – mit dementsprechenden

Konsequenzen. Das geschieht immer wieder. Doch wenn unser Verstand eine andere Richtung einschlagen will als unsere Seele, spüren wir das sofort, indem wir uns bei unserem Vorhaben äußerst unwohl fühlen!“

Die Seele ist das Ewige in uns! Sie ist die Essenz unzähliger Leben aus Millionen Jahren zuvor mit all ihren unendlichen Erfahrungen aus vorangegangenen Existenzen.

Wenn die Lebensumstände, die Eltern, das Land, die Gegebenheiten für ihre Entwicklung optimal sind, so wird sich eine Seele für diese Verkörperung entscheiden. Optimal heißt jedoch nicht, was wir als Menschen darunter verstehen: Gesundheit – langes Leben – gute Partnerschaft – Glück – Macht – Reichtum – Ansehen. Wenn wir als Mensch unsere Seele bitten würden, sich für diese Lebensqualitäten zu entscheiden, würde sie uns wahrscheinlich fragen: „Und woran soll ich wachsen?“

Unsere Seele weiß, wer wir in Wirklichkeit sind, nämlich göttliche vollkommene Wesen. Und unsere Aufgabe im Leben ist es, dies zum Ausdruck zu bringen.

*

Günter Ilse war 43 Jahre alt, als er mit seinen Vorträgen begann. Damals musste er noch damit rechnen, wie ein schillernder Paradiesvogel angesehen zu werden. In der jetzigen Zeit strömt jedoch immer mehr Liebe in unser Universum – das Wassermannzeitalter hat begonnen.

Was heißt das eigentlich? Das Zeitalter des Wassermanns, das ungefähr 2000 Jahre dauert, verspricht eine Zeit zu werden, in der wir Menschen uns unserer Liebe immer mehr bewusst werden. Wir sind Negativem gegenüber kritischer geworden. Dieses Zeitalter des Lichtes ist geprägt von Eigenschaften wie Toleranz, Offenheit und Liebe. Teamgeist ist angesagt, und zwar nicht nur in Forschung und Wissenschaft, sondern auch bei uns im Alltag. Das Wassermannzeitalter fördert die weltweite Vernetzung und Globalisierung. Es schafft die Basis, um die Probleme der Menschheit weltweit gemeinsam anzugehen.

Nun aber die Frage: Was genau passiert jetzt? Wissenschaftlich betrachtet, bewegt sich unser Sonnensystem samt seiner begleitenden Planeten um die Zentralsonne, die Alkyone genannt wird. Ganz einfach erklärt, braucht unser Sonnensystem 25860 Jahre, um die Zentralsonne einmal zu umrunden, was übrigens gegen den Uhrzeigersinn geschieht.

Wie sich die Erde und die anderen Planeten um die Sonne bewegen – die Erde benötigt hierfür bekanntlich 365 Tage – so bewegt sich die Sonne mitsamt ihren Kindern als Sonnensystem um ihr zugehöriges Zentralgestirn, die Zentralsonne. Ja, und das dauert halt 25860 Jahre, wie die Wissenschaft seit langem weiß.

Bei dieser Umrundung der Alkyone passiert unser Sonnensystem zwei Mal den so genannten Photonenring, einen Lichtgürtel. In diesem Zyklus gibt es demnach zwei Perioden der Dunkelheit und zwei Perioden des Lichtes. Die gesamte dunkle Periode, die den Großteil der Rotation um die Zentralsonne ausmacht, besteht aus zwei Perioden von je 10930 Jahren.

Nach jeder Periode von 10930 Jahren Dunkelheit treten wir in 2000 Jahre totales Licht ein. Zusammenfassend haben wir also im gesamten Umlaufzyklus 21860 Jahre der Dunkelheit und 4000 Jahre des Lichtes.

Somit hat sich unser Sonnensystem mitsamt unserem Planeten Erde wieder einmal aus diesen 10930 Jahren Dunkelheit oder Negativität herausbewegt und bereitet sich vor, diese 2000 Jahre des Lichts zu erleben, was uns mit dem Ende des Maya-Kalenders angekündigt wurde.

Jetzt leben wir in der Zeit des Umbruchs, der Selbsterkenntnis und der spirituellen Entwicklung. Immer stärker spüren wir die erhöhten Lichtfrequenzen, die bereits zu positiven Veränderungen unseres Bewusstseins geführt haben.

Immer mehr Menschen erwachen und begeben sich auf die Suche nach Antworten auf Fragen wie: „Was ist der Sinn des Lebens? Woher komme ich? Wer bin ich? Was bin ich? Wo gehe ich hin?“

Immer größer wird der Wunsch, das eigene Leben noch bewusster zu gestalten, sich von Ängsten zu befreien und vermeintliche Abhängigkeiten zu erkennen, um sich von diesen zu lösen.

Das Wassermannzeitalter beinhaltet für die Menschheit die Möglichkeit, den Entwicklungsschritt von der Ebene des Ichs zur Ebene des Selbst in die Liebe zu tun. So können wir uns immer mehr unseres Göttlichen Kerns bewusst werden und lernen, auf unsere innere Führung zu vertrauen.

Wenn wir mehr Licht und Liebe ausstrahlen, können wir den Funken in anderen Menschen entzünden. Damit sind wir in der Lage, vielen suchenden Menschen Impulse zu geben, bedingungslose Liebe zu leben!

Wie wir bei einem Kind bereits im Voraus wissen, dass es an Weisheit, Wissen und Verständnis ständig wachsen wird, so dürfen auch wir ganz sicher sein, dass unser Bewusstsein in dieser Lichtära immer liebevoller und verständnisvoller wird.

Was in Japan am 11. März 2011 passierte, geht uns alle an, da wir alle EINS sind. Jeder ist ein Teil des Ganzen! Es trafen sehr intensive Energien auf die Erde, und dabei hat sich die

Erdachse um ca. 10 cm verschoben. Seit dem Tag hat sich einiges getan, und vor allem unser Bewusstsein ist dabei, sich zu verändern: Plötzlich war auch unsere politische Führung in Deutschland bereit, eine Kehrtwendung in der Atompolitik vorzunehmen. Politiker aller Nationen sind aufgerufen, Verantwortung für die Erde zu übernehmen und die zerstörerische Atomenergie, die vielen Menschen, der Natur und der Erde bereits erheblichen Schaden zugefügt hat, abzuschaffen.

Es wird Zeit, dass unsere Mutter Erde, die Natur und wir Menschen wieder an erster Stelle stehen – und nicht das Profitdenken einzelner Unternehmen.

Als ich die Bilder aus Japan sah, war ich tief berührt und habe mich im Geist vor den Seelen verneigt, die dort als Menschen in Demut ihrem Schicksal begegnet sind.

Von der spirituellen Seite her gesehen, sind es ganz hohe Seelen, die uns durch die Geschehnisse dort in Japan helfen wollen, endlich aufzuwachen. Wir müssen bereit sein, die Verantwortung für das Wohl unseres Heimatplaneten voll zu übernehmen. Durch diese Ereignisse wollen sie uns zeigen, welch große Gefahr besteht, unsere Erde durch die austretende tödliche Strahlung zugrunde zu richten.

Ich hatte meine Teilnehmer aufgerufen, nicht ins Mitleid mit den Menschen dort hineinzugehen, sondern ihnen durch ihr tiefes Mitgefühl Gedanken heilender Kraft, Licht und Liebe zu senden; dorthin, wo unsere Mutter Erde eine tiefe Wunde hatte – nach Japan. Menschen, die mit Licht und Liebe und aus ihrem Göttlichen Bewusstsein heraus wirken, können ihren Lichtfunken weitergeben an alle anderen, die sich danach sehnen.

Lasst uns solche Menschen sein und immer mehr in die bedingungslose Liebe eintauchen …

Vor längerer Zeit traf ich in Bielefeld auf einer meiner wenigen Lesungen, die ich veranstalte, eine liebe alte Nachbarin – Anni, die Frau unseres ehemaligen Fleischers. Sie ist wirklich eine markante Persönlichkeit, jederzeit zu allen Menschen freundlich und aufgeschlossen. In der ganzen Nachbarschaft war auch ihr ausgeprägter Sinn für Gerechtigkeit bekannt.

Sie saß in einer der vorderen Reihen, direkt in meinem Blickfeld. Und wenn ich sie von der Bühne her anlächelte, winkte sie mir jedes Mal großherzig zu. Mir nötigte es einigen Respekt ab, dass sie trotz ihrer offensichtlichen Gehschwäche zu meiner Lesung gekommen war.

Als ich am Anfang der Pause gerade die Bühne verlassen wollte, rief sie laut durch den Saal – sehr zum Gaudi der vielen anderen Gäste: „Meine liebe Gila, kannst du mir etwas zu trinken holen?“

Lachend ging ich auf sie zu und nahm sie ganz herzlich in die Arme. Sie hatte sich kaum verändert und besaß immer noch ihre rundliche Figur, die sie in ihrem hohen Alter sogar noch jünger erscheinen ließ.

„Anni, dass du gekommen bist, obwohl du kaum laufen kannst, ist wirklich eine große Ehre für mich!“

„Na, dafür gibt's doch Taxis!“, meinte sie trocken. Nachdem ich ihr ein Mineralwasser geholt hatte, setzte ich mich für einen Moment zu ihr.

„Weißt du, Gila“, sagte sie versonnen, „ich sehe dich immer noch als kleines Mädchen mit Zöpfen, wie du kaum über den Ladentisch gucken konntest und für deine Mutter Wurst holtest. Und so werde ich dich wohl immer im Herzen behalten.“

„Das darfst du auch, Anni!“, schmunzelte ich und war ganz berührt, jemanden zu treffen, der mich noch aus meiner Kindheit kannte.

Die ganze Pause über schwelgten wir in Erinnerungen, bis mich dann die Glocke daran erinnerte, dass es wieder losging.

Ich bin in Bielefeld geboren und auch dort aufgewachsen. In meinem Elternhaus leben jetzt mein Cousin und seine Frau. Es ist ein schönes Ritual, dass die beiden uns im Sommer ab und zu auf ihrem Motorrad besuchen oder wir sie in Bielefeld. Dadurch werde ich stets an meine Kindheit erinnert, zumal ich in dem Haus auch geboren bin.

Immer wieder erwische ich mich dabei, dass ich unbewusst die damalige Anordnung unserer Zimmer suche, die sich jedoch inzwischen durch Umbau und Modernisierung völlig verändert hat.

Aber ich freue mich jedes Mal, wenn wir im Sommer mit den beiden im Garten meiner Kindheit Kaffee trinken und ich mich gar nicht satt sehen kann, was sich im Laufe der Zeit alles verändert hat. Vor allem im Sommer ist es ein Genuss, sich den blühenden Garten anzuschauen. Mein Cousin hat wirklich ein gutes Händchen für Blumen und Pflanzen!

So saßen wir gerade wieder mal zusammen inmitten der Blütenpracht am Kaffeetisch und genossen das schöne Wetter, als mein Cousin plötzlich sagte: „Übrigens, Anni, die Fleischerfrau, ist gestorben. Sie hatte ja zusammen mit ihrem Mann damals die Metzgerei. Du hast sie mit Sicherheit noch gekannt. Erinnerst du dich an sie?“

„Oh, sehr gut sogar“, meinte ich betroffen, „und zwar nicht nur von früher, sondern ich habe sie vor vielen Jahren auf meiner Lesung hier in Bielefeld wieder getroffen. Sie konnte kaum noch laufen, doch wie sie sagte, wollte sie es sich einfach nicht entgehen lassen, jetzt dieses kleine Mädchen von damals, das sie so gut kannte, bei seiner Lesung zu erleben.“

Ich hing eine Weile meinen Gedanken an unser letztes Treffen nach und schloss dann: „Wart ihr denn mit auf ihrer Beerdigung?"

„Nein, wir haben das auch nur durch Zufall von einer anderen Nachbarin erfahren, es muss also schon etwas länger her sein. Es stand auch nichts davon in der Zeitung."

Ich rechnete nach. Sie musste inzwischen weit über 80 Jahre alt gewesen sein – eine markante Erinnerung an meine Kindheit. Wie schön, dachte ich, dass ich diese nette Begegnung mit ihr damals auf meiner Lesung noch erleben konnte.

*

Auf der Hinfahrt zu einem weiteren Seminar in Sasbachwalden besuchten Götz und ich wieder Günter Ilse.

„Wie ist das schön, dieses Mal sogar euch beide zu sehen!", strahlte Günter uns an, als er uns aufs Herzlichste begrüßte. „Kommt rein", lud er uns ein, „der Kaffeetisch ist schon gedeckt."

Wir hatten uns dieses Mal ein paar Stunden Zeit genommen, um uns ganz in Ruhe unterhalten zu können. Ich lehnte mich zurück und fühlte mich wie immer wohl bei ihm.

Als wir gemütlich unseren Kaffee tranken, fragte ich ihn offen: „Günter, was macht die Liebe? Hat sich inzwischen irgendetwas getan?"

„Ach weißt du, Gila", wich er aus, „nach Röschens Heimgang gab es zwar einige Damen, die sich um mich gekümmert haben, aber es blieben immer nur Freundschaften."

„Und was tust du selbst, damit wieder eine Frau in dein Leben kommt?"

Er schüttelte verlegen den Kopf.

„Na, siehst du! Beklage dich also nicht“, meinte ich in aller Freundschaft, „dass du keine liebevolle Partnerschaft in deinem Leben hast. Du selbst hast mich doch gelehrt, dass man erst säen muss, bevor man ernten kann. Und je mehr Liebe man gibt, umso mehr bekommt man!“

„Ja, ich weiß, aber was kann ich tun, um eine neue Partnerin zu finden?“

Ich schwieg eine Weile und überlegte, dass ich Günter wohl kaum den Vorschlag machen könnte, das Internet für die Suche nach einer liebevollen Partnerin einzusetzen.

Da kam mir ein verwegener Gedanke! Dass ich nicht bereits vorher darauf gekommen war! Urplötzlich, ohne groß zu überlegen, sprach ich die schicksalsschwangeren Worte aus: „Günter, ich habe eine Frau für dich!“

„Sag bloß!“, lachte er mich an, und seine großen grauen Augen strahlten. „Da bin ich aber mal gespannt!“

Götz, oftmals von meiner Spontaneität überrascht, sah mich von der Seite an und wartete, was da kam. Ich tat etwas geheimnisvoll und flüsterte ihm zu: „Ich denke gerade an Ingeborg.“

Götz’ fragender Gesichtsausdruck wich einem verständnisvollen Lächeln. Spontan nickend erwiderte er: „Genau!“

„Nun spannt mich nicht auf die Folter, ihr beiden“, schmunzelte Günter. „Wer ist sie – und warum meint ihr, dass sie zu mir passt?“

Und dann erzählte ich Günter von unserer bemerkenswerten Begegnung mit Ingeborg einen Monat zuvor und welchen Eindruck sie bei uns beiden hinterlassen hatte.

„Na“, strahlte Günter, „das hört sich ja gut an! Und wo wohnt sie?“

„In der Nähe von Bremen!“

„Oh, ein bisschen weit weg von Heidelberg, nicht?“, meinte er, lenkte dann aber ein: „Aber wir wissen doch, Entfernung ist nicht das Wichtigste!“

Dann kam die Frage nach Ingeborgs Alter.

„Sie ist 79.“

Günter fiel fast die Kinnlade herunter, da er selbst erst 76 Jahre alt war und dabei aussah wie ein Mittsechziger.

Ganz vorsichtig fragte er: „Meint ihr nicht, dass sie ein bisschen alt ist für mich?“

„Nein“, erwiderte ich, „doch nicht Ingeborg! Man kann sie einfach nicht über die Zeit, die sie hier auf Erden lebt, definieren, damit wird man ihr nicht gerecht. Günter, du musst sie erleben. Man kann diese Frau mit ein paar Worten nicht beschreiben!“

„Genau!“, bestätigte Götz, „du wirst total überrascht sein, was du für eine jugendliche, aber trotzdem sehr reife Persönlichkeit vorfindest.“

Günter war sehr ruhig geworden. Ich hatte das Gefühl, er wand sich wie ein Regenwurm. Obwohl wir annehmen konnten, dass er meinen und auch Götz’ Worten Glauben schenkte, hielt sich seine Begeisterung dieses Mal in Grenzen.

„Mögt ihr noch einen Kaffee?“, fragte er, wohl um etwas Zeit zu gewinnen. Wir nickten, und Günter schenkte noch einmal nach.

„Ruf sie doch mal an!“, schlug ich vor. „Ihr könnt euch ja einfach unterhalten, dann wirst du merken, wie sie in Wirklichkeit ist!“

Und dann erzählte ich ihm von unserer ersten Begegnung in Oberorke und von den lieben Worten, mit denen sie mich begrüßt hatte.

Da meinte Günter trocken: „Das hätte ich dir auch gesagt!“

Das kam so richtig von Herzen! Belustigt sah ich ihn an – ich fühlte mich wohl bei ihm und genoss diese heimelige Umgebung – dieses wunderschöne geräumige und kuschelig eingerichtete Wohnzimmer, hoch über den Dächern von Heidelberg! Der große terrassenähnliche Balkon zog sich um die komplette Wohnung herum. In der Mitte der Terrasse stand ein Brunnen mit einer zauberhaften Nixe, die der Bildhauer Klaus aus Sasbachwalden, Renates Mann, für Günter vor einiger Zeit angefertigt hatte. Klaus hat auch meine beiden großen Engel, die bei mir zu Hause im Wohnzimmer und im Büro stehen, modelliert.

Ich hatte das Gefühl, Günter brauchte noch etwas Zeit, um Ingeborgs Alter zu verdauen.

„Deinen Palmen geht es nicht gut", stellte ich nüchtern fest, als ich mehrere gelbe und braune Wedel an ihnen entdeckte. „Sie brauchen weniger Sonne und mehr Wasser."

„Ich weiß", bekannte er reumütig. „Ich habe nicht so das Händchen, wie Röschen es für ihre Pflanzen hatte."

„Wieder ein Argument für eine weibliche fürsorgliche Hand für dich und deine Pflanzen", lächelte ich ihn unbekümmert an.

„Mädchen, wir schauen mal", war seine ausweichende Antwort.

„Soll ich Ingeborg denn sagen, dass du sie mal anrufst?"

Er wand sich ein wenig bei seiner ausweichenden Antwort: „Na ja, wir können ja mal telefonieren."

„Sie kann dich ja schlecht anrufen und sagen: ‚Hallo Günter, hier ist Ingeborg. Ich möchte dich gern kennenlernen.' Das tut meine Generation schon eher, aber das wäre jetzt wirklich deine Aufgabe. Ich werde nach dem Seminar mal mit Ingeborg sprechen, ob sie das überhaupt möchte – das ist ja auch noch die Frage. Sie macht auf mich einen sehr glücklichen und ausgeglichenen Eindruck, auch ohne ein männliches Gegenüber. Und wenn ja, dann gebe ich dir ihre Telefonnummer. Ist das okay für dich?"

„Ja, das ist in Ordnung", sagte er kurz, wahrscheinlich in der Hoffnung, dass ich es vergessen würde.

*

Nachdem der Kurs in Sasbachwalden beendet war, saßen Götz und ich zum Schluss mit einigen aus der Gruppe noch gemeinsam beim Mittagessen, bevor wir nach Hause fuhren. Ich spürte, dass manche den wehmütigen Abschied voneinander noch ein wenig hinauszögern wollten.

Ich unterhielt mich gerade mit Martina, einer befreundeten Teilnehmerin. Da ging die Tür auf – und herein kam Sonja, Hand in Hand mit Stephan! Als die beiden mein völlig verdutztes Gesicht sahen, huschte ein Grinsen über Stephans Gesicht.

Stephan aus der Schweiz hatte schon des Öfteren meine Seminare besucht – ein ruhiger Typ, Anfang Vierzig, mit einer ganz verschmitzten lieben Art zu lächeln. Das letzte Mal hatte ich ihn gut ein Jahr zuvor, getroffen, und da fiel es mir wieder ein – Sonja war ja auf dem gleichen Kurs gewesen! Auch sie kannte ich schon länger. Sie war Ende Dreißig, eine anziehende junge Frau mit einer enorm liebevollen Ausstrahlung.

„Überraschung!", rief Sonja lachend und strahlte mich mit ihren ausdrucksvollen blauen Augen an. Offensichtlich waren sie inzwischen ein Paar geworden.

„Na, das ist ja wirklich eine Überraschung!", rief ich aus und nahm beide spontan in die Arme.

Die Geschichte ihrer Liebe war berührend, und auch alle

anderen lauschten begeistert Sonjas Ausführungen, wie sie sich kennen und lieben gelernt hatten.

„Die vergangenen Tage waren offensichtlich wieder super – oder?“, wollte Sonja danach wissen. Die Anwesenden gaben begeisterte Kommentare dazu ab und berichteten, was sie alles erlebt hatten.

Wir blieben noch eine Weile zusammen, bis wir dann alle mit vielen Umarmungen und Dauerwinken Abschied nahmen.

Den Anruf bei Ingeborg vergaß ich natürlich nicht und rief sie direkt nach dem Seminar an.

In ihrer jugendlichen Art lachte sie am Telefon hellauf! Das war offensichtlich etwas nach ihrem Geschmack! Sie kannte Günter aus all meinen Büchern und war ganz angetan von dem Gedanken. Ich hatte stets so begeistert über Günter berichtet, dass sie echt neugierig darauf war, ihn kennenzulernen.

„Ja“, meinte sie fröhlich, „das hört sich ja gut an! Er darf mich gern anrufen.“ Und wer Ingeborg kennt, weiß, dass sie gleich Nägel mit Köpfen macht: „Weißt du, wann er das tun wird?“

„Ich werde gleich mit Günter telefonieren und ihm sagen, dass du auf seinen Anruf wartest. Und dann schauen wir mal!“

Direkt nach diesem Telefonat meldete ich mich bei ihm. „Günter, Ingeborg freut sich auf deinen Anruf! Schaut mal, was ihr daraus machen könnt. Und wenn es eine gute Freundschaft zwischen euch wird, so ist es doch auch in Ordnung.“

„Na ja“, entgegnete Günter abwartend, „mal sehen.“

Damit wollte ich beide ihrem Schicksal überlassen. Zugegeben, ich war trotzdem neugierig, was daraus entstehen würde.

Einige Tage später ging bei mir zu Hause das Telefon.

„Hallo, Gila, hier ist Ingeborg. Sag mal, hast du Günter eigentlich nach unserem letzten Telefongespräch gesagt, dass ich auf seinen Anruf warte?"

„Aber ja!", antwortete ich etwas erstaunt. „Sag bloß, er hat noch nicht angerufen!"

„Nein, hat er nicht!"

„Na warte", drohte ich, „er wird dich mit Sicherheit in der nächsten halben Stunde zurückrufen, wenn ich ihn zu Hause erwische! Leg mal auf!"

Ich kannte meinen Günter. Und da er ein Mensch war, der immer einen aufmunternden Schubs brauchte, wollte ich versuchen, ihn an sein Versprechen zu erinnern. Ich rief ihn an!

„Ja, ich weiß ja", wich er vorsichtig aus, „ich habe es ja versprochen! Hat sie bei dir angerufen?"

„Na klar! Und das hätte ich auch, wenn ich auf einen angekündigten Anruf gewartet und niemand angerufen hätte!"

„Okay, Gila, ich rufe Ingeborg jetzt wirklich an, garantiert in den nächsten Minuten!"

Später hörte ich, dass dieses erste Telefonat fast zwei Stunden gedauert hat. Es war einfach wunderschön, was sich dabei an gleichen Schwingungen, gleichen Ansichten und Überzeugungen zwischen den beiden aufbaute. Und so fing es an.

Bei unserem nächsten Telefonat berichtete mir Günter anerkennend: „Gila, du hattest recht – eine äußerst interessante Persönlichkeit! Da hat wirklich alles gepasst! Eine durch und durch liebevolle und positiv empfindende Frau! Es war ein wunderbares Gespräch mit ihr."

„Und", hakte ich nach, „wollt ihr euch mal treffen?"

„Darüber haben wir nun noch gar nicht gesprochen. Wir telefonieren ein- bis zweimal pro Woche. Sie wohnt ja auch recht weit entfernt, aber die Telefonate machen uns beiden zumindest viel Freude", wand sich Günter aus der Situation …

Acht Wochen später geschah es dann. Das Telefon schellte bei mir im Büro. Ich hob ab. Günter!

„Gila, sie kommt!“

„Wer kommt?“, fragte ich etwas naiv, weil meine Gedanken gerade ganz woanders waren.

„Ingeborg!“

„Ja super!“, entgegnete ich begeistert. „Wann denn?“

„Nächste Woche schon!“

„Zu dir?“

„Nein, Ingeborg hat ja auf deinem Seminar ein paar Teilnehmer aus Bensheim kennengelernt, mit denen sie in Kontakt steht und die sie immer wieder eingeladen hatten. Und bei ihnen hat Ingeborg nun angerufen, dass sie jetzt gern ein paar Tage mit ihnen verbringen möchte. Der Grund dieses Besuches bin natürlich ich! Und da Bensheim nur etwa 35 Kilometer von uns entfernt liegt, hat sie jetzt ihren Besuch bei mir angekündigt!“

„Na super! Das passt doch alles!“

„Weißt du, das geht mir zu schnell! Sie ruft einfach an und sagt, sie kommt!“ Er war etwas aus dem Häuschen.

„Zu schnell? Nach acht Wochen mehrmaliger Telefonate pro Woche? Ja, was hast du denn gedacht? Dass ihr immer nur telefoniert miteinander?“

„Eigentlich schon“, gab er etwas kleinlaut zu verstehen.

„Ach, Günter!“, lachte ich, „du bist doch ein erwachsener Mann und weißt doch, wie es im Leben läuft! Also freu dich darauf, dass sie kommt und ihr euch endlich mal persönlich trefft.“

Er dagegen war sich gar nicht so sicher, ob er sich freuen sollte. Ich hatte eher das Gefühl, dass er dachte, ich hätte ihm da eine Laus in den Pelz gesetzt.

„Günter, wenn sich etwas verändern soll, musst du dich verändern. Du bist doch selbst immer derjenige gewesen, der gesagt hat: Wenn du etwas tust, was dich nicht weiterbringt, dann ändere deine Richtung, und sei bereit, auch mal etwas zu tun, was du noch nie getan hast!"

„Ja, du hast ja Recht, Gila! Aber damit habe ich nun gar nicht gerechnet!"

Als welch liebenswerte kleine Laus Ingeborg sich dann ein paar Tage später entpuppen sollte, das ahnte er zu diesem Zeitpunkt nicht mal ansatzweise – denn Ingeborg kam, sah und siegte!

„Eine wunderbare Frau!", schwärmte Günter nach ihrem Besuch. „Einfach hinreißend. Sie sprüht nur so vor Lebensfreude und wirkt echt 20 Jahre jünger als sie ist! Ich bin total begeistert! Es ist wie ein Wunder für mich! Ich habe nicht ein negatives Wort in den ganzen Tagen gehört!"

Ja, es war für beide ein Wunder – und auch ein Segen für beide in der Reife ihrer Jahre.

„Du hast dieses Wunder verdient, Günter, sonst würdest du es nicht erleben. An allen Wundern, die wir erleben, dürfen wir die Gnade Gottes erkennen, denn sie bringen uns näher zu Gott."

„Ja, Mädchen, das hast du schön gesagt."

Und so kam es, dass die beiden mit der Zeit ein Paar wurden und sich dann einmal pro Monat für 10 Tage verabredeten. Entweder besuchte Ingeborg Günter in Heidelberg oder er sie in Norddeutschland. Das Ergebnis war eine tiefe Seelenverbindung und Freundschaft zwischen zwei beeindruckenden Menschen, die einander für längere Zeit Gefährten und Seelenpartner sein durften.

Immer wieder bedankten sich sowohl Günter als auch Ingeborg bei mir, dass ich die beiden zusammengebracht hatte. Und jedes Mal erwiderte ich, das sei von unseren Engeln so gesteuert worden, denn sonst wäre ich gar nicht auf die Idee gekommen. Um etwas Außergewöhnliches anzugehen, stellte ich klar, hatte ich vor allem Günter diesen Schubs in aller Liebe verpassen dürfen …

*

Anke, meine Mitarbeiterin, stellte eines Nachmittags einen Anruf durch. „Gila, da ist eine Dame am Telefon. Sie möchte dich unbedingt persönlich sprechen. Du würdest sie von früher her kennen.“

„Wer ist es denn?“

„Das will sie mir nicht verraten!“

„Okay, stell mal durch!“

„Gila?“, fragte eine ältere, mir nicht so vertraute Stimme, „bist du es?“

„Wer ist denn am Apparat?“

„Ja, hier ist Anni!“

Ich erstarrte. „Wer ist da, bitte?“

„Anni, deine liebe Fleischerfrau!“

Mir gefror das Blut in den Adern! Sie war doch verstorben! Und das schon länger! Jetzt meldeten sich sogar die vorausgegangenen Seelen per Telefon bei mir! Nein, das war des Guten zuviel!

„Anni, mein Gott – woher rufst *du* denn an? Anni?“, hakte ich ganz vorsichtig nach und dachte, mich narrte ein Spuk.

„Gila, was ist denn los? Du hörst dich ja so komisch an?“

Ich konnte ihr doch nicht erklären, dass ich einen Moment

lang gezweifelt hatte, ob sie wirklich aus ihrer *alten* Heimat anrief.

„Wie geht es dir, Anni?“, fragte ich total irritiert.

„Ach, weißt du, meine Beine machen mir nach wie vor Probleme, und ich liege meistens auf dem Sofa. Aber trotz meines hohen Alters bin ich geistig immer noch ganz frisch. Nur das Lesen macht mir etwas Schwierigkeiten. Darum wollte ich auch gern wieder eine von deinen Meditations-CDs bei euch bestellen.“

Ich war total geschockt! Da hatte ich ein halbes Jahr lang geglaubt, dass Anni bereits ins Licht gegangen war, und jetzt lebte sie noch munter und zufrieden in Bielefeld! Wow!

Schnell hatte ich mich wieder gefasst und ließ mir natürlich nicht anmerken, dass ich sie schon – um mich mal ganz vorsichtig auszudrücken – als ehemalige Nachbarin und Zuhörerin abgehakt hatte.

Mein nächster Anruf galt dann meinem Cousin, der anfangs völlig verwirrt war, sich dann aber ausschütten wollte vor Lachen. Er prustete los: „Gila, hast du sie wirklich gefragt: ‚Anni, woher rufst *du* denn an?’“

„Na, klar! Was meinst du, was ich für einen Schrecken bekommen habe, nachdem du mir erzählt hattest, sie weile nicht mehr unter den Lebenden.“

Immer noch lachend, versuchte er, sich zu verteidigen: „Ich habe das doch auch nur von einer anderen Nachbarin gehört!“

Diese kuriose Begebenheit liegt jetzt ein Jahr zurück. Bevor ich diese Zeilen schrieb, habe ich Anni vorsichtshalber angerufen, um zu erfahren, wo sie sich *jetzt* befindet. Sie hat sich sehr über meinen Anruf gefreut und lebt immer noch in Bielefeld. Den wahren Grund meines Anrufs habe ich ihr aber wohlweißlich verschwiegen …

# KAPITEL 3

*Freunde sind wie Laternen*
*auf einem langen dunklen Weg.*
*Sie machen ihn nicht kürzer,*
*aber ein wenig heller.*

(Verfasser unbekannt)

Mitte August wachte ich eines Morgens auf und verspürte heftige Nackenschmerzen. „Ich glaube, ich habe falsch gelegen", sagte ich, als ich mit Götz und Rico beim Frühstück saß. Vorsichtig drehte ich den Kopf hin und her.

Mein Nacken schmerzt ganz selten, aber dieses Mal hatte es mich wohl erwischt, denn sie ließen tagsüber nicht nach, sondern wurden in der folgenden Nacht noch heftiger.

„Wenn es wirklich nicht besser wird", meinte Götz am nächsten Morgen fürsorglich, „musst du mal zu Josef gehen."

Nur im Notfall nahm ich die Dienste unseres Freundes als Hausarzt in Anspruch. Doch es gab wohl keine andere Möglichkeit – ich konnte tun, was ich wollte, die Schmerzen im Nacken wurden von Tag zu Tag stärker.

Als ich Josef dann in seinem Behandlungsraum gegenüber saß, fragte er in seiner äußerst sympathischen Art: „Na, was ist mit dir los?"

„Ich kann den Kopf kaum drehen", klagte ich, und als er ganz vorsichtig versuchte, ihn zu bewegen, jammerte ich los.

„Wie lange hast du das schon?"

„Schon fast eine ganze Woche."

„Und es ist nicht besser geworden?“

„Nein, eher schlimmer.“

„Und dann kommst du erst jetzt zu mir?“

Ich versuchte ein schwaches Grinsen und erwiderte: „Na ja, du kennst mich doch!“

„Ja, Gila“, meinte er etwas besorgt, „doch so kommen wir nicht weiter. Ich muss dich sofort zum Orthopäden überweisen. Deine Halswirbelsäule muss geröntgt werden. Du kannst den Hals ja kaum mehr drehen. Kannst du Autofahren?“

„Nein, das geht nicht, weil ich meinen Kopf ja kaum noch zur Seite drehen kann. Ich muss den gesamten Oberkörper mitdrehen.“

Er als praktischer Arzt konnte mich nur zum Facharzt überweisen, mir aber bis zu dem Termin gegen die heftigen Schmerzen Medikamente aufschreiben, die etwas Linderung brachten.

Die Schmerzen schränkten mich in meinen ganzen Aktivitäten sehr ein. Ab September sollte mein ‚heißer Herbst’ wieder beginnen, wie ich stets die Seminarphase nannte, die nach der Sommerpause folgte. Bis dahin musste alles wieder in Ordnung sein. Doch die Besuche beim Orthopäden und auch beim Internisten brachten weder eine Diagnose noch eine Linderung – und acht Seminartermine standen vor der Tür mit nur einem einzigen freien Wochenende dazwischen.

Als Götz mich zum Orthopäden brachte, fragte ich ihn: „Was wollen mir diese akuten Schmerzen bloß sagen? Was ist los mit mir? Was ist bei mir in Disharmonie?“

„Gila, es ist ja richtig, dass du diese Fragen stellst. Du weißt doch selbst am besten – Gesundheit entsteht durch ein harmonisches Verhältnis zwischen Körper, Geist und Seele. Schmerzen wollen dir immer etwas sagen. Auch du solltest auf deinen

Körper hören! Seine Symptome wollen dir immer einen Hinweis darauf geben, was in deiner Seele vorgeht. Doch vielleicht könntest du deine jetzige Lage auch als Chance sehen, etwas Wichtiges daraus zu lernen."

„Wenn es mir wieder besser geht, finde ich mit Sicherheit einen Sinn darin. Aber ich gebe zu, im Moment interessiert mich mehr, dass die Schmerzen verschwinden. Sie sind ja urplötzlich aufgetreten, ohne äußere Einwirkung. Jetzt endlich kann ich Menschen verstehen, denen es genauso geht. Wie wertvoll unser Körper ist, wird einem erst dann bewusst, wenn er schmerzt."

Ich überlegte: Hatte ich in der Vergangenheit eigentlich gut für meinen Körper gesorgt? Nein, meine vielen Gewichtsschwankungen hatten ihm sicherlich nicht gut getan, obwohl ich froh war, dass ich seit acht Jahren mein Gewicht einigermaßen gehalten hatte. Auch ein Grund dafür war, wie ich meinte, dass ich mich damals dafür entschieden hatte, nur noch Cola Light statt anderer Softdrinks mit Zucker zu trinken. Doch die Auswirkung dieser Entscheidung sollte ich bald erkennen.

Wann genau hatten die Schmerzen eigentlich begonnen? Mir kam da ein Verdacht …

Ungefähr drei Monate zuvor hatte ich einen Anruf erhalten, der mich sehr berührte. Wie ich bereits vorher erwähnt habe, bin ich mit Rainer, dem Vater meiner beiden jüngsten Kinder, heimlich nach Kanada ausgewandert. Sowohl Rainer als auch Eva, seine Frau, und ich waren bei der gleichen Versicherungsgesellschaft beschäftigt gewesen, wobei Eva und ich zu dem Zeitpunkt die beiden größten Umsatzträgerinnen waren.

Die ganze Angelegenheit war dann aufgeflogen. Erst einige

Stunden, bevor unser Flugzeug in unser neues Leben starten sollte, hatte ich den Kündigungsbrief an die Versicherungsgesellschaft abgesandt. Danach fiel auch Eva vor lauter Kummer für lange Zeit für das Unternehmen aus – von mir als Umsatzbeste ganz zu schweigen.

Über diese Aktion war die damalige Geschäftsleitung nicht gerade begeistert gewesen, das war klar, weil dadurch ein Großteil der Aufträge wegbrach.

Doch warum erzähle ich diese Geschichte überhaupt?

„Gila, da ist ein Herr am Telefon", sagte Irmi eines Morgens, „der dich gern sprechen möchte. Er sagt, er kennt dich von früher und sei im Vorstand des Unternehmens, für das du damals in der Versicherungsbranche gearbeitet hast."

Als ich seinen mir vertrauten Namen hörte, war ich sehr erstaunt, dass es ihn dort noch gab und er sogar inzwischen zum Geschäftsführer aufgestiegen war.

„Hallo, Frau van Delden!"

Ich begrüßte ihn fröhlich und meinte dann: „Sie können sich vorstellen – ich bin sehr überrascht über Ihren Anruf."

„Das kann ich mir lebhaft vorstellen!", lachte er fröhlich, „wir haben uns vor ungefähr 22 Jahren das letzte Mal gesehen, kurz vor Ihrer Auswanderung."

Ich staunte. „Das wissen Sie alles noch?"

„Na ja, Ihre Aktion hat die Eintönigkeit des Versicherungsalltags damals ein wenig unterbrochen!"

„Das ist aber sehr positiv ausgedrückt", grinste ich.

„Also mein Anruf hat natürlich einen Grund, das können Sie sich ja vorstellen. Damals waren Sie für mich die Kollegin, die erstaunlicherweise vom Umsatz her über Jahre hinweg an der Spitze stand. Und obwohl Sie durch Ihre Auswanderung einige Zeit von der Bildfläche verschwunden sind, habe ich Sie persönlich nie aus den Augen verloren. Und als dann Ihr erstes Buch auf den Markt kam, war ich einer Ihrer aufmerksamsten Leser."

„O je", antwortete ich, wohl wissend, dass mein erstes Buch nicht unbedingt etwas über meine heutige Tätigkeit als Seminarleiterin aussagt, da es in einer Phase meines Lebens geschrieben wurde, wo ich selbst noch Suchende war.

Ich hörte ihm aufmerksam zu, als er weiter sprach: „Natürlich habe ich Ihre anderen fünf Bücher auch alle gelesen und auch die Reife gespürt, die über die Jahre oder soll ich sagen – Jahrzehnte – daraus zu erkennen ist. Und genau das hat mich veranlasst, Sie heute anzurufen. Vielleicht wissen Sie, dass ich nach fast dreißig Jahren in die Geschäftsleitung aufgestiegen bin und damals wie heute ein Verfechter der positiven Bewusstseinshaltung bin. Schon damals habe ich – genau wie Sie – die Kurse von Günter Ilse besucht und war fasziniert, wie wir Menschen durch unsere Gedanken selbst die Ereignisse unseres Lebens bestimmen. Und genau jetzt komme ich zum Punkt: Könnten Sie sich vorstellen, so ein Seminar für meine Niederlassungsleiter zu veranstalten?"

Ich war total perplex! Ich hatte nichts von seinem Karrieresprung gewusst, ließ mir das aber nicht anmerken und erwiderte: „Das kommt für mich jetzt aber sehr überraschend, vor allem, weil ich damals das Unternehmen so ganz plötzlich und ohne die vertragliche Kündigungszeit verlassen habe."

„Sie haben es ja seinerzeit in Ihrem Brief so erklärt, dass es einfach nicht anders möglich war, denn sonst hätte die Frau Ihres damaligen Lebensgefährten die Auswanderung ja noch verhindern können."

„Hätte sie es mal bloß getan!", erwiderte ich vergnügt.

„Da mögen Sie recht haben", konterte der Geschäftsführer

fröhlich, „aber das ist jetzt fast 25 Jahre her. Doch ich möchte Sie gern als Kursleiterin haben. Wer könnte das besser schaffen, als jemand, der selbst damals jahrelang für unser Unternehmen als Spitzenkraft tätig war und nun seit langem sehr erfolgreich anderen das Wissen über die Kraft des Unterbewusstseins vermittelt. Ich habe sehr viel Gutes von Ihnen gehört, da bereits in der Zwischenzeit viele meiner Mitarbeiterinnen privat bei Ihnen ein Seminar besucht haben."

Das stimmte. Immer wieder hatte es mich gefreut, wenn mir in der Vergangenheit Teilnehmerinnen berichteten, sie seien für die gleiche Gesellschaft tätig wie ich damals.

„Wer außer Ihnen ist denn noch von der alten Besetzung dabei?", fragte ich ihn vorsichtig, bevor ich ihm endgültig meine Entscheidung mitteilen wollte.

„Oh, mehr als die Hälfte sind es noch. Unser Unternehmen ist bekannt dafür, dass es viele langjährige Führungskräfte beschäftigt."

Ich teilte ihm mit, dass mich sein Angebot zwar sehr freue, aber ich müsse zuerst einmal darüber nachdenken und wenn ja, dann auch einen geeigneten Termin finden, da bis Mitte des Jahres alles ausgebucht sei und in den Herbst auch kein Termin mehr hineinpasse.

„Okay", schloss er, „lassen Sie mich wissen, ob und wann es klappt. Und dann machen Sie mir ein Angebot!"

O je! Ab dem Moment hatte ich keine ruhige Minute mehr. Immer wieder ging mir durch den Kopf – mehr als die Hälfte der jetzigen Führungskräfte kannte mich noch als beste Umsatzträgerin, aber auch als diejenige, die ihrer besten Freundin den Mann ausgespannt hatte. Würden sich diese Niederlassungsleiter – wie sie heute hießen – überhaupt neutral auf mich einlassen können?

Ich überlegte hin und her. Das Gute an der Angelegenheit war jedoch, dass sich damit ein Kreis schließen konnte. Vor einem Vierteljahrhundert hatte ich durch mein unfaires Verhalten Frust und Umsatzeinbußen bei dieser Versicherungsgesellschaft ausgelöst, was ich jetzt nach dieser langen Zeit vielleicht wieder ausgleichen konnte.

Gleichzeitig kam jedoch auch ein Gedanke der Unsicherheit bei mir auf, ob ich dieser Konfrontation mit einem dunklen Teil meiner Vergangenheit überhaupt gewachsen war – ja, ob ich das überhaupt wollte!

Wäre es nicht einfacher, meine Seminare nur für die Leser meiner Bücher anzubieten, die mich und die Methode der positiven Lebensbewältigung selbst gern kennenlernen möchten, als mich auf so einen großen Stressfaktor einzulassen? Und das wäre dieser Kurs für mich auf alle Fälle!

Doch dann kam wieder die mahnende Stimme in mir: ‚Du bist in der Lage, das Wissen um die Kraft des Unterbewusstseins zu vermitteln. Außerdem kennst du dieses Unternehmen von der Pike auf, selbst wenn sich in der Zwischenzeit viel verändert haben mag.'

Sollte ich mein Ego deshalb nicht einfach zurückfahren und vor allem den neuen Niederlassungsleitern dieses Wissen auf liebevolle Art vermitteln?

Nach einigem Hin und Her entschied ich mich für das Gesetz des Ausgleichs, doch ich stand bis zu dem Termin unter Strom. Vor allem, weil dadurch die Pause, die ich in den heißen Sommerwochen stets einlege und in der ich wieder Kraft tanke, unterbrochen wurde und deshalb an Ruhe und Entspannung gar nicht mehr zu denken war.

*

Am Vorabend dieses Kurses hielt ich mich im Tagungsraum des Hotels in Oberorke auf, um noch einiges vorzubereiten, als plötzlich die Tür aufging.

„Ich wusste doch, dass ich Sie hier finde“, strahlte mich mein ehemaliger Kollege an, der diesen Kurs für mich in die Wege geleitet hatte. Ich erkannte ihn sofort wieder. Meinem inneren Impuls folgend, nahm ich ihn zur Begrüßung in meine Arme. Es passte einfach alles – die Chemie stimmte zwischen uns!

Wir nahmen uns ausgiebig Zeit, über die vergangenen Jahre zu sprechen, auch über seinen Karrieresprung in die Vorstandsebene. So manche Anekdote, die wir damals gemeinsam erlebt hatten, wurde wieder hervorgekramt, und er erwähnte auch einige Kollegen, die ich noch gekannt hatte und die inzwischen unsere Welt verlassen hatten.

Als der Kurs dann am nächsten Morgen begann, sah ich tatsächlich einige meiner alten Kollegen wieder und freute mich, einerseits, ihnen nach der langen Zeit wieder zu begegnen. Andererseits spürte ich, ich war vorsichtiger und auch etwas verhaltener als sonst, was ich gar nicht von mir kannte. Die spontane Begeisterung, die in meinen Seminaren stets mitschwingt, kam nur zögerlich auf, so sehr blockierten mich anfangs meine eigenen Gedanken. Erst nach und nach ließ ich mich wieder leiten und schloss mich an die geistige Kraft an, wie ich es auch sonst immer tue.

Und obwohl der Kurs gut lief, traf ich danach die Entscheidung, meine Kraft mehr in offene Seminare zu geben, die direkt bei uns gebucht werden.

Nach diesem Seminar hatte ich das gute Gefühl, dass damit der Ausgleich für mein damaliges Verhalten vollzogen worden war. Und doch habe ich gemerkt, wie sehr ich wohl unter

Strom gestanden haben muss, denn genau eine Woche später setzten dann die Schmerzen ein …

*

Eines Nachts – es war ungefähr zwei Wochen nach diesem Termin – konnte ich es trotz starker Tabletten und Mittel zur Muskelentspannung vor Schmerzen nicht mehr aushalten. Ich lag neben Götz im Bett und wimmerte leise vor mich hin. Götz, der normalerweise einen sehr tiefen Schlaf hat, nahm einfach meine Hand und hielt sie fest. Es tat mir so leid, dass er keinen Schlaf bekam, und so zog ich zum ersten Mal ins Gästezimmer, seit wir zusammenlebten.

Ich war inzwischen Dauerpatient beim Internisten, Orthopäden, beim Chiropraktiker, in Naturheilpraxen – und natürlich bei Josef, der sich viel Zeit nahm und offensichtlich auch nachvollziehen konnte, wie ernst es um mich stand. Jahrzehntelang hatte ich seine Dienste kaum in Anspruch nehmen müssen – und jetzt das! Die Schmerzen hatten sich innerhalb kürzester Zeit auf meinen gesamten Körper verteilt. Ich konnte kaum mehr sitzen, geschweige denn, längere Strecken mit dem Auto fahren.

„Gila, bist du mal von einer Zecke gebissen worden?“, hakte Josef nach, „dann könnte es sich bei dir eventuell um eine Borreliose handeln.“

„Ja, vor längerer Zeit einmal, aber das hat zu keiner Entzündung geführt.“

„Trotzdem, um ganz sicher zu gehen, machen wir einen Test. Auf Rheuma oder Gicht haben wir dich ja schon negativ getestet. Wenn ich dir bloß helfen könnte …!“

Auch der Borreliose-Test verlief negativ. Obwohl ich einfach nur dankbar dafür hätte sein können, kam bei mir der verzweifelte Gedanke auf: ‚Nun findet doch bitte endlich irgendetwas, das man wegtherapieren kann!'.

Nur unter starkem Medikamenteneinfluss war es mir zu dem Zeitpunkt überhaupt möglich, ein Seminar nach dem anderen zu halten. Ich bin nach wie vor äußerst dankbar und froh, dass keiner meiner Teilnehmer – wie sie mir später berichteten – überhaupt etwas von dieser akuten Schmerzphase mitbekommen hat, nur ich selbst natürlich – und das mit aller Wucht!

Und dazu kam noch eine Lesung im September! Generell mache ich keine Lesungen mehr, doch meiner Zustimmung lag ein ganz zauberhaftes Ereignis zugrunde.

Ein Jahr zuvor hatte mich die Leiterin der Bibliothek in Steinhagen angerufen: „Hallo, Frau van Delden, Ihr Buch *‚Lass dein Leben leuchten!'* ist ja gerade auf den Markt gekommen."

„Ja, ich freue mich, dass es von meinen Lesern so gut angenommen worden ist."

„Wissen Sie noch – damals, als unsere Bibliothek nicht ausreichte, um alle Ihre Zuhörer unterzubringen und wir den großen Gemeindesaal für Ihre Lesung nehmen mussten? Das ist auch der Grund meines Anrufes: Ich möchte mich gleich wieder anmelden, dass Sie eine Lesung bei uns halten!"

„Ich gebe Ihnen wirklich sehr ungern eine Absage", versuchte ich ihre Begeisterung zu dämpfen, „durch die vielen Seminare, die ich leite, mache ich keine Lesungen mehr, weil ich sonst kaum noch zu Hause wäre. Sorry, es geht wirklich nicht!"

Ich kannte sie bereits seit dem Erscheinen meines ersten Buches und hatte sie als sehr angenehme Persönlichkeit in Erinnerung. Es tat mir wirklich sehr leid. Mit meiner Ablehnung hatte sie nun gar nicht gerechnet, blieb aber charmant hartnäckig und hakte nach: „Wenn jetzt gar nichts mehr hilft, dann vielleicht das: Schenken Sie mir doch Ihre Zusage einfach zum Geburtstag, denn ich habe heute Geburtstag!"

„Herzlichen Glückwunsch!", lachte ich. „Das ist eine sehr originelle Bitte und macht es mir nicht leichter, aber es geht wirklich nicht", wiederholte ich bedauernd.

Weil ihr Wunsch so nett vorgetragen wurde, schrieb ich mir ihr Geburtsdatum auf – den wahren Grund dafür sollte ich erst viel später erkennen …

Zu dem Zeitpunkt wusste ich noch nicht, dass ich ein paar Monate später einen Anruf erhalten sollte von der Geschäftsführerin des Europa-Parks in Rust, die mich darum bat, bei ihr im April 2008 eine Lesung zu veranstalten. Auch hier hatte ich anfangs abgesagt, da ich aber diese Lesung mit einem Seminar verbinden wollte, war es dann doch möglich. Und diese Lesung sollte wirklich ein voller Erfolg werden.

Als Götz und ich nachmittags in dem uns beschriebenen Hotel im Europa-Park in Rust ankamen, stand bereits ein Schild vor der Tür, dass meine Lesung in dem gegenüberliegenden Haus stattfände, weil der Saal nicht ausreichte. Mit ungefähr 200 Zuhörern hatten wir gerechnet, aber dass es 440 wurden, war für uns alle eine Riesenüberraschung!

Als ich auf die Bühne trat, rief mir jemand aus dem Publikum zu: „Ciao Bella!", und an dem kräftigen Winken erkannte ich Anna-Maria, eine wunderbare Frau, die bereits öfter bei mir war. Sie ist gebürtige Italienerin, und ihr Herz ist voller Liebe. Ihre Einträge bei uns im Gästebuch auf unserer Internetseite sind mehr als lesenswert.

„Hallo, Anna-Maria!“, rief ich hocherfreut zurück – und dann sah ich viele meiner Teilnehmer im Publikum verteilt, die mir zuwinkten. Sie hatten teilweise mehr als 100 Kilometer in Kauf genommen, um an dem Abend bei dieser Lesung dabei zu sein.

Voller Dankbarkeit und Liebe zu all den Anwesenden begann ich mit meiner Lesung. Es war eine ganz besondere Schwingung in diesem großen Saal.

Zum Abschluss machte ich noch eine wunderschöne Meditation – und war tief berührt, dass sich danach kaum jemand erhob, obwohl es fast 22.30 Uhr war und viele ja noch sehr weite Wege nach Hause hatten.

Wenn jemand, der bei der Lesung in Rust dabei war, dieses Buch lesen sollte, dann möchte ich jedem Einzelnen von euch noch einmal für dieses wunderbare Geschenk danken, das ihr mir gemacht habt! Danke!

Genau dieses Erlebnis hat mich dann folgende Entscheidung treffen lassen:

Anfang April – also genau ein Jahr nach dem Geburtstagsanruf der Bibliotheksleiterin – rief ich bei ihr an und erwischte sie morgens auch gleich persönlich am Telefon.

„Herzlichen Glückwunsch!“, waren die ersten Worte, die ich ihr am Telefon sagte.

„Oh, danke!“, erwiderte sie, offensichtlich sehr erfreut, aber nicht ahnend, wer ihr da am Telefon gratulierte, denn unsere Stimmen waren einander nicht so vertraut. „Wer ist denn da?“

„Gila van Delden.“

„Das glaube ich jetzt nicht! Das ist nicht wahr! Dass Sie sich daran erinnern, wann ich Geburtstag habe – also ich bin ganz von den Socken!“

„Sie haben mich doch genau vor einem Jahr angerufen. Erinnern Sie sich nicht mehr?"

„Und ob ich mich daran erinnere! Aber auch daran, dass offensichtlich weder mein Geburtstagswunsch noch mein Charme etwas genutzt haben!"

„Na, vielleicht doch!", bekannte ich, „Ich habe nämlich ein Jahr überlegen können und mich jetzt dazu entschieden, Ihnen eine Lesung zum Geburtstag zu schenken!"

„Ist das Ihr Ernst?", jubelte sie. „Wirklich? Das ist mit Sicherheit das schönste Geburtstagsgeschenk, das ich heute bekomme! Das ist ja der Hammer!"

Und so kam es, dass ich im September 2008 bei ihr eine Lesung halten sollte, aber inzwischen vor Schmerzen nicht mehr geradeaus gucken konnte.

Apropos geradeaus. Eigentlich stimmte das gar nicht, denn ich konnte inzwischen fast nur noch geradeaus gucken. Bereits bei der Vorbesprechung saß ich neben zwei Journalisten, die einen Bericht für die hiesige Presse von diesem originellen Geburtstagsgeschenk machen wollten und mir abwechselnd Fragen stellten. Da ich meine Gesprächspartner gern anschaue, hätte ich mich bei jeder Antwort von einem zum anderen drehen müssen. Das wäre einfach nicht gegangen.

Und so bat ich die beiden, sich mir gegenüber zu setzen, da ich im Moment einen steifen Nacken hätte. Irgendwie waren die beiden von meiner Bitte etwas irritiert, aber nur so war das Interview überhaupt möglich.

Das Ganze spielte sich ein paar Tage vorher ab. Am Tag der Lesung selbst waren die Schmerzen dann unerträglich. Götz brachte mich morgens zu einer Medizinerin, die auch als Homöopathin tätig war. Ich hatte äußerste Schwierigkeiten, überhaupt die paar Stufen zu ihrer Praxis hochzusteigen.

Auch sie konnte sich nicht erklären, woher die Schmerzen kamen, bot mir aber wenigstens Linderung für einen Abend an: „Ich werde Ihnen für heute Abend eine Cortisonspritze geben. Damit müssten Sie über die Runden kommen!“

Und genau das half fürs Erste. Den Abend hielt ich schmerzfrei durch und konnte sogar meine Arme und Beine wieder frei bewegen. So wussten wir zumindest, dass es eine Störung meiner Lebensenergie war, die auf Cortison ansprach.

Jetzt konnte mir auch Josef weiterhelfen, indem er mir vor den Seminaren jeweils eine Cortisonspritze verabreichte. Ich bat ihn, Götz zu zeigen, wie er die Spritze setzen musste, wenn die Schmerzen schlimmer würden.

Götz, der darin keinerlei Übung hatte, lernte also, mir eine Spritze zu verpassen, wenn es unbedingt nötig war. Und noch immer wusste niemand, was eigentlich los war mit mir. Akupunktur hatte nichts geholfen, die Traditionelle Chinesische Medizin (TCM) brachte keine Linderung – nichts schien zu helfen. Die beiden Tage, die ich zwischen den Seminaren zu Hause war, waren angefüllt mit diversen Arztbesuchen.

Zu einem Kurs, den ich zu dem Zeitpunkt in Niederösterreich, ungefähr 900 Kilometer von zu Hause, leitete, nahm ich dann das Flugzeug, da ich nicht lange sitzen konnte, während Götz alles, was dort vor Ort benötigt wurde, mit dem Auto transportierte.

*

Anfang Juli 2008 verbrachten Günter und Ingeborg wieder ein Wochenende bei uns. Ich hatte Freunde und Nachbarn zu unserem 20-jährigen Jubiläum eingeladen, weil ich nun bereits seit zwei Jahrzehnten in dem Haus, das ich damals ersteigert hatte, glücklich und zufrieden wohne. Bei bestem Wetter saßen wir alle zusammen im Garten beim Grillen.

Götz erzählte Ingeborg, wie er und ich Günter ein Jahr, bevor er Ingeborg kennenlernte, zu seinem 75-sten Geburtstag einen Konzertbesuch bei James Last in Baden-Baden geschenkt hatten: „Mit der James-Last-Band habe ich als Tontechniker fast sämtliche Tourneen mitgemacht. Gila hat in der Zwischenzeit zu James Last, der bei uns allen nur Hansi heißt, und seiner Frau Christine eine sehr herzliche Beziehung aufgebaut."

„Ja, Gila, und wie du mir später gebeichtet hast", fuhr Günter schmunzelnd fort, „hast du in einem Brief James Last vorher darüber informiert, dass ich nur neun Tage älter bin als er. Wir sind ja beide im April 75 Jahre alt geworden."

„Ich habe Hansi nur gebeten, ob es möglich sei, dich persönlich anzusprechen. Und genau das ist passiert."

„Ohne, dass ich auch nur irgendetwas davon ahnte", sprach Günter weiter, „nahm James Last zum Schluss der Konzertprobe sein Mikrofon und sprach dich von der Bühne an: ‚Gila, wahrscheinlich ist der junge Mann dort neben dir Günter Ilse?'"

„Ich habe sofort deinen ungläubigen Gesichtsausdruck bemerkt. Deine Augen sind ganz groß geworden, als Hansi uns beide dann zu sich auf die Bühne bat."

„So", hatte Hansi augenzwinkernd gesagt, „ich habe gehört, dass dein Freund auch gerade 75 Jahre alt geworden ist. Herzlichen Glückwunsch! Jetzt ist es an dir, Gila, zu entscheiden, wer älter aussieht von uns beiden!"

„Ach. Hansi, ich habe doch wahrhaftig ausgerechnet heute meine Lupe vergessen", hatte ich gekontert, „aber wenn ich euch hier so nebeneinander sehe, so seid ihr alle beide noch junge Hüpfer!"

Christine, Hansis Frau, hatte dann ein sehr schönes Foto von uns allen Dreien gemacht, das auch auf unserer Internetseite veröffentlicht worden ist.

Und dann war Günter von Hansi hinter die Bühne gebeten worden, wo er mit allen Bandmitgliedern und der gesamten Crew zu Abend essen sollte. Mein Günter war aber so beeindruckt gewesen, dass er fast gar nichts herunterbrachte.

Es war ein Abend, den er nie vergessen sollte.

Ingeborg lachte auf. „Na, das kann ich mir vorstellen! Wo Günter sowieso immer so bescheiden ist und alles Aufheben um seine Person nicht mag! Und dann auf einer Bühne zusammen mit James Last!“

„Nein, so eingeschüchtert war ich nun doch nicht!“, konterte Günter fröhlich. „Aber es war schon etwas ganz Besonderes für mich. Nicht nur das Konzert, was ausgesprochen jung und flippig war, sondern auch die Nähe zu der Band!“

„Das Konzert mit James Last hätte ich mir auch sehr gern angesehen“, gab Ingeborg mir zu verstehen. „Wann ist es denn das nächste Mal möglich?“

„Oh, da hast du Glück!“, stellte ich fest. „Der Tourneeplan steht fürs nächste Jahr schon fest. Im Mai nächsten Jahres ist die James-Last-Band wieder bei uns in Halle im Gerry-Weber-Stadion. Das wäre doch super für euch! Ingeborg, du reist aus dem Norden an – und du, Günter, aus Heidelberg, und ihr trefft euch bei uns zu Hause.“

„Abgemacht!“, erklärte Ingeborg begeistert. „Günter, das machen wir! Und wir bleiben dann das Wochenende bei Gila!“

Und so hatten wir alle ein Wiedersehen vor uns, auf das wir uns freuen konnten, wenn auch ohne Götz, der dann nicht dabei sein konnte, weil er ja mit Hansi auf Tournee war.

# KAPITEL 4

*Güte in deinen Worten*
*erzeugt Vertrauen,*
*Güte beim Denken*
*erzeugt Tiefe,*
*Güte beim Verschenken*
*erzeugt Liebe.*

(Verfasser unbekannt)

Wie sehr liebevolles Verhalten über Jahre hinweg Früchte trägt, beweist folgende nette Geschichte.

Vor einigen Jahren wollte ich zusammen mit Freunden, unter anderem auch mit Günter Ilse und seiner Frau Röschen, eine 3-tägige Rheinfahrt von Saarbrücken nach Koblenz unternehmen. Mit Rico und Dana, die noch sehr jung waren, freute ich mich darauf, das fantastische Schauspiel 'Rhein in Flammen' zu erleben: Ein riesiges farbenprächtiges Feuerwerk, über 70 festlich illuminierte Schiffe und rote bengalische Feuer tauchen einmal pro Jahr im August romantische Ortschaften, Burgen und Schlösser der Region Koblenz in einen sprühenden Feuerregen.

Unsere Gruppe brachte es auf die stattliche Anzahl von 12 Personen! In Saarbrücken wollten wir die Schiffsreise beginnen, die dann in Koblenz nachts mit einem fulminanten Feuerwerk enden sollte. Deshalb hatten wir für die Hin- und Rückreise den Zug genommen und selbstverständlich bei dieser Anzahl von Leuten für alle Plätze reserviert.

In Heidelberg stieg unsere gesamte Mannschaft um. Aufs

Herzlichste begrüßten wir auch Günter und Röschen, die dort erst zu uns stießen.

Unser Zug lief ein. Unter ziemlichem Gedränge schob sich einer nach dem anderen samt Gepäck in den Anschlusszug. Die Tür schloss sich, und er setzte sich in Bewegung.

„Ich sehe mal nach, wo unsere reservierten Abteile sind", entschied ich. Allen voran zog ich – bereits etwas gestresst – meine Kinder und auch die Koffer in dem langen schmalen Gang hinter mir her. Vertrauensvoll folgte mir der gesamte Konvoi mit allen Gepäckstücken, die den ganzen Gang einnahmen. Die Platzkarten in der Hand, versuchte ich, unsere Plätze ausfindig zu machen, um dann bestürzt festzustellen: Trotz Reservierung waren alle besetzt!

„Wir sind eine größere Reisegruppe und haben diese beiden Abteile gebucht"; sagte ich etwas entschuldigend, aber freundlich zu den Mitreisenden in dem einen Zugabteil und sah sie erwartungsvoll an. Ich nahm an, dass sie aufstehen und sich einen anderen Platz suchen würden.

„Nein, das kann nicht sein", erwiderte eine Dame, holte ihre Fahrkarte heraus und meinte bestimmt: „Sehen Sie, das hier sind unsere Plätze. Wir haben sie fest vorbestellt. Schauen Sie selbst!"

Es stimmte – ich war wie gelähmt! Das konnte doch nicht angehen!

„Ich verstehe das nicht“, sagte ich irritiert, „wir haben hier feste Reservierungen für unsere Gruppe für den Zug nach Saarbrücken!“

„Saarbrücken?“, wiederholte die Dame. „Dieser Zug fährt nach Köln, nicht nach Saarbrücken!“

Mein ungläubiger Gesichtsaudruck musste filmreif gewesen sein! Und ich merkte schnell: Die beste Platzreservierung hilft nichts, wenn man in den verkehrten Zug einsteigt – und das mit 12 Personen samt Gepäck!

Trotz aller Unannehmlichkeiten stieg unsere gesamte Mannschaft an der nächsten Haltestelle unter fröhlichem Gelächter wieder aus, um auf den ICE zu warten, der uns nach Heidelberg zurückbringen sollte. Erst mit ziemlicher Verspätung gelangten wir danach doch noch in den richtigen Zug nach Saarbrücken.

Jedoch unsere Platzreservierungen waren dahin! Wo sollten wir jetzt alle unterkommen? Müssten wir die ganze Fahrt im Gang verbringen? Das fehlte jetzt auch noch! Ich sandte ein Stoßgebet gen Himmel und bat in Gedanken um Hilfe.

Und diese kam dann wahrhaftig kurze Zeit später in Gestalt eines Zugbegleiters, der sich durch die Ansammlung von Menschen und Gepäck hindurchgeschlängelt hatte.

Ich schaute ihn an – und trotz des Stresses erkannte ich ihn wieder! Genau ein Jahr zuvor war ich ihm in diesem Zug schon einmal begegnet. Durch seine Freundlichkeit und liebevolle Ausstrahlung hatte er schon damals einen ganz besonderen Eindruck bei mir hinterlassen.

„Wir sind vorhin alle in den verkehrten Zug eingestiegen"; erklärte ich, „und dann mit dem nächsten ICE sofort wieder zurückgefahren. Nur jetzt sind unsere Reservierungen hinfällig. Was sollen wir bloß machen?"

„Zeigen Sie mal Ihre Fahrkarten bitte! Sie sind 12 Personen?"

Ich nickte.

„Okay", entschied er freundlich, „dann kommen Sie mal mit!"

‚Was passiert denn jetzt?', dachte ich. Ich winkte den anderen zu, und unsere lange Schlange setzte sich wieder hoffnungsvoll in Bewegung, um ihm zu folgen.

Und dann führte er uns doch wahrhaftig in die erste Klasse!

„So", meinte er lächelnd, „Sie können hier Platz nehmen, wo immer noch freie Plätze sind. Wenn Sie schon mit so vielen Personen die Bundesbahn buchen, dann sind wir auch für Sie da, wenn Sie Hilfe brauchen!"

Mir verschlug es den Atem! Dankbar sah ich ihn an und entgegnete: „Ich danke Ihnen von ganzem Herzen für Ihre spontane und großzügige Hilfe."

„Gern geschehen!", lachte er mir freundlich zu – und wieder verspürte ich die nette Ausstrahlung, die mir schon ein Jahr zuvor aufgefallen war. Mein gutes Gedächtnis für Menschen und Begebenheiten kam mir auch in dieser Situation wieder zugute. Als ich ihn dann auf unsere erste Begegnung ansprach, merkte ich, dass er sich offenbar nicht mehr daran zu erinnern schien.

Nach dem ganzen Stress waren jetzt alle aus unserer Gruppe erleichtert und froh, überhaupt noch Plätze bekommen zu haben und dann sogar in der ersten Klasse!

Ich wollte jedoch die ganze Sache nicht einfach auf sich beruhen lassen. Bevor unsere gesamte Gruppe in Saarbrücken ausstieg, erwischte ich unseren netten Zugbegleiter auf dem Gang.

Ich dankte ihm noch einmal und lächelte ihn an: „Früher hießen die Zugbegleiter ja Schaffner – und jetzt bekommt diese Bezeichnung für mich einen ganz besonderen Sinn, weil Sie persönlich etwas ‚geschafft' haben, was andere nicht so leicht schaffen. Es war wirklich eine logistische Meisterleistung von Ihnen. Ich möchte mich gern dafür erkenntlich zeigen, was Sie für uns getan haben."

Gerade wollte ich ihm als Anerkennung etwas zustecken, als er lachend abwehrte: „Nein! Das lassen Sie mal! Das habe ich von mir aus sehr gern getan, auch ohne Belohnung! Das ist doch schließlich meine Aufgabe!"

„Okay – haben Sie vielleicht eine Visitenkarte?"

Er nickte.

Wieder zu Hause, übersandte ich der Bundesbahn mit einem ausführlichen Schreiben ein gewidmetes Exemplar eines meiner Bücher für 'Schaffner' Peter. Postwendend bekam ich von ihm einen Brief voller Dankbarkeit zurück. Völlig überraschend für ihn sei er zu seinem Chef gerufen worden, der ihm anerkennend das Buch und mein Schreiben übergeben hätte.

Einige Jahre später – am 15.12.2008 – schrieb Peter dann einen ganz lieben Eintrag in unser Gästebuch, über den ich mich riesig gefreut habe.

Einen weiteren Brief von unserem sympathischen Zugbegleiter erhielt ich vor ein paar Wochen, also fast 4 Jahre nach dem liebevollen Gästebucheintrag. Darin übersandte er mir ein Magazin der *‚Allianz pro Schiene'*. Peter war auf der Titelseite abgebildet. Er hatte die Goldmedaille *‚Eisenbahner mit Herz 2012'* erhalten. Als Dankeschön für mein damaliges Buch hatte er mir eine selbst besungene CD dazu gelegt, die Götz und ich uns voller Freude und Begeisterung angehört haben.

Viele Bahnkunden haben mit überzeugend liebevollen Geschichten über Peter bei der Bundesbahn dafür gesorgt, dass er diese Ehrung erhielt. Unter anderem hatte er zwei jungen Mädchen geholfen, die auch wie wir damals in den verkehrten Zug gestiegen waren und nachts keine Möglichkeit mehr gehabt hatten zurückzufahren.

Nach der Benachrichtigung der Eltern und deren Einverständnis hatte Peter mit seiner Frau zusammen ein Zelt in seinem Garten aufgebaut, wo die beiden Mädchen übernachten konnten, und dann am nächsten Tag ihre Heimreise organisiert.

Das ist echte Menschenliebe – oder?

*

Nach einer Meditation hatten wir uns abends auf unseren Kissen und Decken gemütlich um die Seminarkerze gruppiert. Der Raum war in warmes Licht gehüllt, voll guter Schwingungen des gesamten Tages.

Passend zum Thema sagte ich: „Unsere Seele hat sich nun mal für die Aufgabe entschieden, die sie jetzt in diesem Leben hier auf Erden ausführen möchte."

Christine, eine Teilnehmerin, meinte daraufhin etwas bedauernd: „Diese Worte sind mir nicht fremd, Gila, aber ich denke oftmals, dass andere schon viel weiter sind mit ihren Erkenntnissen als ich."

„Niemand ist weiter als der andere, wir sind alle auf unserem Weg. Manche Menschen möchten dir gern zeigen, wohin dein Weg dich führt, weil die eigenen Erfahrungen ihnen gezeigt haben, dass es so richtig für sie war. Du kannst dir zwar bei ihnen Rat holen, aber für deine Entscheidungen bist du allein verantwortlich."

„Ich drücke mich manchmal vor Entscheidungen, weil ich Angst habe, Fehler zu machen."

„Sei doch einfach mal initiativ, Christine, und übernimm selbst die Verantwortung! Folge deinem Herzen!"

Jemand anders aus der Gruppe fragte: „Aber wenn die anderen plötzlich mit der Änderung meiner Einstellung nicht umgehen können?"

„Es kann sein, dass du ihnen plötzlich unbequem erscheinst,

weil du dich nicht mehr manipulieren lässt. Dein Umfeld wird überrascht, aber vielleicht auch von deiner wachsenden persönlichen Stärke beeindruckt sein!"

„Ja, tatsächlich habe ich mich bisher mehr nach anderen als nach mir selbst gerichtet", gab Christine zu.

„Schau mal, jeder darf doch seinen eigenen Weg gehen. Durch deine Entscheidung, den Fokus auf liebevolle Gedanken und liebevolles Handeln zu lenken, wirst du immer mehr Harmonie in dein Leben bringen. Und davon profitieren auch die anderen in deinem Umfeld. Sie werden sehr schnell merken, dass deine Veränderung nicht nur unbequem ist für sie, sondern dass sie sich dadurch auf dich verlassen können. Sei liebevoll zu ihnen! Gehe den Weg der Liebe, aber gehe deinen eigenen Weg!"

Die Gruppe war sehr nachdenklich geworden. Dann aber meldete sich Christof zu Wort. Er, Mitte Dreißig und selbständig als Computerfachmann, war zum ersten Mal bei mir. Schon vorher war mir seine angenehme Tiefgründigkeit aufgefallen.

„Wie Christine habe auch ich manchmal Schwierigkeiten, eine Entscheidung zu treffen", meinte er, „weil alles immer so hektisch um mich herum ist. Ich bin den ganzen Tag über mit Computerprogrammen beschäftigt – und abends bin ich einfach nur kaputt. Fernseher an – und abschalten!"

„Komm einfach mal zur Ruhe, Christof! Wenn du dich mit Arbeit voll packst, von einem Termin zum nächsten hetzt – wie willst du dann in der Lage sein, deine innere Stimme zu vernehmen?"

„Ja, du hast gut reden, Gila, es ist nun mal meine Aufgabe, für Umsatz zu sorgen."

„Es ist aber auch deine Aufgabe, auf die Weisheit deiner

Seele zu hören! Lebensweisheit ist die Summe deiner Erfahrungen, und es gibt ein tiefes inneres Wissen in dir – die Verbindung zu Gott!“

„Daran glaube ich ja auch, Gila, doch es ist bei mir einfach ein Zeitproblem.“

„Christof, neben all deiner Arbeit wartet auf dich auch noch die Erfüllung deiner Lebensaufgabe, und die schlummert tief in deiner Seele. Wenn die Zeit reif ist, wird sie erwachen, und du wirst das alte Wissen spüren.“

„Und dafür brauche ich Ruhe, meinst du“, lächelte er, schon etwas einsichtiger.

„Nur wenn du zur Ruhe kommst, kannst du dich mit deiner inneren Stimme verbinden. Probier es doch einfach mal aus! Du wirst merken, diese Veränderung wird sehr viel Gutes in dein Leben bringen, und du wirst andere Prioritäten setzen wollen.“

„Ja, das habe ich ja schon während der Meditation von eben gespürt, wie gut mir die Ruhe tut. Also scheint doch was dran zu sein an deinen Worten!“

Ich quittierte Christofs Worte mit einem feinen Lächeln, da ich spürte, dass auch er seine Erfahrungen noch machen durfte. Doch er war bereits auf einem sehr guten Weg.

„Wenn du eine Situation lösen möchtest, dann höre auf dein Herz, und erkenne, was dir wichtig ist! Achte darauf, was deine Seele dir zeigen möchte! Egal, was kommt – du schaffst alles, wenn du dich einstimmst auf die unendliche Weisheit in dir! Du findest die Lösung, wenn du dich deiner Intuition und der Liebe öffnest. Daraus schöpfst du Kraft, alle deine Entscheidungen mit Leichtigkeit zu treffen. Gib dir einfach selbst mal die Ruhe, die du dafür brauchst – lass das Fernsehen! Schalte es nicht *an*, sondern schalte es mal *ab* zum Abschalten!“

Auf unseren Decken aneinandergekuschelt, schauten wir in das warme Licht der Kerze in der Mitte. Eine nachdenkliche Stille herrschte im Raum. Wir fühlten uns alle sehr wohl. Nach einer Weile fuhr ich fort:

„Unsere innere Stimme führt uns zuverlässig in die Liebe. Wir sollten lernen, immer mehr auf sie zu hören. Sie zeigt uns den Weg zu unserem wahren Selbst, denn unsere Intuition stellt die Verbindung zur Göttlichen Ebene her. Wir sollten dem uralten inneren Wissen in uns vertrauen, weniger auf Sicherheit setzen und immer mehr bereit sein, uns an unsere schöpferische Kraft anzuschließen! Jeder hat einen inneren Ratgeber, der ihn durch sein ganzes Leben führt. Es ist so wichtig, sich Zeit zu nehmen und auf diese leise Stimme zu hören, wenn sie zu einem spricht! Die Bedürfnisse der Seele benötigen unsere Aufmerksamkeit. Also lasst uns unserer geistigen Führung in Liebe vertrauen!

Es gibt zwei Phasen am Tag, in denen sich die Seele neuen Gedanken öffnet und das Tor zum Unterbewusstsein weit offen ist: Das erste Mal geschieht das morgens vorm Aufstehen, das zweite Mal am Abend, wenn wir uns in dem verschwommenen Bereich zwischen Schlafen und Wachen befinden. Man nennt das den ‚Alpha-Zustand'. Ich bitte meine innere Stimme in diesen Momenten um Führung. Ich weiß, dass mich meine Intuition zu den Antworten führt, die ich suche."

Ganz zum Schluss wurde von Bärbel noch eine Frage gestellt: „Was ist, wenn ich mich nicht wohlfühle in meinem Beruf, wenn zum Beispiel Mobbing im Spiel ist? Wie kann ich da etwas ändern? Dazu brauche ich doch auch eine gute Portion Mut – oder?"

„Weißt du, Bärbel", überlegte ich, „wenn du anerkennst, dass du all deine Lebensumstände, sowohl die harmonischen als auch die unangenehmen, mitverursacht hast, dann bist du auf dem richtigen Weg. Wenn du Mut hast, bist du stark und wächst so manches Mal über dich selbst hinaus. Mut heißt auch, mehr auf dein Gefühl zu hören, Dinge zu tun, bei denen dein Verstand dich zweifeln lässt, weil sie ihm bedrohlich erscheinen."

„Wenn aber immer wieder Schwierigkeiten auftreten, ist man ja leicht geneigt, die Sachen einfach hinzuschmeißen."

Ein anderes Gruppenmitglied meldete sich zu Wort: „Machst du es dir da nicht ein wenig zu einfach, Bärbel? Schwierigkeiten gibt es ja immer wieder. Dann würde man ja wie ein Schmetterling von einem Job zum anderen fliegen."

„Die Frage ist doch eher", gab Bärbel zu bedenken, „wann weiß ich denn, ob ich dort auf Dauer richtig bin oder nicht?"

Ich schaltete mich ein und sagte: „Tu alles dafür, deinen Kollegen und Kolleginnen liebenswerter als sonst zu begegnen – vor allen denjenigen, die dich vielleicht gemobbt haben. Ändert sich trotzdem nichts, dann solltest du wirklich darüber nachdenken, ob du diese Arbeitsstelle besser verlässt. In den meisten Fällen jedoch tritt danach eine Veränderung ein, weil du deine Einstellung zu den anderen verändert hast. Du hast dann deine Opferrolle verlassen."

„Das ist ein guter Ansatz, Gila", bestätigte Bärbel.

„Spüre in dich hinein, ob das Wagnis nicht eine Herausforderung ist, die dir eine gute Erfahrung für dein Leben vermitteln möchte! Glaube einfach an deine Fähigkeiten! Bring die Veränderungen in dein Leben, die dir selbst wichtig sind! Halte mutig an deinen Träumen und Vorstellungen fest, auch wenn es manchmal schwierig scheint! Lieben macht mutig, Bärbel, du wirst stärker durch die Liebe. Geh deinen Weg, und freue dich auf die Herausforderungen des Lebens! Es sind niemals Bedrohungen, sondern immer nur Herausforderungen."

Susi meldete sich zu Wort: „Gila, ich bin ein Mensch, der sehr ungeduldig ist. Mir kann alles nicht schnell genug gehen. Damit nerve ich natürlich auch andere in meinem Umfeld."

„Weißt du, Susi, Geduld setzt Zuversicht voraus – Ungeduld ist aber genau das Gegenteil davon, also Unsicherheit, dass etwas nicht klappen könnte. Darum soll alles möglichst schnell gehen, damit man eher den Beweis hat, dass es klappt. Wenn du im Vertrauen bist, dass *alles* zu deinem seelischen Wachstum beiträgt, kannst du auch geduldig sein. Deine Seele hat ihren Plan. Und in dem Maße, wie du selbst an diesen Lebensplan glaubst, darfst du auch den Prozessen vertrauen, die das Leben für dich und andere bereithält."

„Aber es fällt mir manchmal schwer, nicht einzugreifen, wenn ich zum Beispiel sehe, wie sich meine Kinder in manchen Dingen sehr schwer tun."

„Habe auch mit ihnen Geduld! Auch wenn du inzwischen viele Lösungen in deinem eigenen Leben erfahren hast, können deine Kinder am besten durch ihre eigenen Erfahrungen lernen. Du darfst sie ihnen nicht abnehmen oder verweigern. Du kannst ihnen mit deinem Wissen zur Seite stehen, sie aber nicht vor Fehlern bewahren, aus denen sie mehr lernen als aus deinen Belehrungen."

„Aber Gila, es geht einfach schneller, wenn ich vieles selbst mache!"

„Ja, das kenne ich", lächelte ich ihr verständnisvoll zu, „aber das bekommst du in den Griff, indem du einfach dein Ego ein bisschen zurückfährst. Geduld mit anderen Menschen zu haben heißt, einfühlsamer mit ihnen umzugehen. Das schafft Sympathie und Verständnis, und deine Kinder werden es dir später durch ihre Selbstständigkeit danken."

Mit einer humorvollen Gute-Nacht-Geschichte ging dieser tiefgründige und erkenntnisreiche Tag zu Ende.

*

Als Josef mir mal wieder vor einem Seminar eine Spritze verabreichte, sagte er zu mir: „Gila, ich glaube, es ist an der Zeit, dass ich dich in eine Schmerzklinik einweise. Ich befürchte, wenn das noch länger dauert, setzt das so genannte Schmerzgedächtnis ein."

„Was wird in der Klinik gemacht?"

„Dort wird jedes Organ, alle Muskeln und auch der gesamte Knochenapparat nach dem Ausschlussverfahren genauestens untersucht. Dann sind wir zumindest auf der sicheren Seite, was in Ordnung ist bei dir. Du müsstest allerdings Zeit mitbringen."

„Und wie viel Zeit brauche ich dazu?"

„Wenn es geht, zwei bis drei Wochen"; erwiderte er vorsichtig und sah mich dabei ernst an. Ich mochte ihn und seine gesamte Familie sehr. Wie sein Vater, der damals aus Ägypten kam und sich in unserem kleinen Ort niederließ, ist auch er ein wunderbarer Arzt und zeichnet sich durch seine Liebe zu den Menschen, aber auch durch seine Bescheidenheit aus. Seine Schwester Nadja und er führen eine Gemeinschaftspraxis. Ich sah ihm an, wie sehr es ihn wurmte, dass er mit seiner Analyse nicht weiterkam und mir nur eine Symptomerleichterung verschaffen konnte.

„Die Zeit habe ich im Moment nicht, Josef."

„Wann hast du deinen letzten Termin in diesem Jahr?"

„Erst Ende November."

„Jetzt ist es aber erst Anfang Oktober", gab er zu bedenken.

„Du hast doch ein paar Tage frei zwischendurch. Ruf bitte in dieser Klinik an und versuche, zumindest diese Tage zu bekommen. Es ist besser, als wenn wir hier weiterhin nur eine Symptombehandlung betreiben, nachdem die anderen Ärzte und auch ich zu keiner genauen Diagnose kommen konnten. Du bekommst von mir die Einweisung. So geht das nicht weiter."

Und so kam es, dass Götz mich direkt nach meinem Seminar in Niederösterreich in die Klinik brachte, wenn auch nur für neun Tage.

Kurz nachdem ich Götz kennen gelernt hatte, besuchten wir zusammen seine Mutter in Marl. Obwohl weit über 80 Jahre alt, lebte sie zu dem Zeitpunkt noch allein in ihrer eigenen Wohnung.

Zum ersten Mal traf ich abends nach dem Besuch bei Götz' Mutter auch seinen Bruder Rolf und dessen Frau Henny. Sie wohnten nur ein paar Straßen weiter und kümmerten sich beide sehr fürsorglich um die Mutter. Zusätzlich kam einmal im Monat Götz' Schwester Barbara aus Hamburg, um ihre Mutter zu versorgen.

Götz und Rolf haben äußerlich nicht viel Ähnlichkeit miteinander. Rolf ähnelt mehr seiner Mutter, Götz eher seinem Vater, der Anfang der 70-er Jahre bereits verstorben ist. Götz' Mutter hatte damals ihren ersten Mann im Krieg verloren, als Barbara und Rolf noch klein waren. Sie heiratete danach ein zweites Mal. In der zweiten Ehe wurden dann zuerst Claus und später Götz geboren.

Völlig unerwartet traf uns im Oktober 2008 die Nachricht, dass Henny durch eine Krebserkrankung ganz plötzlich ins Licht gegangen sei.

Am Tag ihrer Beerdigung war ich noch in der Klinik. Aufgrund der Kürze meines Aufenthaltes, der normalerweise 3-4 Wochen dauerte – bei mir aber nur neun Tage, waren an dem Tag zwei ganz wichtige Untersuchungen angesetzt worden. So konnte ich nur in Gedanken von Rolfs Frau Abschied nehmen und war sehr dankbar, dass diese Situation bei Götz' Familie auf Verständnis stieß.

# KAPITEL 5

*Lebe, als würdest du*
*morgen sterben.*
*Lerne, als würdest du*
*ewig leben.*

(Mahatma Ghandi)

Während meines Aufenthaltes in der Klinik stellte man nach jeder Untersuchung fest, dass alles bei mir in Ordnung war. Nirgendwo war eine Ursache für die enormen Schmerzen festzustellen, die mich nach wie vor beutelten und die ich nur mit starken Medikamenten einigermaßen unterdrücken konnte. Was war bloß los mit mir?

In meiner Not erinnerte ich mich wieder an Rudi. Er ist Bioenergetiker, der bei mir damals die Ursachen einer Nervenentzündung im Oberschenkel durch Lösung einiger Energieblockaden behoben hatte, als mir kein Schulmediziner mehr helfen konnte. Innerhalb von drei Energiebehandlungen waren meine Schmerzen damals wie weggeblasen. Doch Rudi war vor längerer Zeit nach Berlin gezogen und unter seiner neuen Telefonnummer bereits seit Wochen nicht erreichbar.

Einen Tag nach meiner Entlassung war ich mit Götz schon wieder unterwegs zu einem Seminar nach Leutkirch. Auch dort halte ich seit Jahren meine Kurse in der Tagungsstätte Regina Pacis.

Durch die Empfehlung einer Teilnehmerin aus dem Schwarzwald hatte ich vor einiger Zeit Beate kennengelernt, die zusammen mit Hubertus, dem katholischen Pfarrer, dieses Haus leitet.

Wenn man von Liebe auf den ersten Blick sprechen kann, dann war es das bei Beate und uns. Als wir uns trafen, floss dieses Gefühl der Liebe sofort von Beate zu mir und zu Götz. Und nicht nur wir, sondern auch die Gruppenmitglieder fühlen sich jedes Mal wohl in diesem Haus mit seiner liebevollen Schwingung.

An dem Kurs nahm auch Brigitte teil, eine ehemalige Krankenschwester, die schon viele Kurse bei mir besucht hatte. Ihr Mann Hannes – praktischer Arzt mit viel Lebenserfahrung – hat vor einiger Zeit aus Altersgründen seine Praxis aufgegeben.

„Gila, hast du Muskelkater? Beate sagte auch schon, du läufst so vornehm“, meinte Brigitte, als ich ihr morgens auf der Treppe im Tagungszentrum begegnete. „Was ist los mit dir?“

Brigitte ist etwas jünger als ich. Ich liebe ihr Lachen und habe sie richtig lieb gewonnen. Wie oft hat sie mir schon heimlich Geld zugesteckt, damit ich es weitergeben konnte an jemanden, der in finanziellen Schwierigkeiten steckte!

Als ich sie kennenlernte, war sie noch ein sehr schüchterner Mensch, doch inzwischen ist sie eine Frau, die weiß, wohin ihr Weg sie führt.

Es war nun an der Zeit, mit Brigitte ein offenes Wort zu sprechen. Sie war eine der ganz wenigen, die ich einweihte.

Ein paar Tage später erhielt ich dann eine E-Mail von ihr, in der sie mir anbot, mal ein gutes und sehr offenes Gespräch mit ihrem Mann Hannes zu führen. Er könnte mir sicher aufgrund seiner langen Erfahrung als Arzt einen Rat geben.

Darüber brauchte ich nicht groß nachzudenken und sandte

Hannes auf seinen Wunsch per Fax die Entlassungsunterlagen der Klinik. Nachdem er alle Werte bis ins Kleinste studiert hatte, rief er mich an.

„Gila, du brauchst einen guten Internisten, der nicht nur deine Werte anschaut und Medikamente verordnet, sondern mit dem du auch mal tiefer über deine Lebensumstände reden kannst. Du als Therapeutin weißt doch, wie sehr eins vom anderen abhängt."

„Und ob ich das weiß, Hannes", entgegnete ich. „Was meinst du, was Götz und ich schon alles überlegt haben! Selbst Josef, mein Hausarzt, ist auf die Idee gekommen, mich mal für zwei Wochen nach Ägypten zu seinen Eltern, die ich sehr gut kenne, einzuladen, damit ich andere Eindrücke bekomme."

„Ich meine, Gila", fuhr Hannes fort, „zusätzlich wäre es gut, wenn sich ein Internist mal etwas länger mit dir beschäftigte – noch mehr Tests machte, um noch feinere Ergebnisse zu erhalten. Kennst du jemanden?"

Ich überlegte eine Weile. „Ich habe zwar einen guten Internisten in meinem Heimatort, doch kann ich nicht von ihm verlangen, dass er sich ausführlich mit meinem Leben beschäftigt. Ich sehe ja, was täglich in seiner Sprechstunde los ist."

„Ja, das ist nun mal das Dilemma. Du brauchst jemanden, der sich wirklich Zeit nimmt für dich und gleichzeitig Ahnung hat. Das würde ich sehr gern für dich tun, aber ich bin kein Internist, sondern praktischer Arzt."

Und dann hatte ich die Lösung – Uschi! Sie war Internistin in Berlin und gleichzeitig eine Seminarteilnehmerin von mir. Über Jahre hinweg hatten wir auch ab und zu privat Kontakt miteinander gehalten. Uschi wäre die Lösung!

Wieder kam das Zeichen – Berlin! Zum einen Rudi, den ich zwar bisher immer noch nicht erreicht hatte, und jetzt Uschi!

Umgehend nach dem Telefonat mit Hannes rief ich Uschi an.

Und als ich beschloss, mich zwei Wochen später mit ihr in Berlin zu treffen – erreichte ich endlich auch Rudi. Er war nicht zu Hause gewesen, weil er die meiste Zeit bei seiner Lebensgefährtin lebte. Allerdings erhielt ich einen kleinen Dämpfer, als ich meine große Freude bekundete, ihn endlich am Telefon zu haben, und ihn um einen Termin bat.

„Gila, du weißt ja, ich bin bereits 83 Jahre alt und habe meine Praxis inzwischen aufgegeben", sagte er bedauernd. „Aber ich möchte dir trotzdem helfen. Ich bin überzeugt, dass die Schmerzen, die du mir beschreibst, von einer Übersäuerung deines Körpers verursacht werden. Kauf dir bitte vor unserem persönlichen Termin das Buch *‚Biotop Mensch'* von Gunther W. Schneider."

Und eindringlich schloss er: „Lies es bitte durch, bevor du mich hier in Berlin besuchst, ja?"

Ein paar Tage später rief ich Rudi an, um den genauen Termin mit ihm abzustimmen. Er fragte mich noch einmal, ob ich mir das Buch besorgt habe.

Etwas verlegen antwortete ich: „Noch nicht, Rudi, aber ich mache es ganz bestimmt!"

„Weißt du", entgegnete er mit Bestimmtheit, „du brauchst so gar nicht nach Berlin zu kommen. Erst wenn du das Buch gelesen hast, kann ich dir helfen."

Weil mir der Termin mit Rudi außerordentlich wichtig war, bestellte ich gleich nach unserem Telefonat das Buch direkt bei Gunther W. Schneider, da es nicht über den Buchhandel vertrieben wird, und begann zu lesen. Allein schon der Untertitel *‚Liebe deine Darmbakterien'* war zum Schmunzeln, aber der Inhalt des Buches nahm mich mehr und mehr gefangen. Von Seite zu Seite wurde mir klarer, dass mein gesamter Organismus seit Jahren übersäuert war. Und ich hatte keine Ahnung davon gehabt!

Als erstes hatte ich mich mit Rudi verabredet, der wochentags bei seiner Lebensgefährtin Sonja wohnte. Abends wollte ich dann Uschi treffen.

Erwartungsvoll drückte ich die Klingel mit Sonjas Namen in dem beschriebenen Mehrfamilienhaus. Der Türöffner summte – und ich ging die Treppe hoch. Oben stand Rudi, den ich seit fast 10 Jahren nicht mehr gesehen hatte.

„Schön, dich wiederzusehen, Gila“, meinte er lächelnd mit seiner etwas heiseren Stimme und umarmte mich.

„Rudi, du siehst gut aus! Was hast du gemacht?“, flachste ich und sah ihn von oben bis unten an. Durch eine Kriegsverletzung hatte er seinen rechten Arm verloren, doch so kannte ich ihn ja.

„Du siehst ja ganz anders aus!“, staunte ich, als ich ihn näher ansah.

„Komm erst mal rein“, lachte er und bat mich ins Wohnzimmer.

„Das ist Sonja, meine Lebensgefährtin!“

Eine hübsche, strahlende Frau in den Siebzigern, begrüßte mich ganz herzlich und bot mir gleich einen Kaffee an.

Als ich Rudi dann gegenüber saß, hätte ich eigentlich den Altersunterschied von ungefähr 10 Jahren bemerken müssen, stattdessen wirkte er weit jünger als der, den ich in Erinnerung hatte.

„Ist es die Liebe, Rudi, die dich so jung macht?“

„Sicherlich auch, Gila, das ist ein ganz wichtiger Teil meines Lebens geworden. Um aber mal gleich zum Thema zu kommen: Hast du das Buch gelesen?“

„Ja!“, antwortete ich äußerst dankbar für seine Empfehlung.

„Und?“, wollte er wissen. „Was hältst du von dem Buch?“

„Du hattest Recht, Rudi, eigentlich hätte ich gar nicht mehr zu dir zu kommen brauchen. Es hat mich total beeindruckt – und ich glaube inzwischen, dass die Schmerzen wirklich mit einer Übersäuerung zu tun haben könnten.“

„Du hast doch gefragt, warum ich so anders aussehe. Ist dir aufgefallen, dass wieder Haare auf meinem Kopf wachsen?“

„Wow, jetzt, wo du es sagst …!“

Es stimmte. Ich hatte ihn damals mit grauem Haarkranz kennengelernt. Jetzt, fast zehn Jahre später, war auf seinem Kopf wieder viel Haar gewachsen, was ihn weit jünger aussehen ließ.

„Das hat die Entsäuerung gemacht, Gila. Wenn du das Buch gelesen hast, dann weißt du ja auch, dass bei einer Übersäuerung der Kopfhaut des Mannes die Mineralstoffe, die der Körper unbedingt benötigt, entzogen werden. Dadurch können seine Haare mit der Zeit ausfallen. Frauen dagegen können durch ihre monatliche Menstruation entsäuern.“

„Und warum sprießen sie jetzt wieder? Was tust du dafür?“

„Ich nehme drei reine Natrontabletten abends vorm Schlafengehen. Und morgens trinke ich ein Glas Brottrunk …“

Rudis Buchempfehlung sollte dann einen Großteil zu meiner späteren Heilung beitragen.

Uschi und ich hatten uns am gleichen Abend zum Essen verabredet, um ganz in Ruhe über all das zu reden, was sich inzwischen bei mir, aber auch bei ihr ereignet hatte.

Als wir dann gegen 22.20 Uhr aufbrachen, sagte sie auf einmal: „So, und jetzt kommst du noch mit in meine Praxis – und wir machen dort einige Tests.“

„Das ist jetzt nicht dein Ernst“, reklamierte ich und sah sie fassungslos an. „Jetzt noch?“

„Morgen bist du wieder weg“, lachte sie. „Es geht nur heute – egal wie spät es ist!“

Aufgrund meiner Symptombeschreibung vermutete Uschi, dass ich eine Muskelentzündung am ganzen Körper hatte. „Ich werde mit deinem Hausarzt eine passende Medikation abstimmen, Gila“, meinte sie zuversichtlich, „dann bin ich sicher, dass wir die Schmerzen wieder in den Griff bekommen.“

So, jetzt hatten wir zumindest schon mal eine etwas deutlichere Diagnose!

*

Es war so lieb, dass Josef mich zu seinen Eltern, die ich sehr schätze, nach Ägypten eingeladen hatte. Sein Vater praktiziert dort noch als Arzt. Josef wollte damit erreichen, dass ich mal andere Eindrücke aufnahm, die meiner Seele gut täten. Er, der auch ganzheitlich behandelt, sah da vielleicht eine Ursache für die Schmerzen. Doch es standen noch einige Seminare auf dem Plan. So hatte er Verständnis für meine Absage.

„Übrigens“, meinte er eines Morgens fröhlich, als ich wieder einmal bei ihm in seiner Praxis auftauchte, „meine Eltern kommen im Dezember nach Deutschland.“

„Und? Wie lange bleiben sie hier?“

„Bis Mitte Januar!“

„Super!“, strahlte ich. „Dann kann ich euch ja alle zusammen, dich, deine Frau Sahar, Nadja und deine Eltern zu mir nach Hause zum Essen einladen.“

„Das freut uns, Gila! Das freut uns wirklich! Wir kommen!“…

Unser Wintergarten ist mittlerweile zu dem Raum geworden, in dem wir uns am meisten aufhalten – unser Esszimmer und unser Wohlfühlbereich. Wir schauen direkt auf unseren im Frühling, Sommer und Herbst blühenden Garten, dahinter auf freie Felder und erleben damit alle Jahreszeiten hautnah.

Im Jahr 1988 habe ich dieses Haus aus dem Jahr 1905 mit einem größeren Grundstück ersteigert, ruhig gelegen an einem Wirtschaftsweg. Ausführlich habe ich über diese Geschichte in meinem Buch *,Mutter Erde, trage mich ...'* berichtet.

Nachdem ich es über zwei Jahrzehnte hinweg immer wieder habe renovieren lassen, sieht man dem Haus sein Alter heute nicht mehr an.

Vor einigen Jahren wurde dann zur Gartenseite hin der geräumige Wintergarten an das Haus angebaut – in sechseckiger Bauweise mit einer zauberhaften hohen Dachkonstruktion in Pyramidenform. Er ist sehr hell und zu allen Jahreszeiten Licht durchflutet.

Für meinen Besuch hatte ich nun den Wintergarten feierlich dekoriert. Überall brannten Kerzen, die sich in der geschosshohen Verglasung spiegelten. Der Tisch – nein, die Tafel – war fein gedeckt, die guten handgeschliffenen Gläser aus dem Schrank geholt. Die spitzenbesetzten Stoffservietten waren kunstvoll gefaltet. So, jetzt konnten meine Gäste kommen. Ich war bereit und wollte einfach nur, dass sich meine honorigen Freunde bei mir wohl fühlten.

Nein, eigentlich wollte ich nur angeben, wie schön es bei mir war …

Meine Gäste lobten gerade die leckere Suppe, die ich besonders vornehm in Suppentassen serviert hatte, als Josef fragte: „Gila, kann ich noch ein bisschen Nachschlag haben?"

„Na klar!", meinte ich ganz angetan und wollte gerade in

die Küche gehen, um die Suppentassen wieder zu füllen – da geschah es!

Josef sagte: „Ich helfe dir!“, folgte mir in die Küche und nahm den großen Topf vom Herd. „Wo ist ein Untersetzer?“

Ich war baff!

„Das ist doch viel gemütlicher“, meinte er schmunzelnd. Sprach's – ging zurück zu meiner ‚Tafel‘, mit der ich Eindruck schinden wollte, und stellte den Suppentopf mitten auf den Tisch. Und jeder seiner Familie bediente sich mit Vergnügen!

Danke, Josef, das war Spitze – etwas, was ich nicht so leicht vergessen werde!

Und wenn wir gerade beim Thema sind, fällt mir in diesem Zusammenhang noch etwas ein, worüber Götz heute noch manchmal den Kopf schüttelt.

Mohammed, Josefs Vater und mein *ehemaliger* Hausarzt, hatte uns zu seinem 80-sten Geburtstag eingeladen, den er im Kreise seiner gesamten Familie und Freunde in Deutschland feiern wollte. Über diese Einladung hatten wir uns sehr gefreut, weil Mohammed und Margret die meiste Zeit des Jahres in Ägypten leben.

Als Überraschung hatte ich geplant, eine lustige Passage aus meinem Mutter-Erde-Buch, die Mohammed und seine Frau Margret betraf, vor all den vielen Gästen vorzulesen.

Es war einer der heißesten Tage des Jahres – 37 Grad im Schatten! Josefs Familie hatte sogar kleine Plastikwannen mit kaltem Wasser aufgestellt, damit die Gäste ihre Füße kühlen konnten.

Bei dem heißen Wetter saßen die vielen geladenen Gäste vor der Sonne geschützt in einem offenen Zelt, dankbar für jeden Windhauch.

„Ist das Essen nicht hervorragend?“, sagte ich zu Götz, während ich die leckeren Sachen auf meinem Teller begutachtete.

Götz nickte und fragte dann: „Wann hast du vor, die Passage zu lesen?“

„Nach dem Essen.“

Er dachte einen Moment nach. „Und wie willst du die Lesung machen – mit oder ohne Mikrofon?“

„Also bei der Geräuschkulisse fände ich es eigentlich besser mit Mikrofon. Aber wo kriegen wir das jetzt her? Daran hätten wir vielleicht eher denken sollen!“

Da kam mir die Idee. Ich wusste, dass in Götz’ Musikzimmer diverse Geräte herumlagen. Und so fragte ich ganz unbedarft: „Kannst du nicht gerade ein Mikrofon von zu Hause holen? Es sind doch nur 2 Kilometer bis zu uns.“

„Du meinst, ich soll nach Hause fahren und eins holen? Bei der Hitze?“, stöhnte Götz.

„Ja, das wäre doch super!“

Götz, immer sehr hilfsbereit, gab nach und meinte: „Na gut, ich gehe ja schon!“

Ich sah ihm dankbar nach, als er den Garten verließ.

Eine halbe Stunde später flüsterte mir Josef zu: „Gila, wann bist du soweit?“

„Ich warte nur noch auf Götz. Er besorgt noch ein Mikrofon von zu Hause. Er müsste jeden Moment zurückkommen.“

Nur – Götz kam nicht! Weder im nächsten Moment, noch in der nächsten Stunde!

‚Wo bleibt er bloß?‘, dachte ich ziemlich unruhig, weil die kleine Lesung als Überraschung in das Programm eingeplant war. ‚Warum braucht er nur so lange, um ein Mikrofon zu holen?‘ Ich hatte auch kein Handy dabei, um ihn anzurufen.

Und dann kam mir doch wahrhaftig der Gedanke, ob Götz

die 2 Kilometer nach Hause gejoggt war, statt sein Auto zu nehmen. Das hätte ihm ähnlich gesehen! Zeit ist für ihn nicht maßgebend. Ich hätte nur um das Haus herumgehen müssen, um nachzuschauen, ob Götz' Auto dort stand, aber das war mir bei der Hitze zu anstrengend. Bloß nicht viel bewegen!

Ungefähr anderthalb Stunden später traf ein völlig genervter Götz ein und schleppte einen schweren Verstärker in der einen Hand – in der anderen diverse Kabel und das heiß ersehnte Mikrofon. Sein Hemd konnte man auswringen – klatschnass! Der Schweiß rann ihm in die Augen.

„Wo kommst *du* denn her? Warst du zu Fuß unterwegs?"

„Zu Fuß? Quatsch! Rate mal, wie lange es gedauert hat, bis ich die Verstärkeranlage abgebaut und alle Kabel zusammen gesucht hatte!"

Ich blickte ihn verständnislos an. „Götz, du solltest doch keine Verstärkeranlage holen, sondern nur das Mikrofon!"

„Das meinst du doch wohl nicht ernst, Gila – oder?"

Doch, das meinte ich schon ernst. „Wieso braucht man denn einen Verstärker für das Mikrofon? Wenn ich bisher meine Lesungen gemacht habe, hatte ich auch nur ein Mikrofon in der Hand. Und genauso wollte ich es hier auch machen!"

Und dann legte Götz los und hielt mir erst einmal einen Vortrag über Technik, der sich gewaschen hatte.

Kleinlaut bin ich dann zum Pult marschiert und habe samt Mikrofon, das an einem Verstärker angeschlossen war, die Gäste mit der herrlichen Episode von damals unterhalten – das war eben meine Stärke!

Zuhause ging mir diese Lektion noch lange durch den Kopf, und mir wurde klar, dass nicht unsere Niederlagen im Leben entscheidend sind, sondern wie wir mit ihnen umgehen. Wie begegnen wir gewöhnlich einem Misserfolg – mit Selbstvorwürfen oder Selbstmitleid! Suchen wir die Ursache des Problems bei anderen Menschen oder den Umständen?

Ich selber bestimme doch, wie es mir dabei geht. Meine Selbstachtung habe ich dadurch erhalten, dass ich zugab, nicht alles wissen zu können, vor allem, was Technik angeht. Mit Humor habe ich meinen Fehler akzeptiert und dann immer herzlich mitgelacht, wenn Götz diese Geschichte mal wieder erzählte.

*

Durch Gunther W. Schneiders Buch erhielt ich den Hinweis auf Aspartam. Dieses Wort hatte ich vorher noch nie gehört, darum suchte ich es im Internet.

Ich war total geschockt, als ich dort las: Aspartam, also die künstliche Süße, die in Getränken oder Lebensmitteln verwendet wird, kann bei übermäßigem täglichen Verzehr zu folgenden Anzeichen führen: starke Muskelschmerzen, Krämpfe und heftige, einschießende Schmerzen in Arme und Beine – das waren ja genau meine Symptome!

Wer weiß denn schon, dass die Tagesdosis Aspartam nicht mehr als 7,5 mg betragen sollte, in einem Liter künstlich gesüßten Softdrink jedoch 55 mg enthalten sind?

Seit mehr als einem Jahrzehnt hatte ich täglich diese Light Produkte getrunken, um weder Kalorien noch Kohlenhydrate zu mir zu nehmen und mein Gewicht zu halten – unbewusst täglich mehr als die 8-fache Dosis von dem, was unbedenklich sein sollte.

Ich könnte hier mehrere Seiten schreiben über die Nebenwirkungen dieses Mittels, aber ich überlasse es meinen Lesern, sich selbst durch Internet zu informieren.

Bei mir war also nicht nur eine konstante Übersäuerung eingetreten, sondern auch zusätzlich eine regelrechte Aspartam-Vergiftung.

Diese Erkenntnis hatte mich total aufgerüttelt! Und ich begann sofort, sämtliche mit Aspartam gesüßten Lebensmittel, vor allem meine vorher so geliebte Cola Light mit der verlockenden Werbung ‚Ohne Kalorien und Kohlehydrate' rigoros von meiner Liste zu streichen.

Und ich nahm mir die Aussage von Gunther W. Schneiders Buch wirklich zu Herzen. Statt künstlich gesüßter Drinks trank ich jetzt mehr und mehr reines Leitungswasser, woran ich mich, das muss ich zugeben, erst gewöhnen musste. Aber ich hatte keine Alternative, entweder ich behielt die Schmerzen oder ich trank Leitungswasser – kein Mineralwasser, weil darin auch wieder Säure enthalten ist. Eigentlich ist es doch ein ganz einfaches Rechenexempel: Ich trinke reines Wasser mit einem PH-Wert von 7 – also neutral – und scheide Harnsäure aus, also entsäuere ich.

Wir Menschen bestehen zu über 70% aus Wasser. Wenn wir täglich genug reines Wasser trinken, bekommen wir einen klareren Kopf, wir fühlen uns fit und ausgeglichen. Sogar die Verdauung wird sich dadurch bessern.

Ich möchte hier keine langen Geschichten über eine gesunde Lebensweise erzählen, aber mir ging es tatsächlich von Tag zu Tag besser.

Uschi hatte mir zwar empfohlen, die von ihr verordneten Medikamente über Monate hinweg langsam ausschleichen zu lassen, aber ich vertraute meinem Körper wieder und begann, in größeren Schritten, als von ihr vorgeschlagen, das Cortison zu reduzieren. Ein- bis zweimal pro Woche nahm ich ein Natronbad, für das ich lediglich zwei Päckchen reines Natron nahm, aber keine weiteren Kosmetikzusätze dazugab. Gern entspannte ich mich dann eine Stunde lang in der warmen Natronlauge und hatte mal wieder Zeit zum Lesen.

Wenn ich beim Abendessen mal nicht auf das Säure-Basen-Verhältnis geachtet hatte, nahm ich vor dem Schlafengehen 3 Natrontabletten mit einem großen Glas Leitungswasser zu mir. Irgendwann bekam ich dann den Tipp, meine Zähne nicht mehr mit Zahnpasta, sondern nur noch mit Natronpulver zu reinigen.

‚Geht das denn?', dachte ich anfangs ein wenig verunsichert, weil ja gerade Zahnpasta für einen frischen Atem sorgen soll und Natronpulver seinen eigenen etwas salzigen Geschmack hat.

Ich habe es einfach getestet. Und was geschah? Es war wie ein Wunder: Mein Zahnfleisch – eine Problemzone, seit ich denken kann – wurde innerhalb kürzester Zeit hellrosa und fest und ist es bis heute geblieben. Staunend und dankbar habe ich die Veränderung zum Guten angenommen.

Und auch hier gilt wieder: Die Lösung liegt immer im Einfachen. Ich verzichte auf den künstlich frischen Geschmack von Zahnpasta und sorge mit dem Natronpulver für ein basisches Milieu. Sobald wir unsere Zähne mit Natronpulver reinigen, können sich viele Bakterien dort gar nicht mehr ansiedeln. Der Nährboden wird ihnen quasi von vornherein entzogen. Bakterien benötigen ein saures Milieu. Wenn wir Süßigkeiten, Kaffee oder Lebensmittel, die einen PH-Wert unter 7 aufweisen, also sauer sind, zu uns nehmen, finden Bakterien das ideale Milieu für ihre Vermehrung vor. Sie fühlen sich dort pudelwohl und sorgen fleißig für Zahnstein, Karies und Zahnfleischentzündungen. Das ist uns eigentlich seit langem bekannt.

Mein wunderbarer Zahnarzt, der mich seit mehr als einem Jahrzehnt begleitet, schüttelt immer nur ungläubig den Kopf, wenn er jetzt mein Zahnfleisch begutachtet. Generell werden die Zahnärzte sicherlich nicht erfreut sein über diese Worte, denn die Prophylaxe in den Zahnarztpraxen nimmt inzwischen ein weites Spektrum ein. Ich bin jedoch fest davon überzeugt, dass mein Zahnarzt diesen Tipp zum Wohle seiner Patienten trotzdem gern weitergibt.

Außerdem trinken Götz und ich seit der Zeit jeden Morgen ein Glas Brottrunk, damit die Darmbakterien sich wieder richtig wohl fühlen und für den Körper produktiv werden können.

Zusätzlich stellte ich mir vorm Einschlafen immer wieder das gleiche Bild vor: Ich ruhe aus – liege im Schoß meines Engels, dessen Licht meinen gesamten Körper einhüllt – bin von einer wunderbaren Lichtaura umgeben – jede Zelle meines Körpers ist erfüllt mit göttlicher Liebe – vollkommene Gesundheit strömt jetzt durch meinen gesamten Körper und heilt alle Zellen, die Heilung erfahren dürfen – heilende Liebe erfüllt meine Seele und meinen Körper – meine gesamten Organe sind jetzt in vollkommener Göttlicher Ordnung – mit jedem Tag geht es mir in jeder Beziehung besser und besser – Liebe heilt alles.

Abschließend betete ich dann: „Danke, Vater im Himmel, dass es so ist.“

Und es funktionierte! Durch diese Affirmation in Form eines Gebetes und die rigorose Entsäuerung ging es mir von Tag zu Tag besser, bis ich dann kurze Zeit später alle Medikamente absetzen konnte. Nur ein einziges Mal danach beim Besuch meines Sohnes Marco in Kanada habe ich noch ein Glas Cola Light angerührt …

Als Götz und ich zu einem weiteren Termin unterwegs waren, sprach ich mit ihm über meine immense Erleichterung, wieder gesund zu sein: „Ich bin unendlich dankbar! Gesundheit ist so wichtig! Jeder weiß, was Krankheit und Schmerzen bedeuten. Sie sind die Folge von Disharmonien zwischen dem Wunsch unserer Seele und unserem Verhalten als Mensch. Wenn unsere Seele nicht mehr weiter weiß, dann sucht sie sich eben ein Symptom, wie bei mir. Wir wissen doch beide, die Krankheit bringt das Symptom in unserem Körper sichtbar zum Ausdruck. Krankheit ist der eine Pol unseres Lebens – Heilung der andere."

Während Götz weiter auf den Verkehr auf der Autobahn achtete, antwortete er nachdenklich: „Ja, du sprichst ja fast in jedem deiner Seminare darüber: Schmerz ist der Schrei des Gewebes nach fließender Energie."

„Wie wichtig dieser Satz ist, haben wir ja auch schon oft am eigenen Leib erfahren", gab ich zu bedenken. „Er stammt übrigens aus der Traditionellen Chinesischen Medizin. Wir können uns diesen Satz gar nicht oft genug vor Augen führen, weil auch bei mir ganz offensichtlich durch Energieblockaden die immensen Schmerzen ausgelöst wurden."

„Ich bin überzeugt", sprach Götz dann weiter, „dass Gesundheit und die Entstehung von Krankheiten abhängig sind von unserer Bewusstseinshaltung."

„Ja, jeder von uns ist fähig, die Gesundheit seines Körpers mit geistiger Kraft zu beeinflussen. Harmonie heißt: ein erfülltes Leben in Beziehung und Partnerschaft zu leben, in der Familie und am Arbeitsplatz, unsere Lebensaufgabe zu finden und zu leben. Vor allem Liebe, Frieden, Freude und Fröhlichkeit sind Garanten für ein stabiles und gesundes Immunsystem. Und das wiederum ist Voraussetzung dafür, dass Krankheitskeime erfolgreich abgewehrt werden und dass unsere Lebensenergie wieder fließt."

„Im Prinzip", meinte Götz nachdenklich, „kann jeder von uns über seine Einstellung, ob sein Tun der Liebe entspricht oder nicht, selbst entscheiden. Doch unser Gewissen ist wie das Zünglein an der Waage. Es schaltet sich ein und wird sich immer dann melden, wenn unser Handeln nicht richtig ist. Damit hat unser Gewissen – und ‚Ge-wissen' kommt von Wissen – eine Warnfunktion, oder anders ausgedrückt: Ein gutes Gewissen kann uns demnach vor Krankheit schützen."

„Jetzt stellt sich für mich aber die Frage: Was war bei mir in Disharmonie? Warum die Schmerzen? Was wollten sie mir sagen? Kann ich alles nur dem körperlichen Bereich zuordnen und die Aspartam-Vergiftung dafür verantwortlich machen, wenn ich selbst erkannt habe, dass Gesundheit das Ergebnis einer harmonischen Geisteshaltung ist? Wo lagen denn bei mir die Ursachen im seelisch-geistigen Bereich? Wo lag irgendetwas bei mir im Argen, was diese Schmerzen ausgelöst hat? Worauf wollte mich dieser Zustand aufmerksam machen?"

„Weißt du Gila, es ist gar nicht so leicht, darauf sofort eine Antwort zu finden. Darüber haben wir schon ganz zu Anfang, als es dir nicht gut ging, nachgedacht und haben ja alles Mögliche für die Ursache verantwortlich zu machen versucht. Selbst Josef hatte ja gedacht, dass eine Luftveränderung mit einem Kurzurlaub in Ägypten dir wieder neue Eindrücke vermitteln könnte."

Ich schwieg eine Weile und meinte dann sehr nachdenklich: „Die Auseinandersetzung mit einem selbst ist oft das Schwerste überhaupt – unbequem, höchst unbequem, mich mit mir selbst auseinanderzusetzen und darauf zu kommen, na, da scheint ja doch nicht alles zu stimmen! Ich bin erfolgreich in der Seminarleitung, habe Bücher geschrieben, die recht gut angekommen sind bei meinen Lesern, aber irgendwo scheint es etwas zu geben, das sich jetzt vielleicht in meinem Körper manifestiert hat."

Götz hat einen sehr ruhigen Fahrstil, jedenfalls auf der Autobahn, wenn alles frei ist. Kommt er jedoch in die Kasseler Berge, dann erwacht das Tier in ihm – 190-200 Stundenkilometer sind dann gar nichts! Selbst meine spitzen Schreie helfen mir dann nicht mehr weiter.

Glücklicherweise befanden wir uns auf der A7, die freie Fahrt signalisierte. So konnten wir unser Gespräch in Ruhe fortsetzen.

Da war der Stress vor dem Kurs für meine ehemaligen Kollegen gewesen. Außerdem fand im Juni zum ersten Mal mein neu konzipiertes Seelenkraft-Seminar in Sasbachwalden statt. Natürlich hatte ich etwas Lampenfieber gehabt und mich gefragt: Wie kommen diese neuen Themen bei meinen Teilnehmern an? Gefallen sie ihnen genauso wie mir? Muss etwas verändert werden?

Zu diesem neuen Seminar hatten sich dann so viele Teilnehmer angemeldet, dass ich mehrere Termine ansetzte. Und dafür musste meine Sommerpause wieder herhalten.

Heute, mit Abstand zu dieser Phase, sehe ich es so, dass die geistige Welt einen Warnschuss losgelassen hat. Die konstante Übersäuerung meines Körpers, die Aspartam-Vergiftung und damit die Herabsetzung meines Immunsystems haben sicherlich den Hauptanteil der Krankheit ausgemacht. Aber dazu kam, dass ich auch durch die angeführten Ereignisse zwischendurch kaum Kraft schöpfen konnte.

„Vielleicht hat das auch dazu beigetragen", entgegnete ich nach einer Weile des Nachdenkens. „Ich habe gespürt, dass man nicht alles allein mit der Kraft der Gedanken regeln kann. Wenn wir die Bedürfnisse unseres Körpers über Jahre hinweg nicht beachten, zeigt er uns irgendwann einmal die rote Karte."

„Und wenn du mal den Fokus auf das Seelisch-Geistige lenkst, so kannst du erkennen, dass in der Situation, wo du Hilfe brauchtest, plötzlich Helfer da waren, mit denen du gar nicht gerechnet hattest", entgegnete Götz. „Jetzt durftest du diejenige sein, der Hilfe angeboten wurde. Du musst nicht immer in allen Situationen stark sein!"

Auch daraus habe ich sehr viel gelernt. Und wenn es mir gelungen sein sollte, andere Menschen – ob Leser oder Teilnehmer – mit meiner Geschichte und dem Hinweis auf das Buch *‚Biotop Mensch'* auf die Wichtigkeit hinzuweisen, unseren Körper überwiegend basisch zu versorgen, dann haben die Schmerzen auch in dieser Hinsicht für andere etwas Gutes bewirkt. Das ist Psychosomatik.

Meine Heilung lag dann in der Kombination von Bioenergetik und Schulmedizin. Da waren Hannes, Brigittes Mann, Uschi und Josef, jeder Einzelne sowohl Schulmediziner als auch der ganzheitlichen Methode gegenüber sehr aufgeschlossen. Und dann vor allem Rudi, als Bioenergetiker, der mir durch die Empfehlung des vorgenannten Buches den entscheidenden Hinweis gegeben hatte.

Ich habe gar nicht so viele Dinge umstellen müssen. Meinen Kaffee trinke ich nach wie vor gern, nur achte ich schon darauf, nicht mehr so viel davon zu trinken wie vorher. Außerdem bin ich ein Mensch, der gern isst, und das lasse ich mir auch nicht nehmen.

Dazu fällt mir eine nette Begebenheit ein, die mir zeigt, wie viel Freude ich trotzdem am Essen habe, auch wenn ich darauf achte, mich möglichst überwiegend basisch zu ernähren.

James Last wurde mit seiner Band mal wieder zu einem Auftritt bei der Fernsehmoderatorin Carmen Nebel in Magdeburg eingeladen. Götz war dort wie immer für die Tontechnik zuständig. Da ich an dem Wochenende kein Seminar hatte, fuhr ich mit.

Bei diesen Fernsehshows, die ja live ablaufen, ist für mich persönlich immer das Schönste, die Proben mit den Stars hautnah mitzuerleben, wenn noch kein Publikum da ist, und alles noch sehr familiär abläuft. Ich war sehr angetan, wie hochprofessionell Carmen die komplette Show, die abends live ablaufen sollte, minutiös vorher durchspielte. Alle Achtung! Auch ihre wache Präsenz bei der After-Show-Party, wo nachts die Stars und die Mitwirkenden noch zum Mitternachtsbüffet eingeladen waren, forderte meine Hochachtung.

Aber noch saßen wir abends nach der Probe und vor der Live-Sendung mit sämtlichen bekannten Stars im Catering zusammen und taten uns gütlich an dem reichhaltigen Büffet. Ich hatte gerade meinen Teller mit exquisiten Delikatessen gefüllt – da ging's los! Feueralarm! Alle schauten sich irritiert um. Zuerst dachten wir noch, es sei ein Probealarm und warteten, wie sich die anderen verhielten. Der Heulton hielt jedoch an.

Spätestens dann, als Carmen und auch diejenigen, die mit an ihrem Tisch saßen, plötzlich von ihren Plätzen aufstanden und zum Ausgang liefen, merkten auch alle anderen, dass es sich wohl nicht um einen Probealarm handelte, sondern die Sache tatsächlich bedenklich wurde.

Götz war noch in der Halle. Er musste sich selbst retten. Angespannt verließ auch ich den Catering-Raum, um umgehend ins Freie zu gelangen. Es war enorm, wie viele Menschen sich zu den Ausgängen drückten, darunter auch viele bekannte Gesichter.

Keiner wusste eigentlich genau, was los war. Der Strom der Menschen bewegte sich in eine Richtung – erst mal raus ins Freie! Einige Treppen mussten bewältigt werden, aber alle bewahrten Ruhe. Der schrille Alarm war immer noch aktiv und ging durch Mark und Bein. Kurz kam mir der Gedanke, was denn nun heute Abend mit der Live-Sendung wäre, wenn die Halle in Magdeburg in Flammen stünde …!

Währenddessen fuhren die ersten Feuerwehrautos mit Blaulicht vor, aber dann hörte der Heulton plötzlich auf. Wir waren inzwischen draußen in Sicherheit, wie wir dachten, als unerwartet bekannt gegeben wurde: „Es war nur ein Kabelbrand in der Halle, der den Alarm ausgelöst hat. Es ist alles wieder behoben!“

Auf allen Seiten konnte man die enorme Erleichterung spüren, dass nicht mehr passiert war! Ich sah, wie nach und nach die Spannung aus den Gesichtern wich. Schlagartig setzte sich der Menschenstrom wieder in die Gegenrichtung in Bewegung.

Auch ich drehte um – und begegnete plötzlich nur noch schmunzelnden Gesichtern, die mich ansahen. Ich begriff das Interesse, das ich offensichtlich auf mich zog, zuerst gar nicht, erst als mich immer mehr Leute ansahen und jemand sagte: „Sie haben's richtig gemacht!“, verstand ich, was gemeint war. Ich hatte nicht nur mich, sondern auch meinen Teller voller Delikatessen gerettet – und vorher auf der ‚Flucht' gar nicht bemerkt, dass ich meinen vollen Teller fest in meinen beiden Händen hielt. Ich hatte nicht einen Gedanken daran verschwendet! Mein Fokus lag nur auf Rettung!

Irgendjemand, der mir entgegenkam, zwinkerte mir zu und meinte schmunzelnd: „Es hätte ja auch Ihre Henkersmahlzeit werden können.“

„Genau“, konterte ich fröhlich.

Was mich an der ganzen Sache etwas irritierte, war: Ich hatte es selbst noch nicht einmal gemerkt! Offensichtlich war das ein Reflex gewesen – wenn schon ein Notfall, dann auch das Essen retten! Das Ganze hat mich jedoch sehr nachdenklich gestimmt …

# KAPITEL 6

*Ein Engel ist jemand,*
*den Gott dir ins Leben schickt,*
*unerwartet und unverdient,*
*damit er dir,*
*wenn es ganz dunkel ist,*
*ein paar Sterne anzündet.*

(Phil Bosmans)

Im Februar hatte ich auf einem meiner Kurse Biggi und Josef, ein Ehepaar in den Vierzigern aus der Nähe von Aachen, kennengelernt: Josef, ein dunkler Typ mit strahlend blauen Augen und Biggi sehr sympathisch mit ihrem netten herzlichen Lachen.

Abends sagte Biggi zu mir: „Gila, ich habe so unerklärliche Schmerzen in meinen Gliedern, ich weiß nicht, woher die rühren."

Das war mein Thema! Ich berichtete ihr, was ich gerade durchgemacht und erfahren hatte, und empfahl ihr die entsprechende Literatur in der Hoffnung, sie würde Biggi genauso helfen wie mir.

Noch während dieser gemeinsamen Tage meldeten sich Biggi und auch Josef zum Engelseminar im November an. „Ich freue mich so darauf", meinte Biggi strahlend beim Abschied, „vor allem, weil auch Josef mitkommt."

Nach dem Seminar rief mich Biggi ein paar Mal an, um mir mitzuteilen, dass die Entsäuerung, anders als bei mir, bei ihr offensichtlich nicht den gewünschten Erfolg gebracht hatte.

Ich tröstete sie, dass es vielleicht noch etwas Zeit brauchte, denn bei mir hätte es auch fast ein halbes Jahr gedauert, ehe die Schmerzen immer mehr nachgelassen hätten.

Im September lernte ich dann Biggis und Josefs Tochter Julia kennen – eine hübsche junge Frau Anfang Zwanzig. Das gleiche Seminar besuchte auch Petra aus Belgien, die zum ersten Mal zu mir kam, eine blonde junge Frau mit einem ganz anziehenden Lächeln und einer sehr liebenswerten Art.

„Wie geht es Biggi?“, war meine erste Frage, als ich dann Julia begrüßte.

„Mama geht es gar nicht gut“, erwiderte Julia bekümmert. „Sie liegt momentan in der Klinik. Ihre Schmerzen sind schlimmer geworden – ihr Herz ist stark in Mitleidenschaft gezogen.“

Diese Nachricht machte mich sehr betroffen, und ich fragte Julia nachmittags nach Biggis Telefonnummer in der Klinik.

„Das glaube ich jetzt aber nicht!“, entgegnete Julia überrascht, „in der Pause habe ich mit Mama telefoniert, und sie hat mich gebeten, dir ihre Telefonnummer zu geben, ob du sie kurz mal anrufen könntest.“

Daraufhin führte ich ein längeres Telefonat mit Biggi, die sich sehr über meinen Anruf freute. Ich versprach, mich telefonisch bei ihr zu melden, wenn sie wieder zu Hause wäre.

Und das tat ich auch und erfuhr dann von ihr, dass ihr Herz wohl sehr geschädigt wäre und sie auf eine Transplantation wartete.

„Biggi, ich schließe dich in meine Gebete ein und gebe dir Licht, Kraft und Liebe mit meinen Gedanken. Versprochen!“

Doch ihre Seele hatte sich ausgesucht, knapp zwei Wochen später ins Licht zu gehen. Völlig erschüttert rief Josef mich an und teilte es mir voller Trauer mit. Abschließend sagte er leise:

„Gila, ich habe eine große Bitte an dich: Ich möchte keine Beerdigungsfeier für Biggi, sondern eine Licht- und Liebe-Feierstunde. Könntest du diese Feierstunde für uns übernehmen?"

Als er mir das Datum nannte, musste ich passen, da ich zu dem Zeitpunkt ein Seminar hatte, doch ich half ihm bei seiner Planung, damit er diese Stunde selbst in Licht und Liebe gestalten konnte, wie Biggi es sich sicher gewünscht hätte.

Nach der Feier rief Josef mich ganz bewegt an: „Gila, es war so wunderschön! Ich hatte das Gefühl, dass Biggi die ganze Zeit dabei war! Ich bin so glücklich darüber, dass ich das geschafft habe, aber auch unendlich traurig, dass sie nicht mehr hier auf Erden weilt."

„Das glaube ich dir. Einerseits wissen wir durch unsere spirituelle Entwicklung, dass Energie niemals verloren geht, sondern sich nur verändert, aber andererseits sind wir alle doch Menschen, die auf dieser Welt leben, und wissen, dass wir den anderen zumindest in diesem Leben hier auf Erden nicht wiedersehen. Und genau das macht uns traurig – und das darf auch so sein."

Auch Julia rief mich an, und ich habe lange mit ihr gesprochen, um sie, die sehr an ihrer Mutter hing, zu trösten.

„Gila", schloss sie traurig, „meine Mama und mein Papa hatten sich ja gemeinsam zum Engelseminar, das in drei Wochen stattfindet, angemeldet. Papa möchte so gern kommen, obwohl Mama nicht mehr dabei sein kann. Hältst du es für richtig, wenn *ich* dafür mitkomme?"

„Das wäre sehr gut, Julia! Das ist ein großartiger Gedanke! Ich weiß, wie nahe ihr Biggi da seid – und *sie* euch! Ich glaube, das wird Biggi dort, wo sie jetzt ist, sehr glücklich machen. Ja, Julia, komm!"

Es war ein sehr berührender Anblick, als Josef und Julia einen Monat nach Biggis Heimgang im Hotel eintrafen. Und es war bewundernswert, mit welcher Kraft die beiden dann ihre eigenen Prozesse durchlebten, jeder auf seine Art. Wie tröstend war es auch für alle anderen, dass sie trotz ihrer Trauer Freude zeigten, wenn es sich ergab!

Denn auch unsere Engel lieben Freude und Humor – unser Leben wird nun mal von Gefühlen gesteuert, gleich welcher Art. Und unser Fokus wird in die Richtung gelenkt, wohin unsere Gedanken und Gefühle gehen.

Gern möchte ich hier etwas zu meinen Engelseminaren schreiben. Natürlich geht es hier um Engel, aber nicht nur, denn wir bleiben geerdet und heben nicht ab. Es ist nicht so, dass wir drei Tage lang nur über Engel reden, sondern wir erleben tief berührende Workshops, zauberhafte, sanfte Rituale und auflockernde Lachnummern. Freude, Lachen und Fröhlichkeit stehen an. Absolut Kraft spendend sind auch die wunderschönen licht- und kraftvollen Meditationen, in denen unsere Engel uns helfen, Heilung zu erfahren. Es ist rundum ein Seminar voller Schwingungen der Liebe. Der Höhepunkt dieser Tage ist dann eine Schweigeeinheit, in der wir unsere Engel bitten, spürbaren Kontakt mit uns aufzunehmen.

Die Mitte des Raumes war nun mit einem großen Tuch geschmückt, auf dem viele Kerzen, Blumen und verschiedene Engelfiguren verteilt waren. Bilder von Angehörigen, die bereits den Weg ins Licht gegangen waren, wurden aufgestellt, unter anderem auch ein schönes Bild von Biggi.

Leise Musik lief im Hintergrund – und ich schaute dem ergreifenden Anblick zu, als Julia direkt in Josefs Schoß saß. Liebevoll hatte er von hinten die Arme um sie gelegt, als wolle er ihr signalisieren: Wenn auch deine Mutter so früh gehen musste – ich beschütze dich! Ihrer beider Blicke waren auf das Bild von Biggi gerichtet.

„Biggi ist die ganze Zeit bei uns“, sagte ich nach der Schweigeeinheit leise zu Julia. „Ich spüre sie ganz deutlich. Sie ist ja nur von der körperlichen zur feinstofflichen Ebene gewechselt. Sie hatte dieses Seminar gebucht, und nun ist sie auch dabei.“

Ich sah die Tränen der Rührung in Julias Augen, als sie leise sagte: „Ja, ich spüre sie auch ganz deutlich.“

Nach dem offiziellen Teil saßen wir abends noch zusammen und lauschten dem Lied *‚Hallelujah'*, eine Coverversion von Lou Dynia mit seiner wunderbaren, streichelnden Stimme. Ich hatte den Sänger bereits mehrmals als Teilnehmer kennengelernt und war überrascht gewesen von seiner bescheidenen Art – Gänsehaut garantiert an den Abenden, an denen er live für uns sang!

Die sich öffnende Lotuskerze in der Mitte verströmte ein weiches warmes Licht, es war urgemütlich – eine anheimelnde, sanfte Atmosphäre. Den englischen Text des Liedes konnten nur wenige mitsingen, dagegen alle den Refrain ‚Hallelujah'. Eine zauberhafte Schwingung lag an diesem besonderen Tag im Raum!

Und dann geschah es: Susanne, eine Teilnehmerin, sang auf einmal mit ihrer schönen Stimme nicht mehr: „Hallelujah“, – sondern stattdessen laut: „Hallo, Julia!“

Biggi! Berührung pur! Immer wieder die gleichen Worte! Mir versagte fast die Stimme, als ich mich nach dem Lied an Julia wandte und ihr mitteilte: „Julia, das war ein Gruß von Biggi an dich, um dir zu zeigen, dass sie wirklich bei uns ist!“

Alle waren total ergriffen.

Als Josef am Montag danach wieder an seinen Arbeitsplatz zurückkehrte, wurde er von einigen Arbeitskollegen gefragt, woher dieses tiefe Leuchten stammte, das jetzt seine Trauer größtenteils überlagerte.

*

Yildiz ist als junges Mädchen mit ihrer kurdischen Familie aus der Türkei nach Deutschland gekommen. Sie war seit fast einem Jahrzehnt in unserem Haushalt beschäftigt – meine Mitarbeiterfreundin, wie ich sie immer wieder voller Anerkennung nenne.

Ich liebe ihre sehr bescheidene Art, für mich da zu sein, wann immer ich sie brauche, still und voller Liebe weit mehr zu tun als das, was ich erwarten konnte – einfach mitzudenken!

Mustafa, ihr Mann, ein Mann der Tat im wahrsten Sinne des Wortes, ist schon mit 36 Jahren Frührentner geworden, weil er seit Jahren unter unerklärlichen Schmerzen leidet. Die beiden hatten Jahre zuvor bereits einen Wochenendkurs bei mir besucht, der ihnen damals sehr gefallen hatte.

Danach hatte ich Yildiz und Mustafa zu einem Selbsterfahrungsseminar nach St. Martin nahe Neustadt an der Weinstraße eingeladen. Es war eine völlig neue Erfahrung für sie, die so erzogen worden waren, Nähe zu fremden Menschen zu vermeiden. Durch die Tätigkeit bei mir war Yildiz schon eher diejenige, die jemanden spontan umarmen konnte, um ihre Freude zu zeigen.

Mustafa wand sich am ersten Tag wie ein Regenwurm, wenn ihm jemand zu nahe kam. Doch es war herrlich mit anzusehen, wie er sich am zweiten Tag so an die Nähe gewöhnt hatte, dass es bei einem abendlichen Ritual plötzlich aus ihm heraus brach:

„So, jetzt reicht es mir aber! Ich bin es leid! Jetzt ist es mir egal! Kommt alle her – ich nehme euch jetzt alle, die ihr hier seid, in meine Arme – jeden Einzelnen von euch!“

Und unter riesigem Gelächter und Gejohle der gesamten Gruppe fing Mustafa an, alle nacheinander voller Herzlichkeit zu umarmen. Es war eine berührende Situation, und diese spontane Geste ist wohl jedem Teilnehmer in Erinnerung geblieben. Erstaunlich, dass es Mustafa nach diesem Ritual längere Zeit zu Hause viel besser ging.

Am Sonntagmittag, kurz vor Ende des Kurses, ging ein Flüstern durch die Gruppe, und ich wurde gebeten, den Raum doch für eine Weile zu verlassen und nach nebenan zu gehen, man habe eine Überraschung für mich geplant.

Ich finde das immer so lieb, weil mir die gleiche Dankbarkeit entgegengebracht wird, die auch ich damals gegenüber Günter Ilse empfunden habe.

So ging ich erwartungsvoll zum Nebenraum, um der Gruppe Gelegenheit zu geben, ihre Überraschung vorzubereiten.

Ich öffnete die Tür – und mir bot sich ein Bild, das mich fassungslos machte! Was ich sah, war unglaublich und doch wahr: Da saß unser Schweizer Stephan, neben ihm seine Sonja – und stillte ihr Baby!

„Das ist nicht wahr!“, rief ich immer wieder aus. „Ich träume wohl! Wie habt ihr das denn hingekriegt?“

„Na, wie man das so macht“, lachte Stephan und weidete sich an meinem mehr als sehenswerten Gesichtsausdruck.

Ich war total begeistert – und die beiden mussten mir immer wieder erzählen, wie die kleine Nayeli sie mit ihrem Kommen überrascht hatte. Sonja hat schon zwei erwachsene Kinder aus ihrer ersten Beziehung, während die Kleine Stephans erstes Kind ist. Beide waren bereits über Vierzig, als sie geboren wurde – ein Gottesgeschenk!

Nachdem die Kleine satt war, nahm ich sie auf den Arm, und eine große Welle von Liebe und Zärtlichkeit durchflutete mich. Während ich sie hin- und herwiegte, fragte ich hochinteressiert: „Woher wusste die Gruppe eigentlich von eurem Baby und dass ihr da seid?"

„Die Gruppe?", fragte Sonja überrascht. „Mit denen haben wir doch gar nicht gesprochen!"

Moment, irgendetwas war mir hier nicht ganz klar. Ich wurde doch gebeten, wegen einer Überraschung in den Nachbarraum zu gehen!

Etwas später kam dann die Auflösung. Die Tür öffnete sich, und Yildiz rief verschmitzt: „Gila, jetzt kannst du kommen!"

Dann erst schaute sie überrascht auf den Säugling in meinen Armen und meinte: „Oh, ist das was Süßes! Wo kommt denn jetzt das Baby her?"

„Das ist mir auch ein Rätsel", grinste ich, „aber warum soll ich kommen?"

„Ja, wir warten nebenan alle auf dich."

Und da dämmerte es mir: Hier schien es wohl eine weitere Überraschung zu geben, zum einen hatte die Gruppe irgendetwas vorbereitet – und dazu die kleine Nayeli, von der die Gruppe gar nichts wusste!

Sonja und Stephan waren mit dem Baby über 100 Kilometer von Achern nach St. Martin gefahren, um mich mit meinem ersten Seminarbaby zu beglücken. Es tat ihnen leid, dass sie völlig unbewusst der Gruppe die Show gestohlen hatten, doch für mich war es ein wunderschöner Abschluss, zwei Überraschungen an einem Tag zu erleben …

Auf dem Weg nach Hause dachte ich an Mustafas wunderbare Reaktion und schmunzelte noch lange vor mich hin.

Wieder ein Beweis: Wenn wir uns selbst annehmen, werden wir auch von anderen angenommen. Akzeptieren wir uns mit unseren Unzulänglichkeiten, so können wir davon ausgehen, dass uns auch andere so akzeptieren, außerdem werden wir großzügiger unseren Mitmenschen gegenüber.

Wir haben für unsere Lebensumstände zwar die Ursachen gesetzt, erinnern uns aber oftmals gar nicht mehr daran, dass wir Mittäter gewesen sind. Die Umstände können wir uns nicht immer aussuchen, wie wir damit umgehen, schon eher.

Andererseits – wie reagieren wir, wenn uns etwas nicht gelingt? Sind wir frustriert oder ärgern uns? Wer ärgert denn da *wen*? Wir ärgern *uns*! Und wenn wir uns ärgern, dann sollten wir mal überlegen, warum wir so reagieren.

‚Aber das ist doch normal', mögen viele jetzt vielleicht denken. Und genau das könnte die Ursache für unser ungutes Gefühl sein. Wir bauen quasi die Erwartungshaltung auf, unglücklich sein zu müssen, wenn uns etwas misslingt.

Mit dieser Einstellung haben wir unser Unterbewusstsein darauf programmiert, Frust zu erzeugen, wenn etwas schief läuft. Wenn wir das erkennen und akzeptieren, dann steht es uns frei, uns anders zu verhalten – vielleicht mal heitere Gelassenheit zu zeigen?

Es geschieht sicherlich schon mal, dass andere Menschen ärgerlich oder sogar wütend auf uns losgehen, uns kritisieren und uns Vorhaltungen machen.

Wenn wir auf solche Menschen nicht vorbereitet sind, können diese unser Selbstvertrauen schwer anschlagen und uns das Gefühl geben, eine Niederlage erlitten zu haben. Nur mit Verständnis für die Unzulänglichkeiten, die zu jedem Menschen gehören, können wir uns gegen solche Situationen wappnen.

So erlebte ich an der Rezeption eines Hotels vor einiger Zeit einen Zwischenfall, der mir ziemliche Bewunderung entlockte. Ein Gast wollte gerade einchecken. Ich stand hinter ihm und freute mich darauf, die mir bekannte Mitarbeiterin an der Rezeption zu begrüßen.

Jetzt nannte der Gast vor mir seinen Namen. Schon dabei fiel mir der etwas herrische Ton auf. Die Mitarbeiterin begrüßte ihn lächelnd und sagte: „Schön, dass Sie da sind. Wir haben ein sehr schönes Einzelzimmer für Sie in der dritten Etage reserviert."

„Ich habe aber kein Einzelzimmer, sondern ein Doppelzimmer bestellt!", sagte der Mann ärgerlich.

Überrascht über seine Aussage, entgegnete die Mitarbeiterin freundlich: „Oh, da muss ich mal nachsehen, wir haben ja Ihre Buchung per E-Mail erhalten."

Sie öffnete ihr Programm, schaute in ihren Computer und meinte dann: „Das tut mir jetzt leid. In Ihrer E-Mail steht ganz klar die Bitte um Reservierung eines Einzelzimmers. Bitte schauen Sie mal!"

„Lassen Sie das jetzt!", brummte er, „und geben Sie mir einfach ein Doppelzimmer!"

„Das würde ich ja gern tun, aber leider haben wir keins mehr frei."

Der gereizte Gast knurrte: „Es ist mir völlig egal, was in der E-Mail meiner Sekretärin steht. Ich will ein Doppelzimmer, und wenn ich das nicht bekomme, verlasse ich sofort dieses Hotel und suche mir woanders eins!"

Die Mitarbeiterin entgegnete ganz ruhig: „Es tut mir wirklich leid, aber wir haben nur gemäß Ihrer Buchung gehandelt.

Wir haben im Moment kein einziges Doppelzimmer mehr frei."

Da erklärte der wütende Gast: „Das war's dann! Dieses Hotel buche ich nicht noch einmal! Andere Mütter haben auch schöne Töchter!" Und weg war er!

Nun war ich an der Reihe und begrüßte die junge Dame dort auf gewohnt herzliche Art, da ich schon sehr oft in diesem Haus Seminare geleitet hatte.

„Na, das war ja was!", sagte ich danach, in der Erwartung, sie müsse jetzt sauer sein, nachdem sie vor aller Augen in einer Art und Weise abgekanzelt worden war, wie ich es selten erlebt hatte. Stattdessen begrüßte sie mich mit der gewohnten Herzlichkeit und lachte mich an. Ihre Haltung nötigte mir ziemlichen Respekt ab.

„Ich finde übrigens Klasse, wie Sie sich eben verhalten haben. Einfach toll – Ihre Selbstbeherrschung!"

„Wissen Sie, Frau van Delden", lächelte sie, „ich kann solchen Menschen einfach nicht böse sein. Eigentlich war er doch gar nicht sauer auf mich. Ich war nur Blitzableiter. Irgendwie war er doch in seinem Seelenfrieden gestört."

Diese Worte kamen mir doch mehr als bekannt vor! In meinen Wochenendkursen und Firmenseminaren gehe ich stets auf unsere Grundbedürfnisse ein und darauf, was passiert, wenn diese gar nicht oder nicht ausreichend erfüllt sind.

Und das gleiche Prinzip sprach jetzt diese junge Dame an, die täglich mit vielen verschiedenen Gästen umging, und bestätigte damit unbewusst diese Grundsätze: „Er hatte vielleicht Schwierigkeiten mit seiner Frau, seinen Geschäften, unter Umständen hat er auch Minderwertigkeitsgefühle, und das vorhin war für ihn die Chance, sich wieder gut zu fühlen. Ich war einfach diejenige, die ihm die Möglichkeit gab, sich abzureagieren."

„Alle Achtung!“, nickte ich zustimmend. „Genau das denke ich auch!“

Als sie mir dann meinen Zimmerschlüssel aushändigte, fügte sie hinzu: „Wahrscheinlich tut ihm das ganze wieder leid, wenn er sich erst mal abreagiert hat.“

Wir sollten an die Worte dieser jungen Frau denken, wenn uns bei der nächsten Gelegenheit jemand so anfährt, und unser Ego dann mit heiterer Gelassenheit zurücknehmen. Wenn wir den anderen einfach so annehmen und sein Verhalten nicht groß bewerten, bleiben wir in derartigen Situationen Sieger.

Später hat sie dann ein ganz dickes Lob von ihrer Chefin bekommen, der ich diese Geschichte voller Anerkennung erzählt habe.

Apropos Anerkennung!

„Schön, dass du gerade im Büro bist, hier ist ein Päckchen für dich gekommen“, meinte Irmi, als sie mir eines Morgens die Post auf den Schreibtisch legte.

Ich schaute auf den Absender. Der Name war mir nicht bekannt. Neugierig packte ich es aus. Und dann habe ich nur noch gestaunt: ein wunderschöner Bilderrahmen mit einer aus dem Rahmen fallenden massiven Engelfigur. Auf der Rückseite stand:

*„Hiermit verleihe ich Gila van Delden*
*den Oskar der Herzen.“* (von Ulrike)

Total berührt, habe ich mich umgehend telefonisch bei Ulrike bedankt. Sie war als Nachtschwester tätig.

„Doch mein Beruf“, sagte sie dann während unseres Telefonats bestimmt, „bezeichnet nur meine Position, in der ich tätig bin, aber mein Herz sagt mir, ich bin eine Licht- und Liebe-Schwester."

Schön, nicht?

Ich sollte Ulrike dann zwei Monate später persönlich bei einem Kurs in Sasbachwalden kennenlernen. Sie ist ein herrlicher Feger und brachte stets enorme Stimmung in unsere Gruppe. Und doch gab es noch eine andere Seite in ihr, die die große Liebe im Herzen dieser Frau zu ihren Patienten zeigte.

Danke, Ulrike, dass es dich gibt!

*

Im Sommer 2010 sah ich Josef, Julias Vater, auf meinem Seelenkraft-Seminar wieder. Ich spürte, es schien ihm in der Zwischenzeit nicht so gut gegangen zu sein. Die Zeit ohne Biggi hatte bei ihm Spuren hinterlassen.

Von Tag zu Tag blühte er jedoch mehr auf und wurde zusehends fröhlicher – es tat ihm so gut, bei uns wieder Kraft zu tanken und zur Ruhe zu kommen.

Auch Petra aus Belgien, die im September zuvor Julia getroffen hatte, war dabei. Sie hatte sich inzwischen von ihrem Freund getrennt.

Der langen Rede kurzer Sinn: Es funkte zwischen Josef und Petra. Jeder war allein gekommen – und sie verließen das Seminar gemeinsam!

Danach bekam ich eine zauberhafte E-Mail von Petra, in der sie schrieb, dass sie beide sehr glücklich seien über ihre erwachten Gefühle und über die Chance, die sich ihnen jetzt böte. Alles habe einen Sinn und führe in einen noch tieferen hinein, schrieb sie. Diese Begegnung mit Josef während der vergangenen Tage sei eine Fügung des Himmels gewesen.

Ich bin sicher, dass Biggi dafür gesorgt hat, Josef wieder glücklich zu sehen, obwohl uns Menschen bei diesem Gedanken das Gefühl anfliegen mag: Die beiden haben sich doch geliebt – Jahrzehnte miteinander verbracht – ihre Kinder gemeinsam großgezogen! Wie kann sich da diese Seele freuen, dass da so schnell eine neue Partnerin an seiner Seite ist?

In der geistigen Ebene gibt es kein Ego oder gar Eifersucht, sondern nur Liebe, die die vorausgegangenen Seelen für uns empfinden. Diese Liebe ist viel größer als die körperliche, die wichtig ist, um die Menschheit weiter existieren zu lassen. Diese Seelen im Jenseits schaffen Strukturen, auf die wir mit unserem begrenzten menschlichen Verstand überhaupt nicht gekommen wären, um den Menschen, die auf dieser Welt zurückbleiben, das Leben zu erleichtern. Das ist reine Liebe, weil diese Liebe alles, was lebt, einschließt.

Vier Monate später gab Josef unserem Büro eine Änderung seiner Adresse durch – er war zu Petra nach Belgien gezogen.

Zwei Jahre nach Biggis Heimgang erhielten Götz und ich eine Einladung zur Hochzeit der beiden, die wir jedoch nicht annehmen konnten, da an dem gleichen Wochenende ein Seminar in Berlin angesetzt war.

Der Einladung lag zugrunde, dass sich die beiden auf meinem Seminar gefunden hatten, und ich hätte sie ausnahmsweise gern angenommen, obwohl wir uns sonst bei allen Einladungen sehr zurückhalten.

So schrieb ich Petra und Josef, dass ich an ihrem besonderen Tag ganz stark an sie dächte und ihnen aus Berlin mit meinen Gedanken viel Licht und Liebe senden würde.

Eine Weile später jedoch kam Irmi zu mir ins Büro und meinte: „Gila, wir müssen mal über das Seminar sprechen, das im

Oktober in Berlin stattfinden soll. Wir haben dafür erstaunlicherweise kaum Anmeldungen, obwohl alle weiteren Termine von September bis Ende November jetzt schon sehr gut gebucht sind.“

„Hm, komisch!“, meinte ich nachdenklich und überlegte, warum ausgerechnet dieser Kurs bis jetzt so wenig Anmeldungen hatte.

Als ich dann einige Tage später vorsichtshalber bei der Tagungsstätte auf Schwanenwerder absagte, erfuhr ich, sie hätten sich bei meiner Buchung sowieso schon gewundert, weil ganz Berlin zu dem Zeitpunkt wegen der Schulferien ausgeflogen sei.

Ja, das war *eine* Erklärung, warum der Kurs nicht stattfinden sollte, die *andere* weitaus bedeutsamere war für mich, dass wir wohl unbedingt zu Josefs und Petras Hochzeit kommen sollten. Und der Gedanke ließ mich nicht mehr los: ‚Hatte Biggi vielleicht auch *dafür* gesorgt?'

Als ich Josef dann damit überraschte, dass Götz und ich nun doch zur Hochzeit kommen könnten, konnte er seine Gefühle kaum in Worte fassen.

*

In dem zauberhaften Landhotel Kallbach in Hürtgenwald fand im September 2011 wieder ein Hei-Li-Li statt. Ganz besonders freute ich mich auf Julia, Biggis und Josefs Tochter.

Hier in der Eifel war Julia das letzte Mal zwei Jahre zuvor bei einem Seminar gewesen, als ihre Mutter noch lebte. Es war für mich kein Wunder, dass sie erstmal einen Weinkrampf bekam, als sie mich in ihre Arme schloss.

Ich hielt sie einfach nur fest, bis sie wieder zur Ruhe kam.

„Es kommen so viele Erinnerungen hoch, nicht?“, sagte ich leise. Sie konnte nur nicken.

Während dieser gemeinsamen Tage spürte ich die enorme Veränderung, die in den vergangenen zwei Jahren mit Julia geschehen war. Sie hatte sich von einem unbekümmerten Mädchen in eine tiefgründige junge Frau verwandelt. Bereits zuvor bei einem Telefonat mit ihr war mir das aufgefallen.

Wie ich bereits vorher erwähnt habe, bleiben wir nach unserer Abendeinheit immer noch ein wenig sitzen und singen Brigitte Trägers Lieder mit oder das *‚Hallelujah'* von Lou Dynia. Seit einiger Zeit spielte ich abends auch noch den berührenden *‚Mums Song'* von Lou Dynias CD *‚Seven Days'*. Er hat dieses Lied seiner Mutter gewidmet, die vor einigen Jahren ins Licht gegangen ist.

So hatte ich auch in alter Gewohnheit am ersten Abend die CD mit diesen Liedern eingelegt.

Wir lauschten alle Brigitte Trägers wunderbarer Stimme und sangen ihre bekannten Lieder mit, als dann *‚Mums Song'* erklang.

Bei den ersten Klängen durchfuhr es mich siedendheiß – Julia! ‚Oh nein', dachte ich, ‚Gila, wie unsensibel! Dieses Lied hätte ich nicht auflegen dürfen! Hilfe, meine Engel!'

Da sah ich Julia an, die links von mir saß. Sie weinte. Mein Herz reagierte sofort, und es gab nur eins – ich sagte: „Julia, komm zu mir, bitte! Komm, setz dich in meinen Schoß!“

Während dieses wunderbare Lied weiterlief, hielt ich Julia ganz eng in meinen Armen – und auch mir kamen dabei die Tränen. Und auf einmal verspürte ich so eine Wärme und so viel Licht in mir, als ob nicht ich, sondern Biggi, Julias Mutter, ihre Arme um sie geschlungen hätte. Ich ließ geschehen, dass ich einfach nur Werkzeug sein durfte! Während ich ganz tief berührt war in meiner Seele, spürte ich auf einmal, wie sich Julias Händedruck verstärkte, so als wolle sie mir signalisieren: „Ja, ich verstehe!“

Als der letzte Ton des Liedes dann verklungen war, drehte sich Julia zu mir um und sagte immer wieder total bewegt: „Danke, Gila!“

Ich flüsterte ihr zu: „Das war Biggi, Julia, ich hab es ganz deutlich gespürt.“

Mit ihren dunklen Augen schaute sie mich fassungslos an und meinte: „Genau das habe ich auch in dem Moment gespürt, als ich deine Arme plötzlich fester gedrückt habe!“

An diesem Erlebnis hat mich außerdem so sehr berührt, dass ich mich vom Kopf her entschieden hätte: nicht dieses Lied, wenn Julia dabei ist! Doch mein Verstand wurde hier rigoros ausgeschaltet, denn meine Seele hatte ihre Aufgabe zu erfüllen.

Als sich dann später die Emotionen etwas gelegt hatten, sagte ich ihr lächelnd: „Julia, kennst du den Film *‚Ghost – Nachricht von Sam'?“*

„Na klar!“, schmunzelte sie.

„Ich kam mir vor wie das Medium Oda Mae Brown, das sich dann zum Schluss für die beiden Liebenden zur Verfügung stellte, damit sie sich ein letztes Mal umarmen konnten!“

Jetzt lachte Julia hell auf – und es war schön, sie wieder so fröhlich zu sehen.

Was mich auch sehr berührt hat, ist ein Eintrag nach diesem Hei-Li-Li in unserem Gästebuch von Josef, der sich für die Liebe und das Verständnis seiner Tochter bedankt. Er habe lange mit Julia gesprochen und sei im Moment der glücklichste Papa der Welt ...

# KAPITEL 7

*Nur wenn du das Schweigen kennst,*
*wirst du das Reden lernen.*
*Was du zu sagen hast,*
*kann nur im Schweigen reifen.*

(Adrienne von Speyer)

Noch bevor ich meine Seminartätigkeit aufnahm, erhielt ich eines Tages einen Anruf einer Buchhändlerin aus Osnabrück, die seit langem meine Bücher sehr erfolgreich verkaufte.

„Am kommenden Sonntag haben wir ein bekanntes Medium in unsere Buchhandlung eingeladen und möchten Sie und noch drei weitere ausgewählte Personen dazu einladen. Hätten Sie Lust?“

Ohne groß zu überlegen, erwiderte ich: „Ja, ich komme! Wann genau beginnt es?“

„Wir vereinbaren für jeden, der uns im Vorfeld seine Zusage gibt, einen festen Termin, da nur vier Termine zur Verfügung stehen und jeweils eine Stunde dafür angesetzt wird.“

Ich freute mich und war gespannt auf das, was mich dort erwartete.

„Aber kommen Sie bitte etwas eher“, schloss die Buchhändlerin, „dann können wir mit allen Gästen noch einen Kaffee oder Tee trinken.“

Um 14.00 Uhr hatte ich für Sonntagmittag den Termin bekommen. Ursula hieß das Medium, nichts Indisches – einfach schlichtweg Ursula! Das gefiel mir schon mal.

Ich parkte meinen Wagen vor der Buchhandlung, die sich in einer Seitenstraße befand, und betrat das Geschäft. Ein Glockenspiel und der angenehme Duft von Räucherstäbchen wiesen mir den Weg. Ich schaute mich um, die sehr heimelige Atmosphäre genießend. Auch spürte ich die Kraft der in den Regalen ausgestellten Edelsteine, die einen Teil der wunderbaren Schwingungen des Raumes ausmachten. An solchen Plätzen fühle ich mich stets wie zu Hause.

„Da sind Sie ja! Herzlich willkommen bei uns! Nehmen Sie dort drüben Platz. Einige Gäste sind schon da. Wir machen es uns ganz gemütlich. Trinken Sie Kaffee?“

Ich nickte und nahm auf einem Stuhl Platz. Auf dem freundlich gedeckten Tisch stand eine Schale mit Plätzchen. Zwei andere Damen begrüßten mich, während ein weiterer Gast gerade mit Ursula im Gespräch war.

Die Buchhändlerin huschte hin und her, um alle mit Kaffee, Tee und Gebäck zu versorgen.

Eine der Damen, die mit am Tisch saß, war offensichtlich eine Kundin. Sie war sehr gepflegt und musste Mitte 60 sein. Sie flüsterte mir zu: „Ob sie mir wohl die Zukunft weissagt? Vielleicht wird die Welt viel besser aussehen, wenn sie mir erst einen von ihren Cocktails aus Molchaugen verabreicht und ihren Zauber über mich aussprechen wird.“

Ich grinste und gab zu: „Ich habe keine Ahnung, was hier passiert.“ Aber irgendwie wurde es mir nun doch ein wenig mulmig. Was würde geschehen? Es war das erste Mal, dass ich mich in die Hände eines Mediums begab, auch wenn die Dame schlicht und einfach Ursula hieß.

Meiner Nachbarin schien es wohl auch so zu gehen. Sie drehte sich um und zeigte in Richtung Tür, hinter der sich das Medium befand. Leise drohte sie: „Aber ich warne diese Ursula gleich, Voodoo ist nichts für mich. Sie soll mir bloß nicht sagen, wann ich sterben werde, selbst wenn sie es weiß. Oder besser gesagt: Sollte ich mit neunundneunzig bei vollem Verstand sterben, und neben mir im Bett liegt ein junger Mann, der mich glutäugig anschmachtet, dann kann sie es mir ruhig sagen."

Ich lachte laut auf und wollte gerade eine Bemerkung machen, da wurde auch schon die Tür zu dem Zimmer geöffnet, in dem die Beratung erfolgte, und ich sah, wie sich ein Mann mittleren Alters verabschiedete.

„Vielen Dank", sagte er offensichtlich sehr bewegt und schüttelte einer Dame, die wohl Ursula sein musste, die Hand. Er setzte sich zu uns an den Tisch, um noch ganz in Ruhe eine Tasse Kaffee zu trinken und zu verdauen, was ihm soeben widerfahren war.

Ursula schaute freundlich in die Runde und fragte dann: „Wer von euch hat jetzt bei mir einen Termin?"

Ich war dran, erhob mich und begrüßte sie. Sie schloss die Zimmertür hinter uns und sagte: „Bitte nimm Platz! Ich sage grundsätzlich ‚Du' zu meinen Klienten. Wir können dann einfach besser miteinander arbeiten."

Sie war schon etwas älter, wie ich später erfuhr, bereits über 70 Jahre alt. Sie hatte ein freundliches, aufgeschlossenes Gesicht und eine sehr angenehme Ausstrahlung.

Als ich Platz genommen hatte, sah sie mich mit ihren klaren Augen an und fragte mich direkt: „Warum bist du hier?"

„Ehrlich gesagt, weiß ich das selbst im Moment noch gar nicht. Ich bin einfach nur neugierig und bin der Einladung der Buchhändlerin gefolgt, und zwar gänzlich ohne Erwartungen."

„Aber was kann ich für dich tun? Was möchtest du wissen?"

Darüber hätte ich mir eigentlich wirklich schon vorher Gedanken machen können, aber ich hatte mich gänzlich ohne ein Thema auf diese Begegnung eingelassen. Ich überlegte kurz, dann fiel mir etwas ein. Ich wollte sie fragen, ob sie Kontakt aufnehmen konnte zur Akasha-Chronik.

Die Akasha-Chronik bezeichnet die Vorstellung eines allumfassenden spirituellen Weltgedächtnisses. Manche medial begabten Menschen sind in der Lage, Kontakt zur Akasha-Chronik aufzunehmen.

Es war Rudolf Steiner, der den Begriff in seiner erschienenen Aufsatzserie *‚Aus der Akasha-Chronik'* zum ersten Mal verwendete. Die damit verbundene Vorstellung, Ereignisse übersinnlich wahrnehmen zu können, blieb auch später wesentlich für sein Denken.

Ursula verneinte meine Frage, und ich war ein wenig ratlos. Um mir meine Verlegenheit nicht anmerken zu lassen, wollte ich nun wissen: „Und was könntest du für mich tun?"

Sie sah mich offen an und meinte: „Nun, ich könnte Kontakt aufnehmen zu einem Vorausgegangenen."

„Du meinst, zu meinen Eltern?"

„Wenn sie nicht mehr auf dieser Erde weilen, dann ja."

O je, das war heftig! Ich fühlte mich damit im Moment ein wenig überfordert. Zu keiner Zeit vorher hatte ich daran gedacht, dass dieser Termin darauf hinauslief, mit meinen verstorbenen Eltern Kontakt aufzunehmen. Meine Mutter war bereits mit 53 Jahren ins Licht gegangen, mein Vater mit 69 Jahren.

Doch irgendwie war das wieder typisch für mich! Völlig unbedarft hatte ich dem Termin an diesem Sonntag zugestimmt, ohne mich überhaupt im Geringsten darauf einzustellen oder vorzubereiten. Jetzt musste ich da durch, ob ich wollte oder nicht.

„Okay, einverstanden“, beschloss ich mutig und wartete auf die Dinge, die da kommen sollten. „Wie schaffst du den Kontakt zum Jenseits?“

„Über ein Ouija-Brett.“

„Was ist das?“, fragte ich interessiert.

„Der Ausdruck kommt aus dem Französischen. ‚Oui' heißt ‚Ja' auf Deutsch, also ‚Oui-Ja-Brett'. Auf meinem Ouija-Brett sind das Alphabet sowie die Ziffern und die Wörter ‚Ja' und ‚Nein' abgebildet. Zusätzlich gibt es einen Zeiger, der ein Zeichen markieren kann.“

„Und wie funktioniert das?“

Ursula erklärte es mir: „Zur Benutzung muss ich die Hände darauf legen und einige Zeit warten, bis sich der Zeiger auf dem Brett bewegt. Die markierten Zeichen ergeben dann die Botschaft.“

Ich sah sie offen an und meinte dann: „Meine Mutter weilt nun schon lange nicht mehr hier auf der Erde. Und ich bin ein Mensch, dem der Gedanke an die Reinkarnation vertraut ist. Darum meine Frage an dich: Was ist, wenn die Seele meiner Mutter bereits wieder inkarniert ist?“

„Das werden wir gleich erfahren. Wenn das der Fall sein sollte, dann rufen wir eben den Geist deiner Mutter.“

„Was heißt das?“, wollte ich wissen, inzwischen gespannt wie ein Flitzebogen.

„Ich merke, du bist mit dem Begriff Körper, Geist und Seele vertraut. Den Körper brauche ich dir nicht zu erklären, und du weißt, was die Seele ist, die spirituelle Persönlichkeit, die hinter allen Inkarnationen steht. Der Geist jedoch gehört immer nur zu einem Leben. Also alles, was in einem Menschenleben an Erfahrungen, Gedanken und Gefühlen gelebt wurde, ist im jenseitigen feinstofflichen Bereich des Geistes gespeichert, und für mich als medial veranlagter Mensch auch wieder abrufbar."

„Das heißt", hakte ich nach, „du hast die Möglichkeit, entweder die Seele meiner Mutter, und falls diese bereits wieder inkarniert ist, ihren Geist zu befragen?"

Das war völlig neu für mich, aber wie oft sprechen wir von dem Begriff Körper, Geist und Seele, ohne uns wirklich bewusst zu sein, was wir mit der Vorstellung ‚Geist' meinen?

Sie entschied: „Gut. Beginnen wir mit deiner Mutter. Sag mir bitte ihren Namen, ihr Geburtsdatum, ihren letzten Wohnort, und wann sie ins Licht gegangen ist."

Ich nannte ihr alle Daten – und sie begann, das Ouija-Brett sehr schnell und gekonnt mit den Informationen zu bedienen.

Geduldig wartete Ursula – äußerst angespannt wartete ich.

Und dann hatte sie plötzlich den Kontakt!

Die erste ihrer Handlungen war, sich ganz demütig bei der geistigen Welt für das Vertrauen zu bedanken, dass man sie als Informationsträger auserwählt hatte, Botschaften aus dem Jenseits an Menschen hier auf der Erde weiterzugeben.

Und dann gab Ursula durch, dass die Seele meiner Mutter, mit der sie wohl jetzt in Kontakt stand, sich bei ihr bedankte, die Verbindung zu mir geschaffen zu haben.

„Ich habe Kontakt zu der Seele deiner Mutter, Gila. Sie ist noch nicht wieder inkarniert. Sie sagt mir, dass sie dich bei deiner Lebensaufgabe, die du auf Erden hast, begleiten, beschützen und unterstützen wird. Das ist ihre Aufgabe, die sie als Seele ausgewählt hat."

Ursula sprach langsam weiter: „Deine Mutter beschreibt mir ein Haus mit vielen Zimmern. In dem Zimmer ist ein Baby, es ist bei ihr. Es scheint ihr Baby zu sein. Wer könnte das sein?"

„Das kann mein Bruder Jürgen sein."

„Wie lange ist er schon nicht mehr auf dieser Erde?"

„Er ist im Mai 1943 geboren und hat nur gut zwei Wochen gelebt."

„Deine Mutter und dein Bruder wollen dir sagen, dass es ihnen gut geht, deswegen haben sie mir diese Nachricht gegeben. Die Seele deiner Mutter ist noch da, denn ihre Energie ist ewig, und es ist möglich, dass sie später als Mensch in das körperliche Leben zurückkehrt, um mehr zu lernen. Du sollst verstärkt auf deine innere Stimme hören, sagt sie mir."

„Ja, das hat meine Mutter mir früher auch immer gesagt und dass alle Antworten schon in mir seien."

„Sie hat Recht. Nur trauen wir meist unserer inneren Stimme nicht. Doch sie führt uns stets auf den richtigen Weg. Darin liegt der Schlüssel zum Glücklichsein: Man muss nur gut hinhören."

Ich war zwar berührt, aber eigentlich enthielt diese Aussage nicht viel Neues. Auch Ursulas Worte bezüglich meiner Lebensaufgabe konnte ich zu dem Zeitpunkt noch gar nicht einordnen. Erst später, als ich mein erstes Seminar hielt und sich meine Tätigkeit in der Richtung verstärkte, sollte ich diese Aussage besser verstehen.

Ursula spürte meine Bedenken und fuhr fort: „Gila, hatte deine Mutter vielleicht einen Kosenamen für dich? Bitte nenn ihn mir jetzt nicht, denn ich werde deine Mutter nach diesem Namen fragen."

Mir schlug das Herz bis zum Halse, als sie die Frage stellte. Und dann sah ich fassungslos, wie schnell sie den Namen, mit dem meine Mutter mich immer zärtlich bedachte, durchbekam und ihn auf ihrem Ouija-Brett buchstabierte.

Die Tränen rannen mir die Wange herunter, so berührt war ich! Ich konnte und wollte gar nichts mehr sagen.

„Ich habe noch den Kontakt zu deiner Mutter. Möchtest du ihr abschließend eine weitere Frage stellen?“

Vor lauter Emotionen konnte ich nur noch sagen, dass ich meine Mutter sehr lieb habe und ich sie heute selbst als Mutter von vier Kindern viel besser verstehen kann.

„Es geht ihr sehr, sehr gut in der geistigen Welt, dort wo sie jetzt ist – und sie wird stets auf dich aufpassen und dich durch Intuitionen leiten, wenn es nötig ist.“

„Danke“, konnte ich nur noch stammeln, indem ich versuchte, ein Schluchzen zu unterdrücken.

Ich hörte, wie Ursula sich dann voller Demut verabschiedete und auch wieder von der geistigen Welt liebevolle Anerkennung erhielt, sich für den Kontakt zur Verfügung gestellt zu haben.

Danach schwiegen wir beide eine Weile. Ich musste mich erst einmal sammeln. Ursula sah und spürte meine Berührung und ließ mir noch etwas Zeit, bevor sie die Frage stellte: „Möchtest du, dass ich versuche, auch eine Verbindung zu deinem Vater zu bekommen?“

Eigentlich hatte ich die Grenze meiner emotionalen Belastbarkeit erreicht und hätte erst seelisch verdauen müssen, was da gerade eben geschehen war. Ich überlegte einen Moment. Doch ich hatte noch etwas Zeit und entschied, die Gelegenheit wahrzunehmen, um auch noch Kontakt zu meinem Vater aufzunehmen.

Nachdem sie alle Daten von mir erhalten hatte, sah ich, wie schnell Ursula wieder ihr Ouija-Brett bediente und die Seele meines Vaters rief.

„Ich bekomme keine Verbindung“, meinte sie und schaute konzentriert auf ihr Ouija-Brett, „ich versuche es noch einmal.“

Nichts geschah, bis Ursula auf einmal sagte: „Die Seele deines Vaters ist bereits wieder inkarniert, sonst hätte sie sich spätestens beim zweiten Kontaktaufruf gemeldet."

„Und jetzt?", wollte ich wissen, während ich bemerkte, wie ich vor lauter Aufregung meine Finger in die Handflächen gedrückt hielt, so dass sich kleine rote Halbmonde innen in meinen Händen bildeten.

„Dann rufen wir den Geist deines Vaters, die Essenz seines Lebens mit dir."

Ich schaute Ursula an, wie sie ihre Anfrage an den Geist meines Vaters richtete und seinen Namen durchgab.

Und wieder geschah es! Nach einer kurzen Weile meldete sich mein Vater, und als erstes bedankte auch er sich anerkennend bei Ursula für ihre übernommene Aufgabe.

Er sagte, er sei verwundert und ganz erstaunt, dass ausgerechnet ich ihn riefe. Wir seien als Vater und Tochter in unserem gemeinsamen Leben erstmals miteinander verbunden gewesen und hätten auf Erden keine sehr enge Beziehung gehabt.

Auch das stimmte.

„Aber", fuhr Ursula in den Worten meines Vaters fort, „ich danke dir sehr dafür, dass du mich gerufen hast. Das habe ich gar nicht erwartet, aber das zeugt von sehr viel Liebe, die du in deinem Herzen trägst."

Das war alles sehr emotional für mich, und nach einigen Informationen, die mir noch ganz wichtig waren, verabschiedete sich auch mein Vater von mir und Ursula in Dankbarkeit.

Ganz ergriffen dankte auch ich ihr für den geschaffenen Kontakt zwischen meinen Eltern und mir und konnte jetzt meinen Vorgänger verstehen, der auch nicht gleich wieder in sein Auto steigen konnte und sich noch zu den anderen beiden Damen an den Tisch gesetzt hatte.

Ich bezahlte und ließ mir noch einmal alles, was sie gesagt

hatte, durch den Kopf gehen. Über vieles musste ich nachdenken. Es war sehr beruhigend, dass es meiner Mutter und auch meinem Bruder Jürgen so gut ging. Er wurde ein paar Jahre vor mir geboren und hatte auch vor meiner Geburt diese Welt wieder verlassen.

„Und?“, empfing mich die ältere Dame hochinteressiert, „war es gut?“

„Also den knackigen Jüngling im Bett hat sie sicher für Sie aufgehoben“, versuchte ich zu flachsen, um meine Rührung zu überspielen.

Doch unsere Unterhaltung wurde dadurch unterbrochen, dass Ursula meine Gesprächspartnerin, die bereits ganz aufgeregt war, zur Beratung bat.

Natürlich ging mir auf der Fahrt nach Hause diese für mich überwältigende Begebenheit durch den Kopf. Allein schon, dass Ursula meinen Kosenamen durchbekam, war für mich die Bestätigung: Es war wirklich die Seele meiner Mutter, zu der sie Kontakt hatte.

Bei mir hat dieses Ereignis nicht nur einen starken persönlichen Eindruck hinterlassen, sondern es enthält auch eine weit wichtigere Botschaft. Durch dieses persönliche Erlebnis war ich in der Lage, meinen Teilnehmern später auf ihre Fragen die unterschiedliche Bedeutung von Körper, Geist und Seele klarzumachen.

Unterwegs wurde mir deutlich bewusst, dass wir mit unseren Gedanken unseren Geist bilden. Jeder Gedanke erzeugt Energie, die nie verloren geht. Manchem von uns mag es schwer fallen, sich vorzustellen, dass neben unserer sichtbaren materiellen Welt eine geistige Welt existiert.

Allein die Tatsache, so logisch und unbestreitbar, dass wir

ständig Gedanken anderer empfangen – ob bewusst oder unbewusst – mag bei manchem von uns Beklemmung auslösen. Und wenn wir uns darüber klar werden, dass diese Kräfte ununterbrochen am Werk sind, kann manchem ganz schön mulmig werden.

Es ist für uns inzwischen ganz normal, dass wir überall um uns herum über Antennen Radiowellen empfangen, die hör- bzw. sichtbar gemacht werden können. Diese groben Schwingungen der Radiowellen und die feinen Energien der Gedanken unterliegen dem gleichen Prinzip.

In dem Zusammenhang möchte ich hier gern noch einmal auf den Satz, den ich in meinem Buch ‚*... aus einem kleinen Samenkorn'* geschrieben habe, hinweisen:

> *Wir Menschen laufen wie mentale Sende- und Empfangsstationen durchs Leben. Ich glaube, dass das gesamte Universum nicht aus Materie, sondern aus Energie besteht, und wir wissen, dass Energie nie vergeht. Gerade, wenn wir in Kontakt mit vielen anderen Menschen sind, strömen unbewusst sowohl kraftvolle Informationen als auch auslaugende Energien in uns ein.*

So kann zum Beispiel Massenhysterie oder Begeisterung dadurch entstehen, dass man solch eine Stimmung gezielt erzeugt, indem man die Gefühle vieler Menschen anspricht und verstärkt. Diese sich frei bewegenden Gedankenwolken wirken auf uns ein, wie auch ein gezielter kraftvoller Gedanke einen Menschen treffen und beeinflussen kann.

Unserer Bewusstseinshaltung entsprechend, filtern wir die herbeiströmenden Gedanken. Wenn uns infolgedessen ein negatives Gefühl beherrscht, sehen wir Ereignisse auch nur aus diesem Blickwinkel. Unser Unterbewusstsein speichert dann diese negativen Gefühle und setzt sie in unerwünschte Lebensumstände um.

Durch das Denken und Handeln entsteht in unserer Persönlichkeit eine Grundstruktur, die sich aber durch neue Erkenntnisse und neues Denken immer wieder verändern kann.

Wir haben das Göttliche Geburtsrecht der freien Entscheidung für unser Leben mitbekommen, doch im Innersten folgt die Seele dem Gottgewollten Plan. Von all den Erfahrungen undenkbarer Zeiten geprägt, trachtet unsere Seele danach, ihre Seelenstruktur durch jedes ihrer vielen Leben zu verbessern.

Der Geist dagegen beinhaltet die Essenz eines Lebens. Das ist mir klar geworden, als Ursula über den Aspekt ‚Geist' sprach und ihn für mich anrief.

*

In Leutkirch war wieder ein Engelseminar angesetzt, und auch Anna-Maria, diese wunderbare Frau italienischer Herkunft, nahm daran teil. Sie ist eine ganz besondere Seele. Liebe strahlt aus ihren dunklen Augen, und sie hat eine sehr nette Art, auf andere zuzugehen und für sie da zu sein.

Auf ihrem ersten Seminar bei mir war sie am Schluss so bewegt gewesen, dass sie sich alle Namensschilder unserer Teilnehmer auf die Brust geklebt hatte und nur immer wieder unter Tränen sagte: „Ich nehme euch alle mit – wirklich, ich nehme euch alle im Herzen mit!"

Nun hatte sie sich auch für diesen Kurs in Leutkirch angemeldet. Als sie aber hörte, dass auch eine Schweigeeinheit angesagt war, wurde sie ganz blass.

„Gila, wie soll ich denn bloß schweigen? Du weißt doch,

wie gern ich rede“, reklamierte sie betrübt und sah mich mit ihren großen dunklen Augen Hilfe suchend an. „Ich weiß nicht, ob ich das schaffe!“

Ich musste mir ein Lachen verkneifen, als ich sie wie ein Häufchen Elend auf ihrem Stuhl sitzen sah.

„Ach, Anna-Maria, das ist so leicht, du wirst sehen! Mach dir gar keine Gedanken! Es ist doch nicht so, dass wir uns nur schweigend gegenübersitzen und uns anschauen, lass dich daher einfach überraschen, was Schönes auf dich zukommt!“

Kurz vor Beginn wurde Anna-Maria dann immer stiller. Ich spürte ihre starken Bedenken, nicht schweigen zu können, obwohl es ja nur eine kurze Einheit war. Liebevoll hatte die Gruppe die Mitte des Raumes mit vielen Kerzen und kleinen Engelsymbolen geschmückt. Leise Meditationsmusik lief während dieser Zeit im Hintergrund.

Und Anna-Maria hielt durch! Sie war es, die gar nicht wieder sprechen wollte, als wir dann das Schweigen brachen, so viel Frieden hatte sie während dieser Zeit erfahren.

Am Schluss dieses Tages führte ich die Teilnehmer in eine tiefe Engelmeditation – alles war dunkel. Mittendrin geschah es dann: Eine gleißende Helligkeit strömte plötzlich in den Raum hinein und formte sich zu einer Art Lichtkugel.

Fassungslos sah ich diesem Lichtphänomen zu, wie es sich durch den Raum bewegte und dann durch die geschlossene Tür hindurchströmte.

Meine Gedanken schlugen Purzelbaum: ‚Jetzt fang ich an zu spinnen! Das kann ja gar nicht passiert sein! Ich mache wahrscheinlich zu viele Seminare und fange schon an zu halluzinieren! Das erzähle ich keinem! Sonst erklärt man mich wirklich für verrückt!’

Also versuchte ich, die Meditation in gewohnt ruhiger Weise zu Ende zu führen, doch meine Gedanken schweiften immer wieder ab zu der Lichtkugel.

Kaum, dass die Gruppe wieder einigermaßen wach war, kam dann glücklicherweise die Frage von einer Teilnehmerin: „Sag mal, Gila, ich traue mich ja gar nicht zu fragen, aber hast du während der Meditation vielleicht fotografiert?“

Fassungslos erwiderte ich: „Natürlich nicht! Sag bloß, du hast ebenfalls das Licht gesehen!“

Und jetzt meldeten sich auch all die anderen, die das Phänomen selbst mit geschlossenen Augen bemerkt hatten.

Aufgewühlt konnte ich mir im Nachhinein das Ganze nur so erklären, dass die Schwingung im Raum nach dem Tag mit der Schweigeeinheit so hoch war und sich dadurch die Energie zu einer Lichtkugel manifestiert hatte.

Vom Herzen her war es für uns jedoch klar, dass diese Erscheinung mit all den vorher eingeladenen Engeln zu tun hatte, die uns einfach dadurch zeigen wollten, dass sie bei uns waren.

„Das stimmt! Und wir waren dabei“, werden jetzt diejenigen bestätigen können, wenn sie dieses Buch lesen.

Eine weitere Bestätigung, dass wir alle doch noch geistig frisch waren, erhielten wir dann direkt danach von Beate, der Leiterin des Hauses Regina Pacis:

„Sag mal, Gila, was war denn heute Abend bei euch los?“

„Was meinst du mit deiner Frage?“

„Na, ich sitze an der Rezeption – und auf einmal sehe ich einen wunderschön leuchtenden Lichtball aus eurem Raum auf mich zukommen. Ich war völlig fasziniert! Habt ihr das nicht gemerkt?“

Und ob wir das gemerkt haben, liebe Beate …!

*

Vor kurzem erhielt ich eine E-Mail von Frank, der mit seiner Frau Martina zusammen schon mehrere Seminare bei mir besucht hatte. Er schrieb mir, er sei total verzweifelt, denn er habe vor einigen Monaten Insolvenz des vor Jahren übernommenen elterlichen Betriebes anmelden müssen. Martina müsse im Moment mit ihrem Gehalt als Lehrerin allein für den Unterhalt der Familie sorgen.

Da die beiden mir sehr vertraut sind, folgte ich der Stimme meines Herzens und rief Frank an. So konnte ich mit ihm etwas ausführlicher über seine Situation sprechen.

Froh über meine spontane Reaktion, kam er dann auch gleich auf den Punkt: „Gila, ich habe mir, wie du es uns ja auch gezeigt hast, während der schweren Phase immer wieder vorgestellt, dass ich glücklich bin, die Firma gerettet zu haben. Ich habe wirklich mein Bestes gegeben, denn ich weiß, dass Gedanken Kräfte sind, aber in meinem Fall haben sie offensichtlich nichts bewirkt."

„Schau mal, Frank, du weißt: Jede Energie wirkt entsprechend ihrer Schwingung und ihrer Kraft. Geh mal davon aus: Wenn du dein Bestes gegeben hast, dann kannst du ganz sicher sein, dass du entsprechend diesem Gesetz auch das Beste für dein Leben zurückbekommst! Du hast mit den besten Absichten gesät – und deshalb wird dieser Same aufgehen – und das Beste wird geschehen!"

„Aber wie kann es sein, dass ich immer wieder das Gute gesät, aber die Insolvenz geerntet habe?"

Ich konnte durchaus nachvollziehen, dass er es so sah. Auch ich habe mir in ähnlichen Situationen diese aus der menschlichen Perspektive verständliche Frage immer mal wieder selbst gestellt. Doch Frank hatte mich nicht gebeten, ihn zu verstehen, sondern ihm einen Rat zu geben, wie er seine versagensorientierten Gefühle in den Griff bekam. Und so versuchte ich, ihm die spirituelle Variante nahe zu bringen: „Möglicherweise kann diese Insolvenz, in der du dich jetzt befindest, das Beste für dich *sein*, Frank! Kannst du es mal so sehen, dass das Leben dir damit vielleicht helfen will? Du selbst hättest wahrscheinlich deine Tätigkeit, die offensichtlich nicht deiner Lebensaufgabe entspricht, gar nicht aufgegeben. Und weil du selber nicht losgelassen hättest, hat das Leben eben nachgeholfen."

„Aber ich habe doch damit bisher meiner Familie ein gutes Auskommen bieten können."

„Das ist auch gut, Frank, aber genug Geld zu verdienen, heißt nicht unbedingt, auch die passende Tätigkeit auszuüben. Ist dir nie der Gedanke gekommen, etwas anderes zu tun?"

Er dachte einen Moment nach und sprach dann von seinen immer wiederkehrenden Träumen, in seinen erlernten Beruf als Flugzeugbauer zurückzukehren, den er wegen der Übernahme des elterlichen Betriebes aufgeben musste. Doch über all seinen Worten lag bei ihm die Verzweiflung, den Betrieb in den Sand gesetzt zu haben. Das war für mich ganz deutlich zu spüren.

Etwas provokativ fragte ich ihn deshalb: „Kannst du dir vorstellen, dass Verzweiflung auch etwas Positives bewirkt?"

„Etwas Positives? Wie soll das denn gehen?"

„Ja, das können wir uns kaum vorstellen, weil wir lieber glücklich und froh wären und gern hätten, dass alles rund läuft. Doch wenn wir satt und zufrieden sind, haben wir absolut keinen Grund, uns neue Wege zu erdenken und zu erschaffen! Plötzlich jedoch werden wir durch ein Ereignis aufgerüttelt, das gar nicht zu unserem guten Leben passen will. Erst durch die Verzweiflung werden wir kreativ und versuchen, Wege zu finden, schnell wieder aus dem Dilemma herauszukommen. Das kann dann genau die Richtung sein, wo uns das Schicksal hinlenken will. Und um mal auf dich zurückzukommen, Frank, erst dadurch hattest du doch überhaupt einen akuten Grund, mir zu schreiben und mich um Rat zu bitten."

Er schwieg eine Weile, wohl um meine Worte auf sich wirken zu lassen.

Mir kam da noch ein Gedanke: „Kannst du es nicht mal so sehen, dass jedes Problem auch eine Aufgabe ist? Und in dem Wort ‚Aufgabe' steckt das Wort ‚Gabe'! Also eine Aufgabe ist eine Gabe, ein Geschenk an dich. Ähnlich wie der Begriff ‚Herausforderung'. Auch darin steckt etwas ganz Kraftvolles – das Wort ‚Forderung'. Das Leben fordert von dir, jetzt zu zeigen, was du gelernt hast, was in dir steckt, um dein Leben mit Kraft und Liebe zu meistern, weil es weiß, dass du alles in dir hast, was du jetzt benötigst!"

Er war sehr still geworden. Ich spürte ganz deutlich, wie er über diese neue Perspektive nachdachte.

Ich fuhr dann fort: „Schau mal, dein Alltag lehrt dich, dein Leben zu meistern und ist dein wichtigster Lehrer. Und wenn du eine Aufgabe nicht löst, dann bekommst du eben Nachhilfe, und das kann in deinem Fall diese Insolvenz oder sogar Krankheit bedeuten, wie es mir passiert ist."

„Und du meinst, das sind Hilfen?"

„Ja, ich habe sie jedenfalls im Nachhinein immer so empfunden. In der Situation selbst habe ich mich gefragt, warum ich? Heute bin ich überzeugt davon, dass mich alles, was in meinem Leben geschieht, wieder auf Kurs bringen will! Und das ist nicht nur eine Floskel, die man achtlos in die Schublade ‚Positives Denken' steckt – für mich ist es der Weg aus jedem Dilemma!"

„Du meinst, Gila, ich sollte den Gedanken an die Insolvenz verdrängen?"

„Nein, nein – nicht verdrängen! Ändere deinen Fokus, und geh davon aus, dass dich diese Insolvenz nicht zurückwirft, sondern weiterbringt! Dann wirst du nicht traurig oder verzweifelt darüber sein, sondern kannst dich freuen, dass jetzt etwas auf dich zukommt, was wirklich zu dir passt! Vielleicht sollst du ja wieder zurückkehren in deinen erlernten Beruf, der dir mehr Freude macht – wer weiß?"

„Darüber muss ich jetzt wirklich nachdenken, Gila!"

Abschließend erklärte ich ihm: „Schau, es ist wie mit einer Partnerschaft, die zu Ende gegangen ist. Wenn du dem anderen verzweifelt hinterher trauerst, hast du keine Energie für deinen Alltag und eine eventuell sich später neu anbahnende Beziehung."

„Ja, das stimmt, was du sagst", lenkte Frank ein. „Es ist mir klar, wenn etwas Neues auf einen wartet, geht man ganz anders an die Aufgabe heran – mit viel mehr freudiger Erwartung – und der vergangene Lebensabschnitt hat nicht mehr die Priorität in unserem Leben."

„Genau! Weißt du, in einer neuen Phase unseres Lebens ergreifen wir mit sehr viel Enthusiasmus die Initiative, sowohl in einer Beziehung als auch bei einem Wechsel im Berufsleben. Mein Rat an dich ist, dass du deine gesamte gute Energie wieder mobilisierst und sie einsetzt für das, was vor dir liegt – und nicht dem Alten nachtrauerst. Erkennst du den entscheidenden Unterschied? Frank, *diese* Worte sind es, die ich dir als liebevolles Geschenk anbieten möchte!"

Wieder verhielt er sich eine Weile ganz ruhig am Telefon – auch ich hielt mich jetzt total zurück mit weiteren Ausführungen.

Und dann schien er wohl zu erkennen, dass darin der Schlüssel für seine Aufgabe lag, denn er sagte mit spürbarer Erleichterung in der Stimme: „Ja, Gila, ich glaube, mir leuchtet jetzt ein, was du gemeint hast."

Später schrieb Frank mir ganz dankbar, dass es genau diese Worte gewesen waren, die ihm geholfen hatten, wieder mit Freude im Herzen in seinen alten Beruf zurückzukehren.

# KAPITEL 8

*Die Gefühle*
*sind die Sprache des Körpers.*
*Die Gedanken*
*sind die Sprache des Geistes.*
*Die Liebe*
*ist die Sprache der Seele.*

(Verfasser unbekannt)

Die Anfragen aus der Umgebung von Bamberg nach einem Seminar mehrten sich. So suchte ich eine passende Tagungsstätte mit einem möglichst großen Raum, wo wir genug Platz hatten, auch mit einer etwas größeren Gruppe auf Decken zu meditieren.

Nacheinander rief ich die verschiedenen Hotels an. Bei einem dieser Gespräche ergab sich dann die Frage: „Warum benötigen Sie denn einen so großen Tagungsraum?“

„Unsere Teilnehmer möchten gern liegend meditieren.“

„Wie bitte?“

Ich wiederholte den Satz und war erstaunt, warum meine Gesprächspartnerin so ablehnend reagierte:

„Nein, das geht bei uns nicht!“

„Ist der Raum nicht ruhig genug?“, wollte ich wissen, um zu erfahren, warum das denn bei diesem Hotel nicht möglich war.

Sie antwortete äußerst zurückhaltend: „Darauf sind wir nun absolut nicht eingerichtet.“

Ich verstand nicht ganz und fragte nach: „Was ist denn mit dem Raum?“

„Mit dem Raum ist gar nichts, aber bei aller Sympathie und so gern wir Ihnen auch die Möglichkeit geben möchten, bei uns ein Seminar abzuhalten, aber so was ist bei uns grundsätzlich nicht möglich!“

Ich hakte noch einmal nach, weil ich durch ihre Antwort einfach nicht richtig durchblickte. „Und *was* ist bei Ihnen grundsätzlich nicht möglich?“

„Dass Sie bei uns in dem Raum mit so vielen Menschen liegen mit Tieren!“

Ich dachte, ich höre nicht richtig. „Mit Tieren? Mit welchen Tieren denn?“

„Sie sagten doch eben, dass Sie mit Tieren liegen wollen!“

Ich prustete los und hatte dann äußerste Schwierigkeiten, ihr überhaupt in Ruhe zu erklären, dass wir nur liegend meditieren und uns nicht liegend mit Tieren vergnügen wollten.

Auch ohne Tiere war der Raum dann offenbar doch zu klein. Doch mein Vormittag war durch diese herrliche Episode wieder gerettet.

*

Irene, eine ganz liebenswerte und strahlende Teilnehmerin, hatte bereits öfter Kurse bei mir besucht. Erst viel später erfuhr ich von ihr, dass sie und ihr Mann Franz Inhaber eines zauberhaften Viersterne-Hotels in Serfaus in Tirol waren.

Dieses Mal war Irene bereits am Vorabend mit ihrer Nichte Manuela zu meinem Seminar Harmonie und Innerer Frieden in Gosau im Salzkammergut angereist. Als ich am nächsten Morgen den Frühstücksraum betrat, winkte sie mir bereits zu.

Voller Freude, sie wiederzusehen, nahm ich sie ganz fest in die Arme.

„Wie ist das schön, hier bei dir zu sein!“, rief sie fröhlich aus. Dann begrüßte ich Manuela ebenso herzlich und machte die beiden mit Götz bekannt, den sie hier zum ersten Mal trafen.

„Sind hier bei euch noch zwei Plätze frei?“, fragte ich, und als sie nickten, setzten wir uns zu ihnen an den Frühstückstisch.

„Ach, Gila“, sagte sie mit einem herzlichen Lächeln, wobei ihre blauen ausdrucksvollen Augen strahlten, „es wäre so schön, wenn ihr beiden uns mal in Serfaus besuchen würdet! Ihr seid von Herzen eingeladen! Wir verwöhnen euch genauso, wie du uns hier alle verwöhnst. Es wäre mein allergrößter Wunsch, euch ein paar Tage bei uns zu haben. Du weißt, wir sind ein Wintersportort. Ihr könnt bei uns herrlich Skilaufen!“

„Götz ist zwar ein ganz ambitionierter Skifahrer, aber ich nicht!“

Hochinteressiert verfolgte Götz unser Gespräch.

„Auch wenn du nicht Ski fährst, könntest du dich bei uns entspannen – dafür würde ich sorgen, das verspreche ich dir! Wir haben einen wunderschönen Spa-Bereich!“

Ich lachte und spürte die offene Herzlichkeit, die von ihr ausging. Doch ich sagte ihr auch ganz offen: „Irene, Serfaus liegt ungefähr 800 Kilometer von uns zuhause entfernt. Weißt du, ich bin so froh, dass es mir gesundheitlich wieder besser geht. Es muss einfach die Ausnahme bleiben, dass ich innerhalb von fünf Tagen zweimal über 800 Kilometer fahre. Und die Strecke hier nach Gosau habe ich dieses Mal bis München mit dem Flugzeug zurückgelegt. Von München fliege ich auch wieder zurück. Bei den vielen Seminaren bin ich einfach nur dankbar und froh, dass ich zwischenzeitlich zuhause wieder Kraft tanken kann.“

„Das verstehe ich, Gila“, sagte sie, aber ich spürte auch die ehrliche Enttäuschung, die in ihrer Stimme mitschwang. „Ich würde so gern etwas für euch tun. Götz könnte auch allein kommen, aber versteh mich richtig, Götz, lieber wäre es mir schon, wenn ihr zusammen kommen würdet.“

„Wir geben es einfach mal an unsere Engel ab und schauen, was dann passiert“, meinte ich. Ich spürte den tiefen und ehrlichen Wunsch bei Irene, uns wirklich zu verwöhnen, sah im Moment aber keine Möglichkeit, ihre Einladung anzunehmen.

*

Für mich ist Gott die Liebe. Göttliche Liebe heißt, alle Menschen wirklich auf die gleiche Art lieben zu lernen und keine Unterschiede zu machen.

Wenn unsere Liebe frei fließt, lernen wir auch die Menschen und die Dinge anzunehmen, die echte Herausforderungen für uns darstellen. Liebe heißt, anderen Menschen Verständnis entgegenzubringen, selbst wenn ihre ganze Lebensauffassung völlig anders ist als unsere. Es gibt bei jedem Menschen Eigenschaften, mit denen wir übereinstimmen. Wir sollten uns auf diese Qualitäten konzentrieren, selbst wenn es nicht allzu viele sind. Dadurch kann sich zwischen uns auf Dauer die Beziehung verbessern und sogar zum Guten wenden.

Wenn wir lieben, sind Aufwand oder Belohnung unwichtig. Wenn wir der Liebe willen lieben, wissen wir, dass diese Kraft die Welt bewegt und Liebe die Antwort auf alle Fragen ist.

Liebe beginnt immer in unserem Herzen, und von dort strahlt sie auf unsere gesamte Umgebung und die Menschen in unserer Nähe aus, egal, ob in die Familie, in Freundschaften oder an unseren Arbeitsplatz – bis hinaus in die ganze Welt. Wir können niemals zuviel Liebe geben, darum sollten wir nicht versuchen, ihren Fluss zu unterbinden, selbst wenn wir mal zurückgewiesen werden.

Es geschieht immer wieder, dass mir Teilnehmer berichten, sie hätten sich bewusst zurückgezogen und ihr Herz verschlossen, aus Angst, wieder verletzt zu werden. Dadurch laufen sie jedoch Gefahr, sich vom Leben abzusondern und den Strom der Liebe zu blockieren. Und das macht hart und vielleicht auch zynisch.

„Ihr werdet in eurer Verfassung weder für euch selbst, noch für andere gute Partner sein können“, erkläre ich ihnen dann. „Erst wenn ihr Verständnis für andere entwickelt und eure Liebe fließen lasst, bewahrt ihr eure Harmonie. Wenn ihr euch herausnehmt aus dem Kreislauf der Liebe, dreht ihr auch unbewusst den Hahn zu eurem eigenen Herzen zu.“

„Aber dann kann uns doch zumindest niemand mehr verletzen“, bekomme ich dann manchmal zur Antwort.

„Das ist ein starker Irrglaube. Wenn ihr euer Herz verschlossen habt, ist es auch für die Liebe, die euch andere entgegenbringen, nicht mehr empfänglich. Und wenn ein Gefühl an eurem Herzen abprallt, weil dieses blockiert ist, so bereitet euch das Schmerzen, und es entsteht eine erneute Verletzung.“

„Aber mit einem Panzer vor unserem Herz können wir uns zumindest vor Verletzungen schützen.“

„Was passiert denn, wenn eine Flasche verschlossen ist? Es kann nichts mehr rein und nichts mehr raus! So ist es auch mit einem verschlossenen Herzen. Euer Gefühl ist blockiert. Achtet also bewusst darauf, dass eure Liebe frei fließen kann!“

*

Ich gebe zu, ich bin ein Geburtstagsflüchtling. Je reifer ich werde, um so mehr möchte ich diesen Tag ohne Hektik am Telefon genießen. Später freue ich mich auf meine Geburtstagsnachfeier, die dann weitaus ruhiger verläuft.

So hatte ich schon Monate vor meinem Geburtstag einen Abstecher in den Harz gebucht, wo Götz und ich uns drei Tage entspannen wollten, um mal wieder richtig Zeit für uns selbst zu haben.

Da kam ein Anruf für ihn, bei einem Auftritt der James-Last-Band im Januar in Salzburg bei der fünfjährigen Jubiläumssendung von Carmen Nebel mit dabei zu sein. Götz wird zu jedem Auftritt gerufen, egal, ob Hansi wochenlang auf Tournee ist oder ob es – wie hier – nur ein einzelner Auftritt im Verbund mit weiteren Künstlern ist.

Nach dem Anruf sagte er bedauernd „Gila, wir müssen unseren Tripp über deinen Geburtstag in den Harz absagen. Ich muss zu dem Auftritt mit Hansi nach Salzburg. Keine Chance! Aber hättest du nicht Lust mitzukommen?“

Ich zögerte und überlegte: „Du weißt, Götz, ich kann noch nicht so lange sitzen, um im Auto 1500 Kilometer hin und zurück zu fahren. Das geht noch nicht.“

„Und wenn du fliegst?“

„Ja, aber du musst doch die kompletten Kostüme der Band von Hamburg nach Salzburg und zurück transportieren!“

„Richtig, aber wie vor einiger Zeit bei dem Kurs in Gosau würde ich wieder mit dem Auto fahren. Ich würde dich dann vom Flughafen in Salzburg abholen. Was meinst du dazu?“

„Den Tripp in den Harz können wir uns dann abschminken“, erwiderte ich, „und an meinem Geburtstag wäre ich auch zuhause, was ich in den vergangenen Jahren immer gern vermieden habe.“

„Ja, Gila, aber es geht nicht anders. Bei Hansi kann ich nicht absagen, das geht einfach nicht."

Dafür hatte ich volles Verständnis. Ich notierte mir den Termin und sah auf den Kalender. Plötzlich kam mir ein grandioser Gedanke: „Götz, ich schaue mal im Internet nach, wie weit Salzburg von Serfaus entfernt ist. Du weißt doch, Irene hat uns immer wieder eingeladen, und ich habe ihr bisher absagen müssen. Vielleicht könnten wir danach ein paar Tage bei ihr bleiben."

„Das hört sich gut an! Die Show ist am Samstagabend. Wir werden ja sowieso in Salzburg übernachten – und wenn es nicht allzu weit entfernt ist, könnten wir am Sonntag in aller Ruhe nach Serfaus fahren, um dort ein paar Tage über deinen Geburtstag hinweg zu verbringen."

„So weit kann das eigentlich gar nicht sein", schätzte ich, und bevor ich weiterplante, ging ich ins Internet und erfuhr, dass Serfaus und Salzburg ungefähr 280 Kilometer voneinander entfernt lagen.

„Den Rückflug könnte ich dann sogar von Innsbruck buchen, das liegt nur 90 Kilometer von Serfaus entfernt."

Das war eine gute Lösung! Ich rief bei der Airline an und ließ mir eine Flugverbindung geben. Samstag gegen Mittag würde der Flieger in Salzburg landen. Der Flug von Köln nach Salzburg betrug nur eine Stunde.

„Ja, das klingt super, Gila", meinte Götz, „dann haben wir danach noch ein paar Tage Urlaub!"

Ich sah die Skipiste in seinen Augen. Er war ganz begeistert, weil dieses Arrangement für ihn ein paar Tage Skifahren bedeutete.

„Ja", nickte ich. „Jetzt müssen wir nur noch Irene fragen, ob bei ihr zu dem Zeitpunkt nicht alles ausgebucht ist."

Bei meinem Anruf konnte ich ihre immense Freude über unsere kurzfristige Zusage förmlich körperlich spüren, so begeistert war sie von meinem Anruf – und wir freuten uns auf Salzburg und auf Irene. Ich erzählte ihr aber nichts davon, dass mein Geburtstag genau in die Zeit fiel. Ich wollte diesen Tag mit Götz einfach in aller Ruhe genießen.

In Salzburg holte Götz mich vom Flughafen ab, und wir fuhren zusammen zum Hotel, in dem auch alle weiteren Showgäste untergebracht waren. Ganz besonders freute ich mich, Enya – die irische Sängerin – dort zu treffen, sowie Daliah Lavi aus Israel. Neben Hansi traten noch viele internationale Künstler auf. Die Promidichte war hoch.

Am nächsten Tag konnten wir ausschlafen, bis wir dann am frühen Vormittag in aller Ruhe weiter nach Serfaus fuhren.

Irenes Viersterne-Haus war und ist ein Traum! Ich würde ihm fünf Sterne geben – einen Stern allein für die liebevolle Herzlichkeit ihres zauberhaften Hotels ‚Drei Sonnen.'

Als wir eintrafen, spürte ich, wie sehr sie sich über unseren Besuch freute.

„Herzlichst willkommen!", empfingen sie und ihr Mann Franz uns strahlend. Immer wieder drückte sie uns ganz fest und sagte: „Ich habe mir das so sehr gewünscht! Du hast uns ja gelehrt, Gila, dass Wünsche, die man sich immer wieder mit viel Gefühl vorstellt, in Erfüllung gehen! Und in diesem Fall sogar so schnell!"

Zum Abendessen geleitete uns Irene an unseren Tisch. Am Nachbartisch saß bereits ein Ehepaar aus der Schweiz, mit dem Götz und ich dann später noch ins Gespräch kamen.

Wir verbrachten sehr schöne Tage in Serfaus. Götz ging tagsüber mit Manuela auf die Piste. Sie ist die Nichte von Irene und war verantwortlich für die Zubereitung der Süßspeisen im Hotel. Für diese Tage hatte sie sich jedoch frei genommen.

Und dann kam mein Geburtstag. Niemand sollte etwas davon erfahren. Als ich aufwachte, nahm Götz mich liebevoll in die Arme und gratulierte mir.

„Lass uns heute, wenn ich zurück bin vom Skilaufen, etwas Schönes unternehmen in Serfaus. Wir gehen irgendwo schön Kaffeetrinken und feiern ganz allein für uns – okay?“

„Gern“, lachte ich übermütig und fühlte mich sehr wohl dabei.

Wir gingen in den wunderschönen Frühstücksraum und setzten uns an unseren Tisch. Das Glitzern des hohen Schnees reflektierte viel Licht ins Innere und sorgte dafür, dass der Raum noch heller war. Durch das Fenster nahmen wir die strahlende Sonne wahr – richtiges Geburtstagswetter!

Am Nachbartisch neben uns saß bereits das Schweizer Ehepaar. Ihren Namen wusste ich inzwischen – sie hieß Liliane.

„Guten Morgen!“, grüßten wir fröhlich, und genauso fröhlich wurde unser Gruß von den beiden erwidert.

„Na, was haben Sie heute vor?“, fragte ich interessiert, und die beiden erzählten, was sie tagsüber gern zusammen unternehmen wollten.

Am Tag zuvor hatte ich Irene versprochen, an diesem Morgen mit ihr zusammen ihre Schwägerin und ihren Bruder, die im gleichen Ort ein Hotel führen, zu besuchen.

„Meine Schwägerin hatte übrigens schon deine Bücher gelesen, noch bevor ich mit ihr überhaupt über dich gesprochen habe“, hatte Irene lachend gesagt, als sie mir den Besuch vorschlug. „Das war ganz interessant. Sie entdeckte plötzlich deine Bücher bei mir. Ich habe ihr dann erzählt, dass ich auf deine

Kurse fahre und mir diese sehr gut tun. Wie überrascht sie war, kannst du dir wohl vorstellen. Sie weiß übrigens nicht, dass du hier in Serfaus bist, also ist das ein Überraschungsangriff", strahlte Irene.

So war dieser Vormittag bereits verplant. Nach dem Frühstück wollten wir aufbrechen.

Das recht große, aber urgemütliche Restaurant war an diesem Morgen gut besetzt. Die Schneeverhältnisse waren hervorragend, und das Hotel war voller Wintergäste. Ich hatte gerade noch etwas Obstsalat vom Büffet geholt, als plötzlich die Tür zur Küche aufging und eine Gruppe im Gänsemarsch herauskam. Vorab Manuela mit einem selbstgebackenen Geburtstagkuchen mit einer Kerze in der Mitte!

„Happy Birthday!", sang die gesamte Mannschaft fröhlich und steuerte, von Irene geleitet, auf unseren Tisch zu.

Ich war baff! „Hast du doch etwas gesagt?", flüsterte ich Götz zu, während meine Augen immer größer wurden.

„Nein, Gila, Ehrenwort! Keinen Ton!"

Der Dialog mit Götz erstarb, da die singende Gruppe sich nun unserem Tisch näherte. Nun gut, woher auch immer Irene es erfahren hatte, es war passiert! Also Schalter umlegen und ihnen erwartungsvoll entgegen lächeln! Das kann man von einer Seminarleiterin wohl erwarten – oder?

Dann – der Hammer! Die Gruppe blieb zwischen unserem Tisch und dem Tisch stehen, an dem Liliane und ihr Mann saßen. Und dann beugte sich doch wahrhaftig Irene zu Liliane, nahm sie in ihre Arme und gratulierte Liliane zum Geburtstag!

Mein Gesicht war filmreif. Ich verstand die Welt nicht mehr! Irrtum – Irrtum! ICH hatte doch Geburtstag – ICH!

Liliane dagegen nahm huldvoll ihre Geburtstagsglückwünsche entgegen. „Danke, danke!", sagte sie immer nur strahlend, als ihr jeder herzlich zu ihrem neuen Lebensjahr gratulierte. „Dass ihr daran gedacht habt …!“

Es dauerte einen Moment, bis ich mich von meinem Schock erholt hatte. Dann aber ging ich zu Liliane, nahm sie in die Arme und flüsterte ihr ins Ohr: „Herzlichen Glückwunsch zu Ihrem Geburtstag, viel Licht und Liebe, und übrigens – ich habe heute auch Geburtstag!“

Liliane guckte mich überrascht an. „Was? Sie auch? Das ist nicht wahr!“ Und als meine Worte dann wirklich bei ihr gesackt waren, rief sie laut: „Hört mal her! Das gibt es nicht! Gila hat auch heute Geburtstag!“

Alle Anwesenden horchten auf. Dabei lag es mir fern, ihr die Schau zu stehlen, aber die Gesichter rundherum waren mehr als sehenswert …

Das war ein herrliches Erlebnis an meinem Geburtstag, das ich mit Sicherheit nie vergessen werde. Dazu kam dann etwas später noch der Besuch bei Irenes ahnungsloser Schwägerin, die ähnlich überrascht war, dass die Autorin der Bücher, die sie sehr gern las, plötzlich bei ihr auf der Matte stand.

Ein paar Stunden später stand dann ein riesiger Blumenstrauß auf unserem Zimmer! Danke, Irene!

*

Götz’ Bruder Rolf wollte uns für ein Wochenende besuchen, nachdem einige Zeit zuvor seine Frau Henny ins Licht gegangen war.

Freitagabend traf er etwas früher als erwartet bei uns ein. Götz hatte noch einen Beratungstermin und konnte dadurch erst später dazukommen.

Wir setzten uns in den Wintergarten und hatten das erste

Mal, seit ich Rolf kannte, die Möglichkeit, uns etwas ausführlicher miteinander zu unterhalten.

Rolf, ein attraktiver Mittsechziger, groß, stattlich, mit grauem Schnauzbart, hat die gleichen verträumten Augen wie Götz. Das ist äußerlich jedoch die einzige Ähnlichkeit zwischen den beiden Brüdern, von ihrem Charakter ähneln sie sich mehr. Beide haben eine weiche Art und sind sehr harmoniebetont.

„Rolf, wie geht es dir jetzt?“

„Es geht“, wich er aus. „Es ist eine ziemliche Umstellung so allein ohne Henny. Ich bin froh, dass ich selbstständig bin und nach wie vor meine Arbeit in Düsseldorf habe. Es sind immerhin täglich über 120 Kilometer zu meinem Arbeitsplatz. So bin ich zumindest tagsüber etwas abgelenkt.“

Während unserer Unterhaltung war sein Blick auf eine Holzfigur, die neben meinem Sessel steht, gefallen. „Was hast du denn da?“, schmunzelte er, „einen Papagei aus Holz?“

„Das ist Otto, der Ewige!“, lachte ich und erzählte ihm, dass wir bereits drei Papageien gehabt hätten, die Otto van Delden hießen. Den ersten hatte ich vor unserer Auswanderung einem befreundeten Ehepaar vermacht, der zweite war gestorben und den dritten hatten wir zu seinen Kollegen in einen Vogelpark gegeben, als wir merkten, dass er anfing, sich durch das häufige Alleinsein zu rupfen. Und dann hatte ich mich in diese schmale olivfarbige Papageienstatue verliebt und ihr den Namen Otto, der Ewige, verpasst.

„Papageien sind äußerst sensible Tiere. Wusstest du, Rolf, dass sie sogar echte Dinge von künstlichen unterscheiden können?“

„Was? Wie geht das denn?“

„Ich habe das selbst mal erlebt. Recht jung war ich bereits

Gebiets-Verkaufsdirektorin bei einer bekannten Porzellanmanufaktur, und damals trug ich meine Haare noch lang und lockig."

„Ja, auf einem alten Foto habe ich dich noch so gesehen", warf Rolf ein.

„Weil ich aber nicht gern mit meinen langen Haaren unterwegs war, hatte ich mir – wie so viele damals – eine flotte Kurzhaarperücke zugelegt, die wirklich täuschend echt aussah. Keiner meiner Mitarbeiter war darüber informiert."

Und dann erzählte ich Rolf die ganze Geschichte. Eine neue Mitarbeiterin sollte von mir eingearbeitet werden. An dem Abend hatte ich einen Termin bei einem Geschäftsmann gemacht, um unsere neue Kollektion zu präsentieren.

Wir saßen im Büro meines Kunden. Während der Auftrag erteilt wurde, vernahm ich immer wieder mal mir sehr vertraute Geräusche.

„Haben Sie einen Papagei?", fragte ich ihn sehr interessiert.

„Einen?", lachte er. „Ich züchte Papageien! Ich habe eine Voliere im Keller. Wenn Sie möchten, können Sie nachher gern mal schauen."

Und ob ich wollte! Ich liebe Papageien und erzählte ihm, dass unsere eigene Blaustirnamazone sehr auf mich fixiert war.

Nachdem meine neue Kollegin und ich ausgiebig drei Aras und verschiedene Amazonen in der recht großen Voliere bewundert hatten, nahm er einen zahmen Ara auf die Schulter und trug ihn mit nach oben ins Büro, wo seine Frau uns noch einen Kaffee anbot.

Ich setzte mich auf einen Stuhl, meine Mitarbeiterin nahm neben mir Platz – unser Kunde mit seinem Ara auf der Schulter saß uns gegenüber. Während wir auf den Kaffee warteten, unterhielten wir uns noch kurz.

Auf einmal – Geier Sturzflug! Der Ara hob ab in meine Richtung, riss mit dem gewaltigen Schnabel an meiner Perücke – und zog sie halb von meinem Kopf runter!

Ein gellender Schrei meiner Kollegin! Sie dachte, ich würde skalpiert! Von meiner Zweitfrisur hatte sie nichts geahnt. Total fertig mit den Nerven, war sie später nicht mehr in der Lage, auch nur einen weiteren Termin wahrzunehmen!

Rolf lachte sich schlapp! Als er wieder reden konnte, grinste er: „Das erinnert mich so an die Fernsehsendung, als Johnny Weissmüller mit seiner Frau und einem Affen beim NDR im Aktuellen Sportstudio eingeladen war, um seine Biographie als Tarzan vorzustellen. Ich hab's mir vor kurzem noch auf YouTube angeguckt."

„Die habe ich auch gesehen!", prustete ich los. „Urplötzlich prescht der Affe vor und reißt Johnnys Frau die wunderschöne Perücke vom Kopf – und das vor laufender Kamera! Tiere haben offensichtlich bessere Sensoren, was echt und künstlich ist!"

Diese beiden Episoden beweisen doch mal wieder, dass Tiere weit sensitiver sein müssen, als wir es überhaupt für möglich halten. Menschen hatten die Zweitfrisur – wie man so schön sagte – nicht von echtem Haar unterscheiden können, der Affe und auch der Ara jedoch auf Anhieb! Also können wir doch davon ausgehen, dass selbst unsere natürlichen Haare Schwingungen ausstrahlen im Gegensatz zu einer künstlichen Haarpracht.

„Und da fällt mir noch eine Geschichte ein", grinste ich, „wie ich mal wieder ganz clever sein und gratis an einen Papagei kommen wollte."

„Erzähl mal!", sagte Rolf.

„Ich war damals hochschwanger. Oft schaute ich in der Zeitung unter der Rubrik Tiermarkt nach, ob vielleicht einer angeboten würde. Und eines Morgens wurde ich dann fündig! Die Anzeige stach mir geradezu ins Auge:

‚Sprechender Papagei – handzahm – mit Käfig umständehalber zu verschenken!' Darunter stand eine Telefonnummer. Rolf, du kannst dir denken: Ich war hoch interessiert, und habe, obwohl erst 7 Uhr morgens, sofort angerufen. Besetzt! Im Minutentakt weiter angerufen – besetzt! Immer wieder probiert – weiterhin besetzt! Über eine Stunde lang habe ich es versucht. Besetzt! Weißt Du, damals gab es noch kein Internet, wo man eventuell die Anschrift über die Telefonnummer hätte erfahren können."

Rolf lachte: „Und? Der Vogel war sicher schon weg, als du dann endlich jemanden erreicht hast – oder?"

„Nein, Rolf, die Geschichte verlief *etwas* anders. Als ich merkte, dass ich telefonisch offensichtlich schlechte Karten hatte, kam ich auf die glorreiche Idee, meinen Onkel bei der Störungsstelle des hiesigen Fernmeldeamtes anzurufen. Er durfte mir zwar offiziell keine Auskunft geben, aber hat dann meiner inständigen Bitte doch nicht widerstehen können. Ich war selig, dass ich jetzt die Adresse hatte, und richtig stolz auf mich wegen dieser guten Idee. Der Ort lag allerdings eine halbe Stunde Autofahrt von uns entfernt."

„Und dann bist du dahin gefahren!"

„Na klar, ich passte mit meinem Bauch geradeso noch hinters Steuerrad und habe sogar vorher den Kofferraum ausgeräumt, um vorsichtshalber Platz zu machen für den Käfig. Für mich war es klar, dass ich bei einer solch raffinierten Aktion meinerseits den Papagei gleich mitnehmen konnte."

Rolf schaute mich treuherzig an, als ich weitererzählte: „Unterwegs war mir dann doch ein wenig mulmig zumute.

Wie sollte ich dem Inserenten eigentlich erklären, wie ich an seine Anschrift gekommen war? Hin und her überlegte ich, bis ich dann schließlich auf die Lösung kam: Ich hatte selbst früher meine Ausbildung beim Fernmeldeamt gemacht. So wollte ich ihm die Angelegenheit erklären, um meinen Onkel daraus zu halten."

„Und? Mach's nicht so spannend! Wie ging's dann weiter?"

„Nun ja, in freudiger Erwartung erreichte ich dann das Haus. Es war mal gerade 9 Uhr morgens. Kugelrund, wie ich war, stand ich mit klopfendem Herzen vor der Tür und läutete. Gleich würde ich stolze Besitzerin eines Papageis sein! Ich wartete – doch niemand öffnete. Noch einmal klingelte ich. ‚Er telefoniert sicher noch die ganze Zeit', vermutete ich. Es konnte doch nicht angehen, dass mein ganzer Einsatz umsonst war! Da wollte jemand seinen Papagei in liebevolle Hände abgegeben – jetzt stand ich hier mit liebevollen Händen – und es öffnete niemand! Hoffentlich war der Vogel noch da! Wieder tat sich eine Weile nichts."

Rolf hörte aufmerksam zu, und ich berichtete ihm, dass ich dann doch nach längerer Zeit endlich Schritte vernahm. Gott sei Dank! Die Tür wurde einen Spalt breit geöffnet, während mich ein junger Mann völlig verschlafen ansah – noch im Schlafanzug und mit wirren Haaren.

„Ja? Was ist?", fragte er kurz und schaute erstaunt auf meinen stattlichen Bauch. Irgendwie schien er höchst irritiert zu sein. Ich nahm für einen Moment an, er dachte, ich würde vielleicht Hilfe benötigen.

„Es geht um Ihren Papagei", erklärte ich ihm munter. „Ist er noch da? Ich möchte ihn so gern übernehmen. Wenn Sie möchten, bezahle ich auch selbstverständlich etwas dafür. Sie brauchen ihn nicht kostenlos abzugeben."

Er starrte mich an, als käme ich von einem anderen Stern, holte tief Luft – und platzte dann ärgerlich raus: „Das ist doch wohl nicht wahr! Jetzt stehen Sie hier vor der Tür und woll'n 'nen Papagei haben!"

Ich nickte zaghaft. Und weil ich ihn nicht noch mehr verärgern wollte, antwortete ich freundlich: „Ja, gern! Bei uns hat er es wirklich gut. Das verspreche ich Ihnen. Ich liebe Papageien, sehr sogar."

„*Ich* aber nicht", knurrte er mit wildem Gesichtsausdruck. „Ich habe nämlich gar keinen Papagei!"

„Ist er schon weg?"

„Nein!"

„Aber", stammelte ich irritiert, „Sie haben doch heute eine Anzeige wegen des Papageis unter Ihrer Telefonnummer geschaltet …"

„Die Anzeige? Raten Sie mal, wer die aufgegeben hat."

„Ihre Frau?"

„Nein, meine Frau habe ich gestern erst geheiratet. Bis heute Morgen um 5 Uhr haben wir Hochzeit gefeiert. Und meine lieben Kumpel hatten nichts Besseres zu tun, als diese blöde Anzeige in die Zeitung zu setzen, um uns so die Hochzeitsnacht zu vermiesen. Beim ersten Anrufer habe ich noch gedacht, er hätte sich vielleicht verwählt. Ab 6 Uhr ging ununterbrochen das Telefon. Jeder wollte den Papagei! Ich habe aber gar keinen! Also – Hörer daneben gelegt, um wenigstens noch ein bisschen Schlaf zu bekommen. Und jetzt stehen Sie auch noch persönlich hier vor meiner Tür und wollen das Vieh abholen…!"

Völlig verdattert schaute ich den verschlafenen Bräutigam an. Es dauerte einen Moment, bis die Tatsache wirklich zu mir durchdrang, dass es überhaupt keinen Vogel gab! Nachdem ich ihm anstandshalber noch zur Hochzeit gratuliert hatte, verabschiedete ich mich und muss zugeben, dass ich schon ein wenig traurig war, als ich mit leerem Kofferraum wieder nach Hause fuhr.

„Doch auf der Rückfahrt“, schloss ich dann, „konnte ich mir dann ein Grinsen nicht verkneifen. Ich wieder! Da wollte ich mal wieder ganz besonders clever sein! Und dann kam mir noch der wahnwitzige Gedanke, ob der verschlafene junge Mann in seinem Tran bei meinem Anblick anfangs vielleicht sogar befürchtet hat, da steht eine hochschwangere Verflossene vor der Tür!“

Rolf schüttete sich aus vor Lachen. Als er sich einigermaßen wieder beruhigt hatte, fragte er: „Aber später hast du dann wirklich einen Papagei bekommen. Dass die überhaupt sprechen können, ist für mich ein Wunder! Sie ahmen den Menschen einfach nach. Hat eurer auch gesprochen?“

„Und wie! Aber nicht nur Papageien können das“, entgegnete ich, „auch manch andere Vögel.“

Und dann erzählte ich ihm, dass eine Bekannte von mir lange Zeit einen Beo hatte.

„Eines Tages gab der Vogel sehr starke ächzende Geräusche von sich, die sie noch nie vorher bei ihm gehört hatte. Als sie stärker wurden, ging sie sogar zum Tierarzt und bekam teure Tropfen, die sie dem Beo ins Trinkwasser geben sollte. Vergebens, half alles nichts, der Beo ächzte weiter vor sich hin. Bis sie eines Tages aufmerksam wurde und merkte, dass dieses Geächze sowohl aus der Küche, wo der Käfig des Beos stand, als auch gleichzeitig aus dem Wohnzimmer kam – ihr Mann hatte starke Bronchitis! Der Beo hatte andauernd die Hustengeräusche imitiert! Und sie war zweimal mit ihm zum Tierarzt gelaufen!“

„Und?“, grinste Rolf, „hat der Beo die Hustentropfen überlebt?“

„Der Beo ja – ihr Mann leider nicht. Er war bereits über achtzig, während sie mehr als zwanzig Jahre jünger ist.“

„Ach je! Lebt sie noch allein?“, hakte Rolf vorsichtig nach.

„Ich weiß es nicht.“

„Schade, sonst hättest du uns vielleicht ja irgendwann mal bekannt machen können.“

„Wirklich, Rolf?“

„Ach nein“, wehrte er lächelnd ab und machte gleich einen Rückzieher, „das habe ich nur so aus Spaß gesagt.“

Hoppla – was war das denn? Das war ja etwas ganz Erstaunliches! Offensichtlich war ihm der Gedanke an eine neue Beziehung nicht mehr so ganz fremd. Das hörte sich doch schon wieder ganz gut an – oder?

# KAPITEL 9

*Glück ist der Stuhl,*
*der plötzlich dasteht,*
*als man sich zwischen*
*zwei andere setzen wollte.*

(Bernhard Shaw)

Es geschah bei einem Seminar Harmonie und Innerer Frieden in Goslar. Wie immer war ich bereits am Mittwochnachmittag angereist, um den Tagungsraum vorzubereiten. Götz konnte dieses Mal nicht dabei sein, da er in Berlin mit Marius Müller-Westernhagen auf Tournee war.

Vor meiner Abreise hatte ich mittags noch eine wichtige Verhandlung bei mir zu Hause geführt. Bei uns war zwei Jahre zuvor eine Wärmepumpe installiert worden, deren Leistung für unser gesamtes Haus zu gering war, wie sich erst im darauf folgenden Winter herausgestellt hatte. Zusätzlich war sie von einem Installateur eingebaut worden, der zwar behauptete, Ahnung von dem System und der Einrichtung einer Wärmepumpe zu haben, jedoch vieles verkehrt angeschlossen hatte. Kurz nach dem Einbau zog er sich jedoch aus der Verantwortung, indem er seinen Betrieb schloss.

Nun hatte uns ein anderer kompetenter Installateurmeister geholfen und sowohl im Außenbereich als auch innen den technischen Umbau vorgenommen. Damit konnte zumindest ein Teil der zu geringen Wärmeleistung ausgeglichen werden. Das alles war jedoch mit einigen Erdarbeiten und Austausch eines Großteils der Zuleitungs-Technik verbunden gewesen.

Grundsätzlich mache ich am Tag der Fahrt zu den Seminaren keine Termine mehr, weil ich mich auf das Wesentliche konzentrieren möchte. Doch dieses Mal hatte mich der Installateurmeister inständig um den kurzfristigen Termin gebeten, da es für ihn nicht anders möglich war. Und das sollte auch seinen Grund haben.

Um es kurz zu machen – bei dem persönlichen Gespräch erfuhr ich dann, dass genau der doppelte Betrag dessen, was wir veranschlagt hatten, auf uns zukam.

„Wir haben einige dieser Fälle“, berichtete der Unternehmer mittags bei dem Gespräch, „wo sich Kollegen an dem Einbau einer Wärmepumpe versuchen. Das ist eine ganz spezielle Technik, für die man auch ein ganz spezielles Wissen benötigt.“

Mit dem belastenden Gedanken der völlig unerwarteten Mehrausgabe fuhr ich danach los. Dazu kam, dass an diesem Tag abends um 18 Uhr der Bietertermin ablief, bei dem entschieden werden sollte, wer meine zum Verkauf anstehende Immobilie bekam, die eine Maklerin im so genannten Bieterverfahren vor zwei Monaten angeboten hatte.

Nein, es handelte sich dabei nicht um unser Zuhause, sondern um ein Haus mit großem Grundstück im Nachbarort, das ich damals durch eine berufliche Abfindung erwerben konnte. Es stand bereits seit einiger Zeit leer.

Bei einem Bieterverfahren über einen Makler geschieht Folgendes: Innerhalb einer angesetzten Zeitspanne wird das Objekt für den anstehenden Verkauf stark beworben.

Danach wird ein gemeinsamer Besuchstermin für alle Interessenten angesetzt, die dann bis zu einem festgelegten Datum und einer bestimmten Uhrzeit ihre Gebote abgeben können.

Da es sich ja nicht um eine Versteigerung handelt, kann der Besitzer jedoch immer noch sein Veto einlegen, wenn ihm Preis oder Interessent nicht passen.

Und an diesem Tag sollte nun der Termin ablaufen, die Entscheidung stand also kurz bevor.

Auf dem Weg nach Goslar dachte ich außerdem mit Schrecken daran, dass die Tagungsstätte dort nicht über einen Fahrstuhl verfügte. Ich musste davon ausgehen, sämtliche schweren Bücherkisten und alles, was ich für mein Seminar benötigte, selbst in den ersten Stock hinauftragen zu müssen, da Götz nicht mit dabei sein konnte. So war es erklärlich, dass ich in einer ziemlichen Anspannung unterwegs war.

„Wo ist denn Ihr Mann?“, begrüßte mich die Leiterin der Tagungsstätte freundlich, als sie sah, dass ich dieses Mal allein gekommen war.

„Er konnte dieses Mal nicht mitkommen, weil er mit Marius Müller-Westernhagen auf Tournee ist.“

„Ach, dann helfen wir Ihnen, die Sachen mit hoch zu tragen“, erbot sie sich ganz hilfsbereit, und somit war der eine Stresspunkt zumindest beseitigt.

Während ich den Raum einrichtete, sah ich immer wieder auf die Uhr. Um 18 Uhr würde die Entscheidung fallen, zu welchem Preis mein Haus verkauft werden konnte. Ich war gespannt wie ein Flitzebogen, da ich wusste, dass es zwei Interessenten gab, die ihre Gebote eingereicht hatten.

Es war genau drei Minuten nach 18 Uhr. Mein Handy klingelte. Sofort nahm ich ab. Wie erwartet, war es die sympathische Stimme der Maklerin, zu der ich inzwischen einen netten Kontakt aufgebaut hatte.

„Herzlichen Glückwunsch!“, lachte sie ins Telefon. „Ihr

Haus ist verkauft, wenn Sie den Preis akzeptieren, den der letzte Interessent geboten hat."

Sie sagte mir dann, dass das Gebot etwa 10 Prozent unter dem von mir erwarteten Verkaufspreis läge, aber dass der Bieter das Haus unbedingt haben wollte.

„Es handelt sich dabei um eine junge Familie, die einige Monate zuvor ihr zweites Kind bekommen hat. Das Baby wurde erst im August erwartet, ist aber drei Monate zu früh geboren. Es hat zwar durch einige Operationen überlebt, wird aber – wie mir der Vater berichtete – fortwährend Betreuung benötigen."

Trotz der Aussicht, das Haus mit dem Bieterverfahren verkauft zu haben, war ich etwas enttäuscht, hatte ich doch zwei Jahre zuvor noch immense Summen zur Renovierung in dieses Objekt gesteckt.

Ich musste mich umgehend entscheiden. Auf der einen Seite war ich bereits in der Schwingung des fast fertig eingerichteten Seminarraums, andererseits wurde von mir jetzt eine Entscheidung erwartet, die weitgehende Konsequenzen hatte. Schlicht gesagt – an diesem Tag war alles ein wenig anders als sonst, nämlich stressiger!

„Und warum will der Interessent dieses Haus unbedingt haben?", hakte ich nach, um etwas Zeit zu gewinnen.

„Weil Ihr Haus in der unteren Etage zusätzlich ein abgeschlossenes Apartment hat. Das Ehepaar wird, wenn die Mutter mit dem Baby aus dem Krankenhaus kommt, von der Krankenkasse im ersten Jahr die Genehmigung für eine 24-Stunden-Pflege bekommen, das heißt, alle acht Stunden – Tag und Nacht – wechseln sich drei verschiedene Pflegekräfte ab. Und darum ist das Haus samt Apartment mit eigenem Eingang ideal für diese Familie."

„Und warum ist er dann nicht bereit, mehr zu zahlen? Das Haus hat nachweislich einen weit höheren Wert“, gab ich zu bedenken.

„Weil seine Finanzierung mit dem gebotenen Betrag ausgereizt ist“, erklärte die Maklerin am Telefon. „Der andere Bieter hat schon vorher die Segel gestrichen!“

Ich bin zwar bekannt für meine Spontaneität, aber 10 Prozent Preisnachlass waren bei solch einem Objekt viel Geld. Dann dachte ich aber daran, wie gut es mir geht. Diese Minderung des Kaufpreises hatte ich zwar nicht erwartet, doch sie tat mir nicht unbedingt weh. Für die junge Familie jedoch mit ihrem Baby, das Betreuung benötigte, war es schlichtweg nicht möglich, mehr zu zahlen. Dazu kam, dass dieses Haus für sie optimal war, denn sie liebten dieses Haus und brauchten es dringend.

Innerhalb weniger Sekunden entschied ich mich: Der Interessent bekommt das Haus, auch zu dem niedrigeren Preis! Das hieß, ich fuhr mein Ego zurück. Mir war es in dem Moment wichtiger, dass es für die Käufer passte, obwohl ich noch daran zu knacken hatte, dass alles nicht so glatt gelaufen war, wie damals bei meinem Hausverkauf, über den ich in meinem ersten Buch *‚... nicht heulen, Husky!‘* berichtet hatte.

Als die Spannung nach meiner Entscheidung dann allmählich nachließ, wurde es Zeit, mich endlich auf mein Seminar einzustimmen.

Am Nachmittag zuvor hatte ich meinen Koffer bereits in mein Zimmer gebracht, ach ja – meine Flasche Brottrunk nicht zu vergessen, die ich auf den Schreibtisch stellte. Wie ich bereits vorher erwähnt habe, trinken Götz und ich morgens stets unseren Brottrunk. So nahm ich auch an diesem Morgen wieder ein

Glas davon zu mir, bevor ich dann in den Frühstücksraum ging.

Irgendwie schmeckte er heute besonders grauenvoll, aber dieses Getränk würde vom Geschmack her sowieso keinen Preis gewinnen. Aber Hauptsache, meine Darmbakterien waren glücklich!

Aber die schienen danach recht unglücklich zu sein, denn bereits nach dem Frühstück rumorte es in meinem Bauch. Ich spürte, irgendetwas war nicht in Ordnung – irgendwie fühlte ich mich nicht ganz wohl. Doch die Ankunft der Teilnehmer, die nach und nach eintrafen, lenkte mich ein wenig ab.

Vor allem freute ich mich auf Petra aus Neuss, eine liebe Bekannte, die ich fünf Jahre zuvor in Vorarlberg kennengelernt hatte. Sie sollte dieses Mal ihre Tochter Jacqueline mitbringen.

Mittags aß ich kaum etwas. Ich spürte, meinem Magen ging es nicht gut. War es der Stress des gestrigen Tages? Obwohl ich äußerst sturmerprobt bin, gehen solche Dinge auch an mir nicht spurlos vorüber.

Das Seminar begann nach dem gemeinsamen Mittagessen. Schon bei der Vorstellungsrunde war mir etwas schwummerig.

Beim Nachmittagskaffee schien jedoch wieder alles in Ordnung zu sein, so dass ich mich auf die wunderschöne Meditation freute, die danach anstand.

Dieses Mal waren auch drei Ehepaare dabei, die mir inzwischen sehr vertraut waren – zum einen Egon und Doris, die aus Belgien angereist waren, dann Eva und Peter aus Süddeutschland, die ich schon sehr lange kenne und die auch mit Günter und Ingeborg befreundet sind. Auch Traugott und Inge, die in meiner näheren Umgebung wohnen, waren mal wieder dabei.

Der Raum war inzwischen abgedunkelt und lag in einem

anheimelnden Dämmerlicht. Die heruntergezogenen Jalousien sperrten die Sonne nicht ganz aus. Einzelne Sonnenstrahlen glitzerten durch den Raum.

Leise Musik lief im Hintergrund, während ich mit der Einführung in die Meditation begann. Petra saß aufrecht auf einem Stuhl, was ich sonst gar nicht bei ihr kannte, und hatte ihre Decke um die Beine geschlungen. Die meisten anderen hatten sich bequem auf ihren Decken ausgestreckt.

Da – mitten in der Meditation verspürte ich während des Lesens eine gewisse Übelkeit. Nein, dachte ich ein wenig hilflos, bitte nicht jetzt!

Tapfer las ich weiter. Während der Sprechpausen, die ich zwischen den einzelnen Sätzen machte, versuchte ich, gegen die sich immer stärker bemerkbar machende Übelkeit anzukämpfen.

Keine Chance! Ich konnte gerade noch eine gewisse Stelle im Text anpeilen, wo ich den Meditierenden etwas Zeit lassen konnte, und stakste dann so schnell, wie ich konnte, über die Decken der liegenden Teilnehmer hinweg in Richtung Tür.

Gott sei Dank war die Toilette nicht weit! Gerade noch passend erwischte ich die Kloschüssel, wo ich mich in hohem Bogen übergab! Immer wieder. Erst danach ging es mir etwas besser.

Trotz meines jämmerlichen Zustandes sandte ich ein Dankgebet gen Himmel, dass mir das nicht im Raum bei den Teilnehmern passiert war!

Ich zitterte am ganzen Körper, als ich mich frisch machte, und ging dann vorsichtig wieder zurück. Leise öffnete ich die Tür und sah beruhigt, dass alle noch mit geschlossenen Augen auf ihren Matten in Meditation lagen, nur Petra schaute besorgt auf.

Genau an der Stelle, wo ich aufgehört hatte, machte ich weiter. Somit konnte der Eindruck entstehen, diese lange Pause wäre gewollt gewesen.

Ein paar Minuten später merkte ich, dass der Raum sich vor meinen Augen drehte. Nur noch aus weiter Ferne nahm ich alles wahr.

‚Hilfe!', dachte ich noch. ‚Nein! Nicht jetzt – mitten in der Meditation! Da – ein Stuhl!'

Soeben schaffte ich es noch, mich hinzusetzen. Und das war auch gut so – ein zunehmendes Dröhnen, und dann war alles ganz still …

Petra saß später bei mir am Bett und berichtete mir, was dann geschehen war, woran ich mich selbst nicht erinnern konnte.

„Du hast die Meditation eingeleitet, wie ich es schon viele Male bei dir erleben durfte. Liebevoll und mit ganz sanfter, beruhigender Stimme. Alle lagen dir zu Füßen – wie immer", lächelte sie.

„Aus welchem Grund auch immer", fuhr sie fort, „wollte ich mich dieses Mal ganz gegen meine Gewohnheit nicht hinlegen, sondern auf einen Stuhl setzen. Die Musik begann, und du brachtest uns in gewohnter Art und Weise in eine wunderschöne Entspannung hinein."

„Du schienst anfangs auch sehr entspannt zu sein – das habe ich noch bemerkt", unterbrach ich sie schwach, während ich meine warme Bettdecke bis zum Kinn hochzog. Ich fror immer noch ein wenig.

„Ja, Gila, ich konnte der Meditation gut folgen. Das Thema war, wie du es zu Beginn angekündigt hattest: ‚Liebe deinen Körper!' Und dann gabst du uns den Impuls, mal auf die Dinge zu schauen, die wir uns selbst verzeihen möchten. Doch dann kam eine lange Pause. Da öffnete ich das erste Mal meine Augen. Irgendwas war komisch."

„Hast du noch gesehen, wie ich den Raum verlassen habe?"

„Ja, sicher, du warst so leise, dass es kein anderer bemerkt hat. Mir fiel auf, dass du sehr schnell zur Tür gingst, hast sie leise geöffnet – und weg warst du! Alles war still. Anfangs dachte ich, vielleicht müsstest du auf die Toilette. Nach langer, für mich viel zu langer Zeit war mir aber klar, das konnte es nicht sein. Mein Gefühl sagte mir, da stimmt was nicht mit Gila. Aber, was sollte ich tun? Ganz bewusst zwang ich mich zur Ruhe."

„Als ich dann wieder rein kam, sah ich, dass du die Augen geöffnet hattest."

„Ja, du hast dann weitergemacht. Nun kenne ich deine Meditationsstimme sehr gut. So oft habe ich sie schon gehört, doch jetzt klang sie anders – nur eine kleine Nuance. Immer wieder öffnete ich die Augen um herauszufinden, warum du dich plötzlich so anders anhörtest."

„Hast du dann beobachtet, wie ich mich hingesetzt habe?"

„Genau! Ich war sofort alarmiert, als du dich auf den Stuhl setztest, und ließ dich nicht mehr aus den Augen. Mir wurde immer seltsamer zumute.

An der Stelle dann, wo wir unseren Körper begrüßen sollten, geschah es dann: Die Textblätter glitten dir aus der Hand, dein Arm sackte nach unten. Blitzschnell sprang ich auf – doch zu langsam! Mit einem lauten Bums schlug dein Kopf nach hinten gegen die Wand. Dadurch wurden auch die meisten anderen aus der Meditation herausgeholt.

Verständlicherweise waren jetzt die Teilnehmer sehr unruhig. Einige waren inzwischen aufgesprungen, jeder wollte irgendetwas tun. Sie standen um dich herum. ‚Oh mein Gott,

Gila', hörte ich jemanden rufen. ,Gila, was ist mit dir?' Ich rief der Gruppe zu, dass man sofort einen Krankenwagen rufen sollte."

„Ach du liebe Zeit!", sagte ich leise und zog die Bettdecke noch höher, als ob ich mich schützen wollte. „Sprich weiter!", bat ich Petra dann, immer noch ein wenig kraftlos.

Sie fuhr fort: „Deine Augen waren geschlossen. Dein Mund öffnete sich. Aber statt Worte hörten wir nur ein Röcheln. Es hatte den Anschein, als ob du schlecht Luft bekamst. Das Röcheln wurde stärker und klang nun wie ein Würgen."

„Oh, wie peinlich!"

„Quatsch! Ich rief in den Raum, ob der Krankenwagen inzwischen gerufen worden sei. Doch das Wort ,Krankenwagen' hatte eine sehr belebende Wirkung auf dich. Da wurdest du wieder frisch! Sofort war deine Abwehr auf dem Posten!", schmunzelte sie. „Zuerst noch einmal hustend, kam dann gleich recht bestimmend, soweit es eben ging, deine Ansage: ,Nein, nein, keinen Krankenwagen! Bitte! Es geht schon!'"

„Ja, stimmt! Das erste, was ich wieder wahrgenommen habe, waren männliche Arme – wunderschön schwarz behaart –, die mich hielten. Ich habe noch gedacht, was machen denn Egons Arme hier so nah bei mir, er lag doch eben noch ein Stück weiter meditierend auf seiner Decke?"

„Egon hat deine linke Hand gehalten, ich deine rechte", berichtete Petra weiter. „Ich streichelte deinen Kopf und versuchte, so ruhig wie möglich zu bleiben. Eine andere Teilnehmerin sagte aufgeregt zu Egon, dass er dich auf den Boden legen und die Füße hochlegen sollte. Doch deine Gegenwehr war schon wieder recht stark. Keine Chance für Egon!"

Wie gebannt hörte ich Petras Schilderung zu, als sie weitersprach:

„Ich fühlte den kalten Schweiß auf deiner Stirn und gab der Gruppe heimlich ein Zeichen, dass sie – egal, was du sagtest – den Krankenwagen anrufen sollte! Auf deinen Protest hin schlug ich dir dann vor, dich notfalls doch nur kurz durchchecken zu lassen, was mit dir los wäre. Wenn alles gut wäre, könntest du sie doch gleich wieder wegschicken.“

„Ja, daran erinnere ich mich noch …“, sagte ich schwach.

„Du machtest allerdings noch einen etwas abwesenden Eindruck. Es waren zwar nur wenige Minuten zwischen dem Runterfallen der Blätter aus deiner Hand und der Abwehr gegen den Krankenwagen vergangen, doch die hatten es in sich! Schlagartig ging es wieder bergauf mit dir, und du wolltest gleich wieder alles im Griff haben. ‚Lasst mich! Ich kann schon selber’, sagtest du und machtest Anstalten aufzustehen.

Ich spürte natürlich, wie unangenehm dir das Ganze war, bat dich aber, sitzen zu bleiben. Einen Moment lang gabst du nach, doch dann ging es wieder los! Du wolltest aufstehen! Alle sahen dich völlig konsterniert an.

Du sagtest dann, du müsstest zur Toilette. Ich winkte die anderen weg, bat Eva mitzukommen, und gemeinsam begleiteten wir dich durch den Seminarraum Richtung WC. Kurz vor der Tür batest du uns, inzwischen wieder mit kräftiger Stimme, dich bitte allein zu lassen.

Nach relativ kurzer Zeit kamst du dann wieder heraus. Erleichtert kehrten wir in den Tagungsraum zurück. Du fragtest, was denn gerade passiert sei. Während wir es dir nach und nach erzählten, kam bereits der Rettungswagen mit den Sanitätern. Danach fuhr der Notarzt mit Blaulicht vor. Nach einigen Diskussionen hast du sie dann aber wieder weggeschickt …“

Direkt nach dem Vorfall hatte Petra mich dann in mein Zimmer begleitet. Inzwischen war mir auch etwas wärmer geworden. Glücklicherweise hatte es für die Teilnehmer kaum Leerlauf gegeben, nur eine etwas verlängerte Pause fürs Abendessen. Traugott und Inge hatten sich in der Zwischenzeit um die Teilnehmer gekümmert und zusammen mit ihnen ein Mantra gesungen.

„Die anderen sind natürlich verunsichert, Gila", gab Petra zu bedenken, „wie es jetzt weitergeht."

Ich bat Petra, der Gruppe zu sagen, dass ich spätestens um halb acht wieder im Seminarraum wäre, dann machten wir weiter. „Es geht mir wirklich besser – kein Vergleich zu der Situation von vorhin."

Kurz nach dem Ereignis waren Notarzt und Rettungssanitäter wieder abgefahren, nachdem ich unterschreiben musste, auf eigene Gefahr auf eine Krankenhauseinweisung zu verzichten. Da es mir wieder besser ging, tat ich das gern.

Und dann erkannte ich den Grund für den Absacker! In der warmen Nachmittagssonne stand die angebrochene Flasche meines Brottrunks auf dem Schreibtisch und gärte munter vor sich hin.

Am Vortag hatte ich sie bereits geöffnet von zu Hause mitgenommen. Mein Zimmer verfügte nicht über einen Kühlschrank, so hatte ich die Flasche beim Auspacken auf den Schreibtisch gestellt, ohne daran zu denken, dass die Sonne später ihr Bestes geben würde. Aha, jetzt verstand ich plötzlich, warum der Brottrunk an diesem Morgen so eigenartig geschmeckt hatte!

Es klopfte.

„Wer ist da?", fragte Petra und schaute etwas ablehnend zur Tür, weil sie mir jetzt einfach ein wenig Ruhe gönnen wollte.

„Ich bin's, Katharina!"

„Oh, wie schön, Katharina, komm rein!", sagte ich.

Petra spürte meine große Freude und ließ Katharina herein. Sie wohnte ganz in der Nähe und war ähnlich wie Petra bereits öfter bei mir gewesen.

„Ich wollte die Teilnehmer, die ich vom letzten Seminar kenne, gern in der Pause überraschen – und da hörte ich, was passiert war!“ Sie umarmte mich liebevoll. „Gila, wie geht es dir?“

„Schon besser!“, entgegnete ich fest. Und es ging mir wirklich von Minute zu Minute besser.

„Ich weiß jetzt, warum mir so schlecht war! Es war der Brottrunk, den ich in der Sonne habe stehen lassen“, versuchte ich, eine Erklärung für das Geschehene zu finden, war mir aber sicher, dass der Stress des Vortages auch zur Schwächung meines Immunsystems beigetragen hatte. Doch das wollte ich den beiden jetzt nicht alles erzählen.

Als Petra und Katharina dann gegangen waren, rief ich Götz an, der ja, wie bereits erwähnt, in Berlin bei den Vorbereitungen für Marius' Konzerte eingesetzt war und erzählte ihm, was sich soeben ereignet hatte.

„Ich komme“, war seine knappe Antwort, „dann bist du heute Nacht nicht allein. Wenn irgendwas sein sollte, bin ich zumindest da.“

„Götz, es sind fast 300 Kilometer von Berlin nach Goslar!“, gab ich zu bedenken. „Kannst du denn einfach so weg von den Proben?“

„Das ist jetzt ein Notfall, Gila! Ich komme! Marius wird das verstehen. Wenn es dir morgen früh besser geht, dann fahre ich wieder zurück, okay?“

„Ich habe dich lieb“, konnte ich nur noch flüstern und hatte Tränen in den Augen.

Als ich dann kurz nach sieben abends wieder einigermaßen frisch in den Speisesaal zurückkehrte und nur in erschrockene Gesichter blickte, sagte ich forsch: „Also meine Lieben, es geht wie angekündigt um halb acht weiter."

Gemurmel unter den Teilnehmern. Irgendjemand fragte: „Gila, schaffst du das überhaupt?"

Ich lächelte: „Das war doch nur eine kleine private Einlage von mir, um zu prüfen, ob ihr schon Schock getestet seid! Wir sind hier doch auf einem Harmonie-Seminar mit dem Ziel der Stressbewältigung – oder?"

Anhand dieser lockeren Bemerkung erkannten die Anwesenden, dass es mir wirklich besser ging. Ich spürte eine totale Erleichterung in der Gruppe, als wir abends um halb acht mit den angesagten Themen weitermachen konnten. Trotz des Schocks vom Nachmittag wurde es ein wunderschöner Abend.

Wie bisher auch auf allen anderen Kursen, leitete ich nach der Abendeinheit das gesellige Zusammensein mit den lockeren Worten ein: „Lasst uns noch einen kleinen Absacker nehmen!"

Als ich an diesem Abend das Wort ‚Absacker' aussprach, fiel mir siedendheiß ein, was ich da soeben und bisher so oft gesagt hatte!

Absacker! Da war er doch! Ich hatte ihn gerade erlebt – und zwar heftig! Mit dem Wort, das ich auf vielen Seminaren jeweils zum Tagesabschluss sagte, hatte ich meinem Unterbewusstsein den Auftrag gegeben: ‚Chef hat Auftrag ‚Absacker' gegeben! Also los, Jungs, ran an die Arbeit! Lasst Chef jetzt absacken!'

Obwohl ich das folgende Beispiel bereits in einem meiner anderen Bücher angeführt habe, möchte ich diesen Gedanken gern noch einmal aufgreifen:

Der verantwortliche Kapitän – unser Verstand, befiehlt seiner Mannschaft – dem Unterbewusstsein, Kurs zu halten. Die Mannschaft hat nicht darüber zu urteilen, ob dieser Kurs korrekt ist. Sie führt gehorsam alles aus; egal, ob die Kommandos des Kapitäns richtig sind oder nicht, denn nur dieser trägt die Verantwortung für die Reise.

Auch unser Unterbewusstsein nimmt alles wörtlich und führt es kritiklos aus. Es versteht einfach keinen Spaß und kann mit Scherzen nicht umgehen. Immer wenn der Verstand etwas befiehlt – sei es auch nur ein im Scherz dahergesagter Satz –, nimmt unser Unterbewusstsein diesen Auftrag an und setzt alles in Bewegung, ihn über kurz oder lang auszuführen.

Die geistigen Kräfte, die wir mit diesen Aussagen rufen, drängen zur Verwirklichung. Aber es ist unsere Entscheidung, ob wir diese Kraft *für* oder *gegen* uns arbeiten lassen.

In meinem Fall erkannte ich betroffen, hatten sogar mein Körper, die Psyche *und* das Unterbewusstsein ideale Voraussetzungen gefunden: der Angriff auf den Körper durch die unglücklichen Darmbakterien – Stress am Vortag für die Psyche durch die vorher beschriebenen Ereignisse – und der klare Auftrag durch das Wort ‚Absacker' ans Unterbewusstsein! Damit waren für die Ausführung dieses Ereignisses quasi hervorragende Bedingungen geschaffen worden!

Ab dem Moment frage ich abends nur noch: „Wer von euch hat Lust, noch einen kleinen Schlummertrunk zu nehmen?"

Das ist besser, nicht? Auch ich bin noch lernfähig …

Ich lag schon im Halbschlaf, als Götz spät von Berlin in Goslar eintraf.

„Wie geht es dir jetzt, Gila?", fragte er, als er sich zu mir ans Bett setzte.

Ich sah ihm an, wie besorgt er war, und berichtete ihm von dem Vorfall.

Götz hatte aufmerksam zugehört und meinte dann: „Gut, dass es dir jetzt wieder besser geht. Du solltest mehr auf deine Gesundheit achten! Das kommt bestimmt von der stressigen Situation von gestern. Auch dein Körper will dir durch seine Symptome immer einen Hinweis darauf geben, was in deiner Seele vorgeht."

„Ich weiß ja selbst am besten, was los ist und wie ich mich fühle, Götz", entgegnete ich leise und erkannte wieder einmal den direkten Zusammenhang zwischen unserer Einstellung zum Leben und unserer Gesundheit.

Nach einer kleinen Pause fuhr ich fort: „Ich weiß, dass meine Gesundheit von meinem seelischen Gleichgewicht abhängt. Gestern und heute sind nun mal Dinge geschehen, die mich in Unruhe versetzt haben."

Müde von der langen Fahrt, erhob sich Götz von meinem Bett, und ich sah ihm gedankenverloren zu, wie er sich auszog.

Ich schloss: „Bevor ich heute Abend wieder zur Gruppe zurückging, habe ich mich wieder mit Liebe angefüllt. Immer wieder habe ich die Worte leise vor mich hin gesprochen: Licht und Liebe – Licht und Liebe! Es war, als wenn ich dann wieder von Göttlicher Kraft durchströmt worden wäre! Es ist die Liebe, die als höchste Schwingung im Universum Heilung und Gesundheit bewirkt. Und ich glaube, darum ging es mir dann von Minute zu Minute besser."

Und dann musste ich Götz einfach noch erzählen, dass ich durch diese Geschichte wieder bestätigt bekam, wie gut Körper, Geist und Seele auch in meinem Fall miteinander in Einklang gestanden hatten, um sowohl mir als auch meinen Teilnehmern eine wichtige Erkenntnis zu vermitteln.

Götz nickte müde und kuschelte sich an mich. „Gute Nacht, Gila, schlaf gut! Es war für uns beide ein intensiver Tag."

Es war gut, dass er zumindest in dieser Nacht bei mir bleiben konnte. Das gab mir einfach ein sicheres Gefühl.

# KAPITEL 10

*Zwei Gesichter -*
*eines lachend und fröhlich,*
*das andere traurig und verzweifelt.*
*Das traurige Gesicht trieb dich in den Tod*
*es schien gewonnen zu haben,*
*doch in unserem Herzen wirst du weiterleben*
*mit deinem lachenden Gesicht -*
*und so wird dieses in deinem Kampf*
*um Seelenfrieden und Freiheit*
*doch noch als Sieger triumphieren.*

(Verfasser unbekannt)

Vor einiger Zeit geschah etwas, über das ich hier gern ein paar Worte schreiben möchte, weil es mich persönlich sehr berührt hat.

Erika und Alex, ein Ehepaar Anfang bis Mitte Vierzig, war bereits öfter bei mir auf verschiedenen Seminaren gewesen. Es war für mich schön zu sehen, dass die beiden ihren spirituellen Weg schon seit Jahren gemeinsam gingen.

Eines Morgens erhielt ich einen Brief von Erika, dass ihr 19-jähriger Sohn Fred einen Monat zuvor durch eine Überdosis Heroin ins Licht gegangen sei. Er hatte sich selbst und seinen Eltern durch seine Drogensucht in den Jahren zuvor große Probleme bereitet.

Ich wusste um diese Situation, weil beide mit mir diverse Male darüber gesprochen hatten. Unmittelbar nach Lesen des Briefes setzte ich mich mit Erika in Verbindung. Sie war sehr dankbar für meinen Anruf. Trotz ihrer immensen Trauer um ihren Sohn war sie sehr gefasst.

„Gila, wir haben alles Menschenmögliche versucht, um Fred zu helfen“, sagte sie leise. „Entziehung, beste Therapeuten, immer wieder Gespräche mit ihm. Es hat alles nichts genutzt! Wir hatten ihn zuletzt inständig gebeten, mal ein Seminar bei dir zu besuchen, aber er sträubte sich mit Händen und Füßen gegen alles, was wir ihm vorschlugen. Was hätten wir sonst noch tun können?“

„Erika, es ging nicht anders, ihr musstet ihn gehen lassen! Da ich euch bereits länger kenne, weiß ich, was ihr alles getan habt. Es gab nur zwei Möglichkeiten, entweder er wollte leben, dann hätte er es von selbst gepackt, oder seine Seele wollte gehen. Und das ist jetzt geschehen. Freds Seele hat jetzt Ruhe, so hart wie das für euch klingen mag.“

Erika grübelte und stellte mir dann die Frage, die ich auch oft von anderer Seite höre: „Ist die Stunde des Übergangs generell eigentlich festgelegt?“

„Durch verschiedene mediale Übertragungen habe ich erfahren, dass diese bereits unsichtbar auf unserer Geburtsurkunde geschrieben steht.“

„Und wie denkst du darüber, Gila“, wollte Erika weiter wissen, und trotz ihrer vordergründigen Fassung kam ihre Verzweiflung durch, dass sie ihr einziges Kind abgeben musste, „er hat ja absichtlich sein Leben beendet. Was bedeutet das für sein Seelenheil?“

„Er hat es bewusst getan?“

Zuerst konnte sie vor Schmerz gar nicht sprechen, erzählte mir dann aber mit stockenden Worten, dass er eine sehr hohe Dosis genommen hatte, bei der er von vornherein gewusst haben musste, dass sie tödlich war.

„Viele, die ihr Leben freiwillig hingeben“, fuhr ich fort, „können dies nur, wenn sie mit der Welt, in der sie bisher lebten, abgeschlossen haben. Für die Kirche jedoch ist es eine Todsünde, unser von Gott geschenktes Leben wegzuwerfen.“

„Ja“, bestätigte Erika, „das haben Alex und ich in den vergangenen Tagen immer wieder gehört, meistens jedoch hinter vorgehaltener Hand. Unser Pastor sprach bei der Bestattung noch gnädig von einem Unglücksfall.“

„Erika, von der menschlichen Beurteilung her wird ein Suizid als Versagen angesehen. Könntest du dich mit dem Gedanken anfreunden, dass spirituell gesehen dieser jedoch nichts anderes ist als der Wunsch nach einem neuen besseren Dasein?“

„Das ist ein guter Gedanke, Gila, zumindest ein tröstender! Ich hatte in der letzten Zeit das Gefühl, wir als Eltern konnten ihm keine Hilfe mehr leisten. Fred hatte hier auf Erden die Orientierung verloren, sowohl im menschlichen als auch im geistigen Bereich. Für mich und Alex war das manchmal nicht gleich erkennbar, denn Fred hat seine Verzweiflung, mit der er sich jahrelang herumgequält haben muss, ja oft hinter seiner Grobheit versteckt, statt mal alles herauszuschreien.“

„Vielleicht war es bei ihm auch karmisch begründet, dass seine Seele die Einsamkeit, die Verzweiflung und die Orientierungslosigkeit kennenlernen musste. Weißt du, Erika, ich habe mal einer medialen Übertragung beigewohnt, wo es speziell um dieses Thema ging. Da wurde Folgendes ganz klar gesagt:

Eine Seele begibt sich manchmal freiwillig zurück, weil sie keine optimalen Möglichkeiten mehr findet, ihre Lebensaufgabe zu erfüllen. Es kann sein, dass ihr die Sinnlosigkeit ihrer Umgebung bewusst geworden ist. Dann wird sie gern von der geistigen Welt willkommen geheißen. Aber die Seele eines

Menschen, der Macht ausübt, indem er einen anderen beispielsweise durch seinen Suizid zu etwas zwingen will, darf ihre Aufgabe auf Erden wiederholen und bekommt eine neue Chance."

„Du meinst, dass Fred keine Todsünde begangen hat?"

„Genau, das meine ich! Gerade bei jungen Menschen findet man häufig Drogenexperimente als Grund für die Selbstaufgabe. Und bei Fred hatte sich schon die Psyche verändert, wie ihr mir vor seinem Heimgang bereits berichtet habt. Er hatte erkannt, dass dieses Leben, das er führte, für ihn unerträglich geworden war."

Unser Gespräch tat Erika sehr gut, und da sie und ihr Mann Axel bereits einige Schritte auf dem spirituellen Weg gegangen waren, fiel es ihnen leichter, die Tat ihres Jungen besser zu verstehen.

Anders als Erika kommen manche Menschen über den Tod eines geliebten Angehörigen nicht hinweg. Ihre Trauer entspringt dem Gefühl der Leere und auch des Verlustes, diesen Menschen hier auf der Welt nicht wiederzusehen. Dabei hat sich doch nur die Seele aus dem verschlissenen Körperkleid befreit, um sich ein neues Kleid anzuziehen. Können wir es nicht mal so betrachten, dass es schön ist, einen alten Mantel abzulegen und neue Kleider zu bekommen? Dieser tröstlichen Vorstellung kann sich jedoch nur der öffnen, der sich nicht auf Dauer im Leid vergräbt.

Auf meinen Seminaren geschieht es des Öfteren, dass sich aufgrund der sehr hohen Schwingung ein Vorausgegangener meldet: Es gehe ihm besser als je zuvor. Dort sei er unsagbar glücklich und völlig angstbefreit. Es sei wunderschön, im Licht zu leben!

*

Götz war mit Marius Müller-Westernhagen auf Marius' Geburtstagstournee unterwegs.

Ich saß beim Friseur. Meine Friseurin, die mich und meine Familie schon sehr lange kennt, war in Urlaub. So hatte ich mich dieses Mal ihrer Vertretung anvertraut.

„Wann geht's wieder los zum Seminar?", fragte sie mich interessiert, während sie sich um meine Haare kümmerte.

„In der kommenden Woche."

„Und? Fahren Sie immer allein, oder fährt Ihr Mann mit?"

„Wenn er kann, fährt er mit, aber im Moment ist er auf Tournee."

Nach einem Moment des Nachdenkens fragte sie: „Auf welchem Turnier ist er denn?"

Turnier? Ich musste grinsen und wollte die Sache gleich klarstellen, dann aber reizte mich ihre süße Naivität. Ich versuchte, ernst zu bleiben, als ich erklärte:

„Er reitet Westernhagen ...!"

„Aha!", nickte sie, schaute mich dann aber etwas irritiert an und wandte ein: „Westernhagen? Ist aber'n dämlicher Name für'n Pferd, nicht?"

Diesen herrlichen Dialog vom Vormittag musste ich Götz gleich erzählen, als er nachmittags anrief. Er brachte zuerst vor Lachen kein Wort heraus und meinte: „Das habe ich auch noch nicht gehört!"

Dann kam er zum Grund seines Anrufs:

„Gila, wir hatten doch geplant, dass du morgen beim zweiten Konzert von Marius hier in Köln dabei bist. Was hältst du davon, wenn du schon heute Abend kommst?"

„Das wird aber knapp. Warum?"

„Weil Marius nach dem Konzert die Band, Crew und seine

Freunde zur After-Show-Party eingeladen hat. Eigentlich sollte diese, wie du weißt, erst morgen stattfinden, aber Marius hat umdisponiert."

Ich war überrascht, aber spontan, wie ich nun mal bin, entschied ich: „Bin schon unterwegs!"

Übers Internet druckte ich mir ein Bahnticket aus, packte ein paar Sachen zusammen und stieg kurze Zeit später in Bielefeld in den ICE nach Köln.

Dass Marius sechzig Jahre alt geworden war, konnte man ihm wirklich nicht ansehen. Schlank wie eh und je, wirkte er nach wie vor sehr jugendlich.

Als Marius später die beiden Songs *‚Weil ich dich liebe'* und *‚Ganz und gar'* brachte, spürte ich ganz deutlich, auch er hatte sich verändert, er war zu einem Menschen gereift, der sich, wie er von sich selbst sagt, durch Meditation immer wieder ins Lot bringt.

Für den Superhit *‚Sexy'* holte Marius sich dann eine scharfe Braut an seine Seite: Zuerst erkannte kaum jemand seine Frau Romney, die verkleidet mit Perücke im Hintergrund mitgesungen hatte. Dann aber stellte er Romney vor, und das Publikum jubelte! Er hatte alles voll im Griff.

Wie verabredet, stieß ich nach dem Konzert vor der Bühne auf Christian und seine Frau Tanja. Christian ist für mich ein ganz besonderer Mensch. Sehr jung hatte er – genau wie ich – viele Kurse bei Günter Ilse besucht und war dadurch ein sehr tiefgründiger und nachdenklicher junger Mann geworden, der bereit war, volle Verantwortung für sein Leben und auch sein Umfeld zu tragen. Wir hatten uns bei der Gelegenheit kennengelernt, als Günter Ilse mich ganz offiziell als seine Nachfolgerin vorstellte.

Danach hatten Christian, als Leiter einer kleinen Firma, und Tanja oft Schulungen von mir besucht. Fast jedes Jahr holte er sich bei mir einen Energieschub, und immer wieder schickte er auch seine Mitarbeiter zu mir.

„Ist das nicht super hier?“, strahlte er, während ich die beiden nacheinander voller Freude zur Begrüßung in die Arme nahm.

Und er meinte anerkennend: „Das Konzert war einfach Klasse! Es ließ wirklich keine Wünsche offen. Deutschland liebt Marius nach wie vor! Übrigens, Gila, können wir uns zum Abschluss gleich noch irgendwo treffen?“

Ich bedauerte wirklich, dass es dieses Mal nicht möglich war, weil Götz und ich hinterher noch zur Marius’ Party eingeladen waren, und so verabschiedeten wir uns wieder mit vielen herzlichen Umarmungen voneinander.

„Bis bald!“, rief mir Christian noch lachend hinterher.

An diesem Abend brauchte die Crew die Bühne nicht abzubauen, da ja am nächsten Abend ein weiteres Konzert folgen sollte. Und so trafen nach und nach die Band- und Crewmitglieder in dem Saal ein, wo Marius auch all seine Freunde, darunter viele bekannte Gesichter aus der Öffentlichkeit, zu seinem runden Geburtstag eingeladen hatte. Das Büffet war exzellent.

Götz und ich hatten uns dort soeben reichlich bedient und wollten gerade essen, als Marius sich zu uns gesellte. Man sah ihm nicht an, dass er gerade über zwei Stunden lang fast ohne Pause mit seinen Liedern 13000 Fans begeistert hatte.

„Marius, darf ich dir Gila vorstellen?“

„Ich kenne dich schon“, lachte mich Marius fröhlich an und gab mir die Hand.

„Woher?“, fragte ich erstaunt, denn wir hatten heute zum ersten Mal persönlichen Kontakt.

„Na, von deinen Büchern.“

Das überraschte mich wirklich! Ein paar Monate zuvor hatte ich in einer Biografie von ihm gelesen, wie sehr der 11. September 2001 sein Leben und das seiner Frau Romney verändert hatte. Ihre Familie wohnt in New York in der Nähe des Ground Zero. Zwischen den Zeilen konnte ich in dem Buch bereits erkennen, dass Marius in der Reife seines Lebens auch dadurch eine starke Veränderung erfahren hat.

Und diese Schwingung nahm ich auch an diesem Abend ganz deutlich wahr, als sich Marius mit uns eine Weile an unserem Tisch unterhielt.

Nach der langen Nacht konnten wir am nächsten Morgen ausschlafen. Die Wintersonne schien in den Frühstücksraum des großen Hotels, wo wir alle untergebracht waren. Wir hatten uns einen Tisch am Fenster ausgesucht.

Nach dem Frühstück schlug ich Götz vor: „Komm, lass uns einen Stadtbummel durch Köln machen!“

„Wann geht denn dein Zug?“, wollte Götz wissen.

„Erst gegen 13 Uhr. Wir haben also noch viel Zeit.“

Götz kennt mein Faible für Stadtbummel und war demzufolge nicht ganz so begeistert von dieser Idee wie ich. Durch unser Leben auf dem Land und die vielen Wochenenden, die ich im Jahr unterwegs bin, ist ein Stadtbummel für mich immer etwas Besonderes, vor allem, wenn Götz sich ihm – wie jetzt – nicht entziehen konnte.

Und so schlenderten wir dann durch die bereits weihnachtlich dekorierte Einkaufsmeile der Innenstadt. Die vielen urigen Buden verleiteten zum Schauen. Mal blieb ich hier stehen –

mal dort, und Götz marschierte geduldig mit. Ich nahm mir einfach mal die Zeit, alles in Ruhe auf mich wirken zu lassen.

„Oh, ein Angebot von Backformen! Schau mal – sie kosten nur die Hälfte! Letzte Woche wollte ich schon los, um welche zu holen! Und hier sind sie!“

Gesagt – getan! Mit den beiden sperrigen Kartons der Backformen verließ ich etwas später das Haushaltswarengeschäft und freute mich, ein solches Schnäppchen gemacht zu haben.

Und auf einmal sah ich direkt vor mir – Kentucky Fried Chicken! Mein Lieblingsrestaurant! Jedes Mal steigen wieder Erinnerungen an meine beiden Auswanderungen nach Kanada in mir auf, wo ich damals KFC kennenlernte. Erst viel später eröffnete das Unternehmen sein erstes Restaurant in Deutschland. Inzwischen ist auch meine gesamte Familie mit dem KFC-Virus infiziert, bis auf Götz, der die gebratenen Hähnchen lieber ohne den so herrlich knusprigen Backteig isst.

„Komm, ich lade dich ein!“, funkelte ich ihn an, und er spürte meine Begeisterung, hier ein KFC entdeckt zu haben, „ich rufe Dana mal an, sie und Rico freuen sich bestimmt, wenn ich für die beiden zwei Eimer voller Hähnchenteile mit nach Hause nehme!“

„Gila, denk bitte daran – du fährst mit dem Zug statt mit dem Auto!“

„Das klappt schon! Bringst du mich noch zum Bahnhof?“

„Na klar!“

Nachdem wir selbst zu Mittag gegessen hatten, ließ ich mir die beiden Eimer, die ich vorher bestellt hatte, einpacken.

Götz zog meinen Koffer und trug die beiden sperrigen Tüten mit den Backformen zum Bahnhof – ich die beiden gut eingepackten Pappeimer mit den KFC-Teilen.

Voll bepackt trafen wir auf dem Bahnsteig ein. Der Zug

stand schon dort, da Köln ein Endbahnhof ist. Nach einigem Suchen fand Götz auch die Nummer meines Waggons.

„Hier ist es, Gila! Ich gehe noch mit rein und helfe dir mit dem Gepäck."

Freitagmittag – der Zug war ausgebucht. Glücklicherweise hatte ich eine Reservierung vorgenommen. Meine beiden vollen Hähnchen-Eimer verströmten inzwischen einen starken Geruch. Ich sah mich um. Die meisten Plätze waren bereits besetzt. Da war mein Sitzplatz.

Meinen Koffer hatte Götz gleich vorn am Ausgang deponiert, um den brauchten wir uns nicht zu kümmern – nur noch um mein Handgepäck. Doch die oberen Ablagefächer waren alle ziemlich voll.

Zuerst versuchte Götz, die beiden ausladenden Backformen oben noch unterzubringen, was ihm nur unter Schwierigkeiten gelang. Doch er hat jahrzehntelang auf vielen Tourneen bewiesen, dass er ein Meister des Packens ist. Ich bewundere immer, wie er selbst den kleinsten Platz ausnutzt.

„Komm, gib mir deine beiden KFC-Eimer. Die kriege ich auch noch da rein!"

Sprach's, und es klappte! Gerade machte Götz Anstalten, sich von mir zu verabschieden – da geschah es!

Der Druck auf einen der Pappeimer war zu groß – der Deckel öffnete sich, und die vielen noch heißen Hähnchenteile purzelten auf die Mitreisenden herunter!

Ich erstarrte! Das war zuviel! Ich dachte, ich hätte in eine Lachsendung reingezappt! Meine Engel – lasst mich bitte, bitte unsichtbar werden!

Es roch wie in einer Hähnchenbude und nicht wie in einem Zugabteil! Doch über den Brathähnchengeruch möchte ich gar nicht erst reden – das war momentan zweitrangig! Im Schoß meiner Nachbarin lagen mehrere Flügel, ein Rückenstück und ein Schenkel. Voller Entsetzen erblickte ich ein Hühnerbein in den blondierten Haaren einer älteren Dame, die direkt vor mir saß, was mich stark an die Karikatur einer Indianerfrau mit Knochentrophäe im Haar erinnerte. Während ich immer wieder entschuldigende Worte stammelte, nahm ich ihr vorsichtig das Hühnerbein aus ihren toupierten Haaren, während sie selbst mit spitzen Fingern ein Brustteil von ihrer Pelzjacke hochhob.

Götz und ich robbten auf dem Boden des Waggons umher, um alle Teile, die weit verstreut lagen, wieder einzusammeln. „Oh, wie peinlich!“, flüsterte ich ihm zu. Ja, an Peinlichkeit war diese Situation kaum zu überbieten.

Hinter mir reklamierte ein Fahrgast: „Hier bei mir auf der Aktentasche liegt auch noch was. Würden Sie das bitte entfernen?“

Alles spielte sich innerhalb von Minuten ab, aber die hatten es wirklich in sich!

Götz grinste und flüsterte mir zu: „Ich muss raus. Der Zug fährt gleich ab!“

Von der ganzen Aufregung hochrot im Gesicht nahm ich Götz zum Abschied in die Arme. „Du hast gut lachen!“, murmelte ich, „du kannst aussteigen! Bis später!“

Alle Hähnchenteile lagen jetzt wieder friedlich vereint im Eimer, den ich jetzt vorsichtshalber zu meinen Füßen deponiert hatte, und verströmten ihren starken Bratenduft. Jetzt erst, wo ich mich auf meinen Platz gesetzt hatte, kam mir das Makabre dieser Situation richtig zum Bewusstsein.

Wieder und wieder kicherte ich leise vor mich hin. Wahrscheinlich war mein Nervenkostüm derart überreizt, dass es sich jetzt durch unkontrolliertes Kichern abreagieren musste.

Ganz deutlich spürte ich die Gedanken der Dame, die neben mir saß, denn was konnte jemand, der gebratene Hühnerteile über Mitreisende ausschüttete und dann auch noch bis Bielefeld immer wieder leise vor sich hin kicherte, anders sein als – irre!

Zuhause säuberte ich die KFC-Teile, so gut es ging, um sie Aisha nach und nach als Leckerbissen zu kredenzen, und stellte den Pappeimer auf die Arbeitsplatte in der Küche. Den anderen hatte ich für Dana und Rico in den Kühlschrank gestellt.

Eigentlich brannte ich darauf, meinen Kindern diese verrückte Geschichte meiner Heimfahrt aus Köln zu erzählen, aber beide kamen an dem Tag erst sehr spät nach Hause.

Ungläubig erblickte ich am nächsten Morgen den leeren Eimer auf der Arbeitsplatte. Meine beiden hatten wahrhaftig den kompletten Inhalt, der für Aisha gedacht war, mit gesegnetem Appetit verputzt!

Sofort öffnete ich den Kühlschrank. Der volle Pappeimer war noch nicht angerührt. Wohlweislich habe ich ihnen danach nichts mehr von dem Vorfall erzählt.

Sorry, Dana und Rico, dass ihr beide die Geschichte erst jetzt durch dieses Buch erfahrt ...

Im Nachhinein denke ich natürlich viel mehr an den humorvollen Aspekt, weil ich Abstand zu dem Ereignis bekommen habe und nicht mehr das Gefühl der Peinlichkeit durchlebe. Heute können Götz und ich wirklich herzlich darüber lachen, was damals im ICE passiert ist.

Dazu fallen mir die Worte ein: Humor ist, wenn man trotzdem lacht. Wie viel Wahres ist in diesem Sprichwort enthalten! Durch Heiterkeit wird das Leben leichter. Lachen und

Lebensfreude sind Qualitäten, die nicht nur unserer Seele, sondern auch unserem Körper gut tun, und sie lassen die Lebensenergie wieder fließen.

Es ist was dran an den Worten: Wer öfter lacht, geht gesünder durchs Leben. Lachen befreit immer, regt an und macht sympathisch. Wenn wir anderen ein verständnisvolles Lächeln schenken, werden auch wir sicher mit einem Lächeln belohnt. Es ist die kürzeste Entfernung zwischen uns Menschen, befreit und lässt gleich Sympathien zwischen uns und anderen entstehen. Nichts bringt uns mehr Zinsen als Humor, Lächeln und Freundlichkeit, dabei sind die Investitionskosten so gering!

Vielleicht hatten ja auch einige Mitreisende ihren Spaß und haben heimlich gelacht, nur das habe ich in meiner Scham und Hektik natürlich nicht bemerkt.

# KAPITEL 11

*Von Zeit zu Zeit*
*erscheinen uns wunderbare Engel –*
*geschickt verkleidet,*
*als ganz normale menschliche Wesen.*

(Adele Basher)

Seit vielen Jahren hatte ich nichts mehr von Gabi gehört, die mir damals, als ich das erste Mal aus Kanada zurückkehrte, zusammen mit ihrem Mann Unterschlupf gewährt hatte. Nachdem ich Gabi nach dem Erscheinen meines Husky-Buches ein gewidmetes Exemplar übersandte, hat sie sich noch einmal kurz gemeldet. Dann hörte ich, dass sie sich einer religiösen Vereinigung angeschlossen hatte, die den Kontakt ihrer Mitglieder zu Menschen anderer Glaubensrichtungen nicht gern sah.

Damit war unsere Freundschaft für lange Zeit einfach im Sande versickert. Dazu kam – die beiden waren umgezogen, und ich kannte ihre neue Anschrift nicht.

Nach sechzehn Jahren ohne irgendeinen Kontakt, erhielt ich dann eine sehr berührende E-Mail von Gabi, in der sie schrieb: „Gila, die Welt hat mich wieder. Wenn du magst, dann ruf mich mal an."

Nichts lieber als das!

Durch ihre E-Mail konnten wir wieder an alte Zeiten anknüpfen. Betroffen machte mich jedoch, als ich hörte, was sie in den vergangenen Jahren alles durchmachen musste. Anders, als von mir vermutet, hatten ihre Erlebnisse nichts mit ihrer damals gewählten Glaubensgemeinschaft zu tun. Die hatte sie bereits nach einem halben Jahr wieder verlassen, wovon ich jedoch nichts wusste.

Völlig unabhängig von meinem Lebensweg wurde Gabi auf ihre Weise durch ihr eigenes Leben nachhaltig spirituell geprägt, so dass wir auf viele gemeinsame Ansatzpunkte kamen, die unseren Gesprächen immer wieder einen hochinteressanten Anstoß gaben.

„Übrigens, Gabi, am kommenden Wochenende besucht uns Günter Ilse mit seiner Ingeborg. Ihr wart ja damals auch auf seinem Seminar, und ich erinnere mich noch, dass ihr nachhaltig davon beeindruckt wart. Habt ihr Lust, am Samstagnachmittag zu uns zum Kaffeetrinken zu kommen?"

Ich spürte Gabis große Freude, Günter nach der langen Zeit wiederzusehen und setzte noch einen drauf, indem ich sie und ihren Mann abends einlud, mit Günter, Ingeborg und mir zusammen das James-Last-Konzert bei uns in Halle zu besuchen.

Ich freute mich schon seit langem auf Günters und Ingeborgs Besuch.

Eigentlich hatten sie vorgehabt, bis Montag zu bleiben, doch am Sonntagabend wollte ich noch einmal beim nächsten Konzert von Hansi, dieses Mal in der Dortmunder Westfalenhalle, dabei sein. Aus dem Grunde hatten sich die beiden vorher entschieden, bereits am Sonntagnachmittag wieder nach Hause zurückzufahren, der eine in den Süden, der andere in den Norden.

Ein paar Tage vorher fragte ich Günter am Telefon: „Soll ich Ingeborg vom Bahnhof abholen, wenn sie in Bielefeld eintrifft?"

„Nein, nein“, wehrte er ab, „es ist meine Aufgabe, mein Mädel zu begrüßen.“

„Kommst du auch mit dem Zug?“

„Nein, ich fahre mit dem Auto, dann bin ich flexibler.“

Günter hatte im April seinen 80-sten Geburtstag gefeiert. Ich machte mir ein wenig Gedanken um ihn, weil seine Gesundheit in den vergangenen Monaten nachgelassen hatte. Immer wieder war er bei unseren vielen Telefonaten von Hustenanfällen geschüttelt worden.

„Bist du sicher, Günter? Meinst du nicht, es wäre besser, wenn du auch mit der Bahn führst? Das wäre doch viel entspannter für dich. Wir könnten euch dann zusammen aus Bielefeld abholen.“

„Mädchen, mach dir mal keine Gedanken! Das klappt schon!“

Und wieder dieser starke Husten!

Er war jedoch nicht von seinem Vorhaben abzubringen.

Ingeborgs Zug sollte am Freitagnachmittag um 15.34 Uhr in Bielefeld eintreffen. Günter wollte direkt mit dem Auto von Heidelberg nach Bielefeld fahren, um sie dort vom Bahnhof abzuholen. Dann würden beide sicher kurz nach 16 Uhr bei mir eintreffen.

Ich hatte gebacken und den Tisch im Wintergarten schön gedeckt, damit wir anschließend zusammen ganz in Ruhe Kaffeetrinken konnten. Und so freute ich mich auf die beiden.

Inzwischen rückte der Zeiger der Uhr immer weiter. Es war bereits 16.30 Uhr. Nun gut, dachte ich, vielleicht hat Ingeborgs Zug Verspätung, warten wir eben noch ein wenig mit dem Kaffee.

Um 17.00 Uhr immer noch kein Zeichen! Was war los? Es

wäre gut, dachte ich, wenn einer von beiden mal anrufen würde, damit ich weiß, warum sie so spät sind.

Eine weitere Stunde lang verharrte ich in Ungewissheit – dann endlich ging das Telefon! Sofort nahm ich ab.

„Bundespolizei Bielefeld“, sagte eine männliche Stimme. „Sind Sie Gila van Delden?“

Ich erschrak und konnte gerade noch ein ‚Ja’ hervorbringen.

„Bitte nicht aufregen – es ist nichts passiert! Aber hier sitzt ein älteres Paar. Die beiden haben seit längerer Zeit das Parkhaus gesucht, wo Ihr Bekannter aus Heidelberg seinen Wagen abgestellt hat. Er hat den Ort jedoch nicht wieder gefunden. Ich bin dann mitgegangen, und wir haben zusammen sämtliche Parkhäuser durchsucht, bis wir sein Auto dann eben gefunden haben.“

Völlig erleichtert, dass weiter nichts geschehen war, bat ich den Bahnhofspolizisten, mir einen der beiden ans Telefon zu geben.

„Gila“, sagte Ingeborg mit müder Stimme, „wir fahren jetzt los. In einer halben Stunde sind wir bei dir und erzählen dir alles.“

Jetzt war ich beruhigt. Und einige Zeit nach dem Telefonat rollte Günters Auto dann endlich auf den Hof.

Ich stand bereits draußen und ging ihnen entgegen, als sie ausstiegen. Zutiefst erschrak ich, als ich Günter sah! Abgemagert wankte er auf mich zu. Er lief auf allerletzter Reserve! So hatte ich ihn zuvor noch nie erlebt!

Auch Ingeborg sah sehr geschafft aus. „Kommt schnell rein“, entschied ich – total betroffen, ihn so zu sehen. Ingeborg und ich hakten Günter rechts und links unter, um ihn zu stützen, und führten ihn in den Wintergarten. Dort halfen wir ihm, sich erst einmal hinzulegen.

„Warte, ich hol dir deine Zigaretten, Günter“, beschloss Ingeborg voller Besorgnis, was ein absoluter Liebesbeweis war. Ingeborg war strikt gegen das Rauchen, das einzige, was sie an Günter immer gestört hatte – und nun das!

Erstaunt, aber auch sehr berührt von ihrer Liebe zu ihrem Gefährten, beobachtete ich, wie sie versuchte, Günter eine Zigarette anzuzünden, was ihr erst nach mehreren Versuchen gelang, weil sie es vielleicht noch nie im Leben getan hatte.

Günter, noch immer völlig entkräftet, versuchte vorsichtig aufzustehen. „Bleib bloß liegen!“, entschied ich.

„Aber ich kann doch hier in deinem wunderschönen Wintergarten nicht rauchen!“, sagte er heiser.

„Und ob du das kannst!“, beschloss ich, „das ist ja nun wirklich eine besondere Situation.“

Tief inhalierte er – und das erste Mal in meinem Leben hatte ich das Gefühl, dass Rauchen gut tut, zumindest in diesem Moment.

„Er braucht das jetzt“, flüsterte Ingeborg mir zu.

„Kompliment“, erwiderte ich ebenso leise. Und wir bemerkten, dass es Günter jetzt in der Ruhe bei uns langsam, aber sicher besser ging.

Am Samstag, nachdem Günter nachts wieder gut geschlafen hatte, ging es offensichtlich wieder bergauf mit ihm.

Götz war inzwischen morgens mit der Crew im Schlafbus aus Amsterdam in Halle eingetroffen. Wir hatten verabredet, dass er die 4 Kilometer vom Gerry-Weber-Stadion zu uns nach Hause joggen wollte, um mit uns zumindest gemeinsam zu frühstücken.

Und da kam er auch schon! Er war patschnass.

„Hallo, ihr beiden!“, begrüßte er zuerst Ingeborg und dann

Günter aufs Herzlichste. „Kommt mir bloß nicht zu nahe – ich bin total verschwitzt vom Joggen! Ich geh' erstmal duschen!"

Als Götz wieder bei uns war, nahmen wir uns gemeinsam Zeit für ein ausgiebiges Frühstück, und Ingeborg erzählte Götz – dieses Mal jedoch mit genügend Abstand – die Geschichte mit dem Parkhaus.

Da es Günter wesentlich besser ging als am Vortag, nahm Götz das Ganze von der humorvollen Seite. Inzwischen konnten auch wir drei über die Begebenheit zumindest wieder lächeln.

Gegen Mittag brachte ich Götz mit dem Auto wieder zurück zu seinem Team, das verantwortlich war für den Aufbau der Bühne und der Instrumente. Nachmittags kamen Gabi und ihr Mann zum Kaffeetrinken, und auch das Konzert am Abend war ein voller Erfolg.

Am Sonntagmorgen machten wir noch einen langen Spaziergang mit Aisha, unserer Hündin. Günter liebte sie, und Aisha liebte Günter. Wo er auch saß, lag sie bei ihm. Sie war inzwischen 8 Jahre alt – die Liebe pur! Wie war das noch? Gleiches zieht Gleiches an.

Eine Eigenart war typisch für sie: Immer wenn Götz mich in die Arme nahm und wir ein wenig schmusten, dann winselte sie oder jaulte gar. Obwohl sie sonst niemanden ansprang, richtete sie dann ihre Vorderpfoten auf, so als ob sie dabei mitmachen wollte.

Schon wegen dieses lustigen Bildes hatten wir uns angewöhnt, wenn der Klassiker *‚Somewhere Over The Rainbow'* im Radio gespielt wurde, mit Aisha zusammen zu tanzen.

Als wir dann wieder von unserem Spaziergang zurückkehrten, setzte sich Günter in den Garten. Aisha war wieder bei ihm, und er streichelte sie ausgiebig. Es war ein so schöner

Anblick, dass ich die Kamera herausholte und dieses Idyll mit den beiden fotografierte. Schon da flog mich ein eigenartiges Gefühl des endgültigen Abschieds an.

Mich hatte sehr betroffen gemacht, dass Günter während der ganzen Zeit bei manchen Unterhaltungen immer wieder eingeschlafen war, so als ob er schon gar nicht mehr bei uns weilte.

*

Über Monika, die ich mit ihrem Mann Wolfgang viele Jahre zuvor bei einem meiner Seminare erstmals getroffen hatte, habe ich schon in mehreren meiner vorherigen Bücher kurz berichtet. Immer wieder erleben wir besondere Geschichten miteinander, vor allem, seit ihr Mann Wolfgang plötzlich im Dezember 2006 ins Licht gegangen war.

Sie leitet ein Kosmetikinstitut und wirkt trotz ihrer Jahre durch ihre zierliche Figur und ihr gepflegtes Äußeres sehr jugendlich. Ihr rotbraunes Haar fällt locker über ihre Schultern. Besonders ausdrucksstark sind ihre grünbraunen Augen. Ich mag sie sehr, weil sie ein Mensch ist, für den immer wieder das Wohl anderer an erster Stelle steht. Sie hatte anfangs sehr unter Wolfgangs plötzlichem Heimgang zu leiden.

Kurz vor Günters und Ingeborgs Besuch hatte sie bei mir angerufen. „Gila ich habe gestern Abend so einen schönen Abend bei Freunden erlebt, das glaubst du gar nicht! Mir ist es gestern wieder so gut gegangen."

„Schön, Monika, dass es nun wieder aufwärts mit dir geht. Das darf jetzt auch sein, nachdem du die ersten zwei Jahre nach Wolfgangs Heimgang überstanden hast."

„Weißt du, schwierig wird es erst, wenn ich dann wieder allein nach Hause in meine eigenen vier Wände komme. Ich war gestern Abend so traurig, dass ich diese Erlebnisse mit niemandem teilen konnte. Es wäre so schön, wenn ich wieder einen neuen Partner an meiner Seite hätte …!“

Und plötzlich musste ich an Rolf, Götz’ Bruder, denken und meinte: „Monika, mir kommt gerade so ein Gedanke: Götz’ Schwägerin Henny, die Frau von seinem Bruder Rolf, ist im vergangenen Jahr unerwartet ins Licht gegangen, was uns alle sehr betroffen gemacht hat, wie du dir vorstellen kannst. Ich habe Henny sehr gemocht – und ich glaube, sie mich auch. Vor kurzem war Rolf bei mir und hat so eine Bemerkung gemacht, die mich aufhorchen ließ. Zwischen den Zeilen habe ich gespürt, dass auch er sich ab und zu sehr allein fühlt.“

„Götz’ Bruder?“, staunte Monika. „Weißt du noch, wie ich dich im vergangenen Jahr aus Spaß gefragt habe, ob Götz nicht noch einen Bruder hat, der solo ist, als ich eure gute Beziehung erlebt habe?“

„Ja, aber damals ahnte keiner von uns, dass es Henny nicht gut ging. Ich überlege gerade, ob ich euch beide zusammenbringen sollte.“

„Gila, das wäre ja wundervoll! Erzähl mal von Rolf!“, lachte Monika und war auf einmal ganz aufgeregt.

Ich beschrieb Monika in allen Einzelheiten, was für ein lieber Kerl Rolf war – und sie war ganz aus dem Häuschen!

„Wie willst du das denn anstellen, Gila?“

„Na ja, zuerst muss ich Rolf über mein Vorhaben informieren. Ich weiß ja noch gar nicht, wie er darauf reagiert. Ich telefoniere gleich mal mit ihm – und rufe dich danach wieder zurück!“

Rolf nahm die Sache mit Humor und meinte: „Klar können wir uns mal treffen und beschnuppern. Ich sehe das Ganze ziemlich locker.“

Ich entschied, dass sich das James-Last-Konzert in der Dortmunder Westfalenhalle für einen unverbindlichen Treff mit den beiden und mir als Kontaktperson an dem darauf folgenden Sonntag geradezu anbot.

Es war ein absoluter Volltreffer, als die beiden sich zum ersten Mal begegneten! Und so geschah dann das, was offensichtlich von der geistigen Welt vorbereitet wurde.

Monika und Rolf sind seit dem Konzert ein Paar – und zwar ein sehr, sehr glückliches! Wer die beiden miteinander erlebt, hat das Gefühl, dass sie sich wirklich gesucht und gefunden haben.

Ist der Gedanke nicht schön, dass vielleicht sowohl Henny als auch Wolfgang aus der Ebene, wo sie sich jetzt befinden, mit geholfen und mir diese Idee eingegeben haben?

Nachdem Barbara, Götz' und Rolfs Schwester, die beiden das erste Mal gemeinsam erlebt hatte, rief sie mich spontan an: „Gila, ich möchte dir von Herzen danken, dass mein Bruder jetzt wieder so glücklich ist."

Damit ist wohl alles gesagt.

Zweimal waren die beiden danach bereits gemeinsam auf meinem Seminar – und alle, die an diesen Kursen teilgenommen hatten, wurden Zeuge des sowohl jungen als auch reifen Glücks.

Über 30 Jahre lang hatten Monika und ihr Mann Wolfgang eine gute Ehe geführt, doch es war wunderschön für mich zu erkennen, wie sehr sie sich dieser neuen Beziehung mit Rolf öffnete.

Herzerfrischend, wie Monika ab und zu auch mal etwas verschämt aus dem Nähkästchen plauderte: „Als Rolf anfangs bei mir übernachtete, wunderte er sich immer, dass ich stets zuerst die Gardinen im Schlafzimmer zuzog, bis er mich dann irgendwann mal darauf ansprach. Etwas verlegen gestand ich ihm dann ein, dass Wolfgangs Bild auf der Fensterbank stand, und den Anblick wollte ich Wolfgang einfach ersparen. Darum habe ich erst einmal sein Bild umgedreht und dann auch noch die Gardine vor das Bild gezogen!“

Während sie uns diese nette Episode erzählte, musste sie selbst schmunzeln – und die Gruppe lachte mit.

Apropos aus Spaß gesagt. Anhand dieser schönen Geschichte von Monika und Rolf können wir wieder erkennen, wie unser Unterbewusstsein arbeitet.

Es führt kritiklos den Auftrag aus, den es durch Gedanken, Gefühle oder Worte von unserem Verstand erhält, auch wenn es keiner der beiden in dem Moment, als sie darüber sprachen, so richtig ernst gemeint hatte.

Das hieß: Ein Gedanke mit Gefühl – in diesem Fall die Einsamkeit – war bei beiden stark vorhanden. Irgendwann wurden diese Gedanken unabhängig voneinander ausgesprochen.

Mit jedem Gedanken schmieden wir selbst ein Stück mehr an unserem Leben. Darum sollten wir unser Denken liebevoll und konstruktiv für uns und für andere einsetzen.

Wenn also jeder Gedanke etwas bewirken kann, dann sollten wir uns mal überlegen, was dann das Fernsehen mit uns macht! Wir brauchen doch nur mal durch die Programme zu zappen, wo es von Krimis, Horrorfilmen und Dramen wimmelt. Man müsste sich mal die Mühe machen, die vielen Leichen zu zählen, die jeden Abend beim Zuschauen der verschiedenen Filme für Gänsehaut sorgen, falls wir überhaupt noch welche davon bekommen!

Warum erzähle ich das?

Es ist doch hinreichend bekannt, dass diese Bilder unser Unterbewusstsein beeinflussen, und so wird dort der Eindruck erweckt: So ist die Welt! Angst wird erzeugt. Wir dürfen uns also nicht wundern, wenn wir dadurch unbewusst immer mehr Angst vorm Leben haben.

Wir sollten uns entscheiden, dass gute Gedanken und friedfertige Gefühle unser Herz erfüllen – unseren Fokus auf Wohlstand, Vertrauen zur Göttlichen Versorgung, Frieden, Liebe und Harmonie setzen! Es liegt in unserer Verantwortung, Worte des Glaubens und des Vertrauens zu wählen.

Wir dürfen, wenn wir das Beispiel von Monika und Rolf sehen, ganz fest davon überzeugt sein, dass unsere Gedanken und Worte unsere Lebensumstände beeinflussen! Wenn wir uns im Voraus für deren Verwirklichung bedanken, ist unser Erfolg schon vorprogrammiert!

Unsere positiven Gedanken und Gefühle sind wichtig – nicht die gegenwärtigen Tatsachen. Wenn wir unseren Fokus auf die erwünschte Lösung richten und Harmonie anstreben, werden wieder Freude und Zufriedenheit in unser Leben treten. Wir können darauf vertrauen, dass wir kritische Situationen meistern, wenn wir uns einer positiven Bewusstseinshaltung öffnen.

Wir sollten an die Lösung denken, nicht an das Problem – das Problem damit verhungern lassen! Wir können unsere Engel um Hilfe und um Zeichen bitten, wie wir eine belastende Situation zum Wohle aller Beteiligten lösen können! Lasst uns offen für diese Zeichen sein! Nehmen wir unser Göttliches Geburtsrecht wahr, die Art unserer Gedanken wählen zu können – das ist die größte Macht überhaupt!

Mit wachsender innerer Gelassenheit strahlen wir zusehends mehr Kraft im Leben aus. Dadurch leben wir ausgeglichener, nicht wie ein Spielball des Schicksals, sondern wie ein Fels in der Brandung. Durch das Wissen um die Lösungen, die uns das Leben anbietet, können wir voller Vertrauen sagen: Ja, alles ist gut! Darum ist es so wichtig, immer mehr darauf zu achten, dass all unsere Gedanken und Worte voller Liebe sind.

*

Günter und Ingeborg brachen am Sonntagnachmittag auf. Mit meinem Auto begleitete ich sie zum Bahnhof nach Bielefeld, um sicherzugehen, dass sie dort auch heil ankamen. Als ich Günters Auto während der Fahrt im Rückspiegel beobachtete, gab ich ihm mit meinen Gedanken viel Kraft, dass er es schaffte, die 400 Kilometer von Bielefeld nach Heidelberg heil wieder zurückzukommen.

Es war das innere Wissen, dass ich Günter zum letzten Mal hinterher winkte, als er Ingeborg dann zum Bahnsteig begleitete. Ich spürte in mich hinein. War ich traurig? Es war eher ‚Weh-mut' – es tat schon weh, aber die Überzeugung, dass auch er nur sein Körperkleid ablegen durfte, gab mir Trost, dass seine Persönlichkeit weiterhin existierte. Wir als ganzheitliche Persönlichkeiten sterben nicht, sondern wechseln nur die Ebenen. All unsere Lieben sind nur vorausgegangen, wir kommen ja irgendwann nach!

Mit dieser tiefen Erkenntnis kehrte ganz allmählich wieder innerer Friede und Zuversicht in mein Herz ein.

„Vater im Himmel", betete ich leise, als ich wieder zu Hause angekommen war „wenn Günter bald ins Licht geht, dann wünsche ich ihm von Herzen, dass es in Frieden geschehen mag und dass Ingeborg bei ihm sein kann. Danke …!"

Mein zweitältester Sohn Marco ist 1970 geboren und wohnt seit langen Jahren bereits in der Nähe von Vancouver in Kanada.

Dana und ich haben ihn vor kurzer Zeit besucht. Seine Sturm- und Drangzeit hat er gut überstanden und ist offensichtlich in seiner Position als Baggerfahrer immer noch sehr glücklich.

André, der älteste, ist 1967 geboren. Er lebt seit 1994 in Nome, Alaska – 60 Kilometer Luftlinie von Sibirien entfernt. Er ist dort Lehrer für Mathematik, Physik und Chemie. Damals ist er seiner Frau Kari aus Seattle in den hohen Norden gefolgt, weil sie dort eine Außenstelle der Universität Fairbanks leitet.

Im Juli 2009 besuchten uns die beiden, um wieder drei Wochen mit uns zu verbringen. In dieser Zeit hatte ich meine Kinder und ihre Partner zu einem einwöchigen Urlaub nach Mallorca eingeladen.

Am Tag unserer Abreise – es war Montag, der 6. Juli 2009 – rief Ingeborg an und teilte mir mit, dass Günter nachts einen starken Hustenanfall gehabt habe und mit einem Kreislaufzusammenbruch ins Krankenhaus eingeliefert worden wäre. Er läge jetzt auf der Intensivstation.

Sie sei so froh, dass sie in Heidelberg geblieben sei, denn eigentlich wäre geplant gewesen, dass sie bereits am Samstag mit der Bahn nach Hause fahren sollte. Aber irgendetwas habe sie zurückgehalten.

Ich spürte tief in mir: Günter war müde geworden, seine Augen hatten viel gesehen, seine Ohren viel gehört. Seine Seele sagte ihm, es würde nun Zeit, dort hinzugehen, wo er alles besser verstand.

Zwei Tage später erhielt ich dann im Urlaub von Ingeborg

die bewegende Nachricht, dass sie dabei sein durfte, als Günter am 8. Juli friedlich einschlief.

Danke, Vater im Himmel, dass Du mein Gebet erhört hast. Danke!

Zwei Wochen später hatte Ingeborg alle Freunde von Günter, von denen ich viele seit langem kannte, zu einer Licht- und Liebe-Feier nach Heidelberg eingeladen.

Da waren Anja und Martin, die den Weg von Hamm nicht gescheut hatten, Eva und Peter aus Süddeutschland, Renate aus Sasbachwalden und als Überraschungsgast Brigitte Träger, die sogar eine Übernachtung in Kauf nahm, um Ingeborg bei dieser Licht- und Liebe-Feier zu unterstützen. Sie alle kamen!

Mit bewundernswerter Kraft bat Ingeborg jeden von uns, sich namentlich vorzustellen und zu berichten, in welcher Beziehung wir zu Günter gestanden und was wir Positives oder Kurioses mit Günter erlebt hätten.

Und trotz der anfangs etwas wehmütigen Stimmung kamen immer mehr fröhliche Gespräche auf, die öfter sogar in herzlichem Lachen gipfelten.

Mir fiel dazu wieder die Episode ein, die ich vor einiger Zeit selbst bei einer Beerdigung miterleben durfte.

Ein guter Bekannter von uns hatte nach einer langen Krankheitsphase unsere Welt verlassen. Seine Familie war mit dem Pastor, der extra aus dem Ausland eingeflogen wurde und die Beerdigung leiten sollte, gut befreundet.

Doch keiner hatte damit gerechnet, dass dieser Freund der Familie schon vor seiner Predigt eine Alkoholfahne, die sich gewaschen hatte, um sich herum verströmte.

„Es begann damit“, erzählte ich schmunzelnd, „dass er nicht ganz sicher auf seinen Beinen zum Eingangsportal der kleinen

Kirche wankte und direkt neben mir bei einer jungen Mutter mit Baby im Kinderwagen stehen blieb."

Er hatte in den Kinderwagen hineingeschaut und lispelte danach stark angeheitert: „Oh wie ssüß! Zzwillinge!"

Die Mutter, ganz entgeistert von der starken Whiskyfahne, korrigierte ihn vorsichtig, dass es doch nur *ein* Baby sei.

„Sagen se bloß!", war seine whisky-schwangere Antwort.

„Na, das kann ja heiter werden", flüsterte sie mir zu. Und das wurde es dann auch. Zuerst ging im Gottesdienst nur ein Raunen durch die Reihen, dass der Pastor wohl ein wenig indisponiert sei. Doch dann ziemlich zum Schluss, als der Pastor den Segen für den Heimgegangenen sprach, passierte es: „Oskar, wir hoffen und beten für dich, dass du bei unserem Herrgott im Himmel bist, aber solltest du auf der anderen Seite sein, dann können wir dir auch nicht mehr helfen!"

Das war bisher die einzige Beerdigung, die ich miterlebt habe, auf der noch in der Kapelle verhalten gelacht wurde. Und das in einer katholischen Kirche – ich war dabei!

Ganz zum Schluss habe ich dann für Günter eine kurze Rede gehalten. Ich spürte, dass er mit seiner Liebe und seinem sympathischen Lachen mitten unter uns weilte, denn die Liebe schafft die Verbindung zwischen Himmel und Erde. Ich berichtete, wie wir uns zum ersten Mal getroffen hatten und gab vor allem die lustigen gemeinsamen Erlebnisse in den Jahren danach zum Besten.

Ich sprach an, dass unsere Freundschaft in den letzten Jahren immer mehr getragen wurde durch unsere Liebe für ihn, die darin gipfelte, dass ich später den Kontakt zu Ingeborg herstellen durfte. So schloss sich wieder der Kreis, dass wir – er durch *seine* und ich durch *meine* Seminare – etwas Wunderbares füreinander auslösen konnten, denn so hatte er sie kennengelernt.

Und da er ein Mensch war, der, wie er selbst stets lachend zugab – und Günter, du wirst mir verzeihen, wenn ich das jetzt schreibe – immer einen Tritt in den Hintern brauchte, um etwas Außergewöhnliches anzugehen, habe ich ihm diesen Schubs in aller Liebe verpassen dürfen.

Das Ergebnis war eine tiefe Seelenverbindung und Freundschaft zu einer beeindruckenden Frau, die ihm die restlichen Jahre seines Lebens Gefährtin und Seelenpartnerin war. Und dafür danke ich Gott aus tiefstem Herzen, dass Ingeborg in der Stunde seines Abschieds hier auf Erden bei ihm sein durfte.

„Günter“, schloss ich bewegt, „die Erinnerung an dich ist ein Fenster, durch das wir schauen können, wann immer wir wollen. Wir können Tränen vergießen, weil du gegangen bist – oder wir können glücklich sein, weil du gelebt hast. Wir können die Augen schließen und beten, dass du wieder bei uns bist – oder unsere Augen öffnen, um dankbar auf all das zu blicken, was du hinterlassen hast.

Günter, wir lieben dich alle – dein herzliches Lachen und das Strahlen deiner Augen bleiben uns für immer erhalten. Und wenn ich mir etwas wünschen darf, dann habe ich den Wunsch, dass du einer derjenigen bist, die mich dort erwarten, wenn meine Seele ihren Weg ins Licht antritt.“

# KAPITEL 12

*Der Geist,*
*der allen Dingen Leben verleiht,*
*ist die Liebe.*

(Verfasser unbekannt)

Durch unsere häufige Abwesenheit hatte sich Dana jahrelang um unsere Hündin Aisha gekümmert. Während der Arbeitszeit lag Aisha entweder bei Dana oder bei Irmi im Büro. Wo immer Dana in ihrer Freizeit auch hinfuhr, Aisha saß hinten in ihrem Twingo.

Durch ihren Umzug nach Friedrichshafen musste sie nun Abschied nehmen von ihrem Hund. Doch mit Freude übernahm Irmi Aisha an den Wochenenden, wenn Götz und ich nicht da waren.

Eines Tages bemerkten wir, dass Aisha zu husten begann.

„Aisha hat sich wohl erkältet", sagte ich zu Irmi, und wir maßen dem Ganzen keine große Bedeutung bei. Doch als dieses keuchende Geräusch bei ihr stärker wurde, spürte ich, dass da etwas nicht in Ordnung war.

Susanne, Monikas Tochter, ist Tierärztin in Island und weilte gerade zu Besuch bei ihrer Mutter in Deutschland. Während eines Telefonats übergab Monika ihrer Tochter den Hörer, und ich berichtete ihr von Aishas Symptomen.

„Wie alt ist Aisha?", fragte Susanne.

„Sie wird bald zehn Jahre alt."

Obwohl ich Susanne die Anzeichen nur am Telefon erklären

konnte, bat sie mich, umgehend mit Aisha zu unserer Tierarztpraxis zu gehen, da sie eine Herzklappenschwäche vermutete, die jedoch mit Medikamenten behandelt werden könnte.

Wir machten sofort einen Termin. Bei der Untersuchung stand Aisha völlig gestresst und zitternd vor der Tierärztin auf der Liege und wurde ganz lieb von ihr gestreichelt. Danach meinte die Tierärztin zuversichtlich: „Machen Sie sich keine Gedanken. Damit kann sie noch recht alt werden. Ich gebe Ihnen jetzt zwei verschiedene Medikamente, die Sie ihr täglich verabreichen müssen."

Dadurch ließ das Keuchen dann wirklich etwas nach. Kurze Zeit später jedoch kehrten die Symptome trotz der Medikamente zurück. Es war traurig für uns, ansehen zu müssen, wie Aisha immer mehr hustete und auch würgte, wenn sie die Treppe zum Büro hoch lief.

Wir drängten auf eine Ultraschalluntersuchung. Und dabei stellte sich heraus, dass Aisha einen großen Tumor zwischen Herz und Lunge hatte. Da wussten wir, dass sie nicht mehr lange bei uns sein würde.

Und damit begann für uns eine Zeit der Wehmut.

Oftmals ist mir der Gedanke gekommen, ob die plötzliche Trennung von Dana wohl die Ursache war, dass sich bei ihr ein ‚Trauer-Tumor' gebildet hatte. Warum sollte das bei den Tieren anders sein als bei uns Menschen?

Meine Freundin Marianne und ihr Mann Friedel hatten uns am Neujahrstag zum Kaffeetrinken eingeladen. Aisha war bei uns. Es ging ihr gar nicht gut. Bisher hatten wir sie überall mit hinnehmen können, aber bei diesem Besuch schien sie starke Probleme zu haben. Dauernd wollte sie nach draußen, um ihren Bauch im Schnee zu kühlen.

„Was ist denn mit Aisha los?“, fragte Marianne ganz erstaunt, „so habe ich sie ja noch nie erlebt!“

Ich berichtete ihr mit Wehmut im Herzen von dem Befund des Ultraschalls und dass ich wohl über kurz oder lang die Entscheidung treffen müsste, sie einschläfern zu lassen.

Marianne, die Aisha mit hatte aufwachsen sehen, sagte betroffen: „Zu entscheiden, wann der richtige Zeitpunkt gekommen ist, scheint mir das Schwierigste überhaupt zu sein. Wann ist es zu früh? Wann ist es zu spät?“

„Entscheidend ist nur die Frage: Wann leidet sie am wenigsten? Ich muss in mein Herz hineinspüren und darauf vertrauen, dass es mir intuitiv die richtige Antwort geben wird.“

„Ich glaube auch“, fuhr Marianne fort, „dass dich dein Gefühl das Richtige tun lässt.“

„Ich vertraue einfach der Göttlichen Weisheit, Marianne, dass wir Aisha in Liebe loslassen können, wenn ihre Zeit gekommen ist.“

An einem Dienstagabend – ungefähr zwei Monate nach der Diagnose – ging es Aisha sehr schlecht. Sie lag einfach da, und wenn sie aufstand, würgte sie immer wieder.

Mit Tränen in den Augen rief ich die Tierärztin an und sprach mit ihr über den nächstmöglichen Termin, damit Aisha bald erlöst war. Sie konnte jedoch erst am Samstag.

Und das war für uns alle eine schwierige Zeit, diese Tage, diese Stunden, die gezählt waren! Ganz besonders schwer wurde es dann, als Aisha am nächsten Tag wieder munter meine tägliche Runde mitmarschierte und nur ab und zu keuchte. War es nicht doch zu früh? Hatte ich diese Entscheidung jetzt schon treffen dürfen? Götz und auch Rico hielten sich raus – sie konnten nicht anders. Es war meine Aufgabe.

In ihren letzten drei Tagen haben wir sie sehr verwöhnt. Ein Leckerbissen nach dem anderen wurde ihr zugesteckt. Sie durfte sich sogar in der Gülle wälzen, die ausgerechnet an einem dieser Tage noch auf die Felder hinter unserem Haus ausgefahren wurde. Sie stank drei Meilen gegen den Wind, als sie dann wieder von ihrem Streifzug nach Hause kam.

Und wir badeten sie ein letztes Mal.

Am Freitagabend waren wir alle sehr bedrückt. Jeder, der sich schon einmal von seinem Tier hat trennen müssen, kennt dieses bedrückende Gefühl des Abschieds.

Es war tief berührend, als am Samstagmorgen alle, die sie lieb hatten und die Aisha liebte, bei uns zu Hause um ihr Körbchen herum knieten und sie unaufhörlich streichelten und ihr zärtliche Worte sagten, während die Tierärztin die Spritze setzte.

Ihre wunderschönen braunen Augen schauten uns voller Vertrauen an, und ihr Schwänzchen wedelte voller Liebe, bis sie ins Licht gegangen war.

Das Lied *‚Somewhere Over The Rainbow'* wird uns immer an Aisha erinnern.

Und doch quälte mich danach der Gedanke, ob meine Entscheidung nicht zu früh gefallen war. Wie so oft, bat ich meine Engel um ein Zeichen.

Eine Woche später erhielt ich dann eine sehr berührende E-Mail von Nicole, eine Teilnehmerin aus Koblenz, die mit ihrer Freundin Ramona bereits öfter bei mir war. Inzwischen war ein sehr herzlicher Kontakt zwischen uns entstanden.

Sie schrieb mir ganz erschüttert, dass ihr Hund Tammy bei einem Spaziergang vollkommen unerwartet ins Licht gegangen sei. Und sie habe nichts für ihn tun können.

Sie mache sich Vorwürfe, dass sie, als er am Boden lag, hektisch und panisch reagiert habe, statt ihrem Hund in seinen letzten Minuten voller Liebe dankbare Worte zu sagen, und ihn in Ruhe gehen zu lassen. Diese Gedanken quälten sie jede Minute, und sie fände kaum Ruhe.

Ganz aufgewühlt von diesem Zeichen schrieb ich Nicole unter anderem zurück:

*Dienstagabend habe ich die Tierärztin für den darauf folgenden Samstag zu mir nach Hause bestellt. Das würde ich nicht wieder tun, Nicole, denn wir haben von Dienstag bis Samstag mehr gelitten als Aisha, auch wenn wir Abschied nehmen konnten – im Gegensatz zu Dir. Ich habe zu dem Zeitpunkt jeden etwas ‚beneidet', der diese Entscheidung nicht selbst treffen musste, weil sie ihm vom Schicksal abgenommen wurde – wie bei Dir.*

*Du siehst, wie sich die Fälle gleichen: Du hättest lieber mit liebevollen Worten Abschied genommen und hast jeden anderen darum beneidet – und ich habe das getan und hätte mir gewünscht, Aisha wäre von selbst ins Licht gegangen. Du siehst, liebe Nicole, wie immer es auch passiert – wir sollten es in Liebe annehmen.*

Nach diesem Brief an Nicole ging es mir besser – und ich hoffe, auch ihr haben meine Worte etwas von ihrem Schmerz genommen.

Genau in diesem Moment, in dem ich diese Passage schreibe, erreicht mich wieder eine E-Mail von Nicole, nachdem wir beide fast gleichzeitig unsere Hunde loslassen mussten. Ja, Nicole, Gedanken sind wirklich Kräfte!

Durch ihre Antwort habe ich wieder gespürt: Vertrauen zum

Leben ist das Wichtigste. Wenn wir uns selbst etwas zutrauen, so trauen wir auch anderen Menschen und ihren Fähigkeiten. Auch in problematischen Situationen sollten wir voller Zuversicht an eine passende Lösung glauben – das gibt uns Sicherheit! Damit verlieren wir jegliche Angst!

Wenn wir der Göttlichen Weisheit vertrauen, sind wir in der Liebe. Als freie Wesen können wir entscheiden, ob wir ‚Ja' sagen zur Liebe und zum Optimismus. Wir leben dann voller Freude und sind neugierig auf das Leben wie ein kleines Kind.

Und wenn wir mal so richtig gebeutelt werden und an die Grenzen unserer Kraft stoßen, dann dürfen wir vertrauen – wie ein Baum, der selbst im stärksten Sturm seine tiefen und festen Wurzeln spürt, die ihn halten.

*

Bei einem Seminar in Österreich fand eine Schweigeeinheit statt. Während dieser stillen Stunden saßen Sybille und Manfred beim Kaffeetrinken an unserem Tisch.

Ich hatte die beiden Jahre zuvor in Leutkirch kennen und schätzen gelernt. Seit der Zeit kamen sie einmal pro Jahr zu mir, um wieder ein paar Tage gute Energie zu tanken. Es ist der trockene Humor, der mir an beiden so gefällt, und es gibt mit ihnen stets etwas zu Lachen.

Doch heute saßen wir aus besagtem Grund in liebevollem Schweigen beieinander. Mein Platz am Tisch war jedoch etwas beengt, so dass ich Manfred, der außen saß, ein kurzes Handzeichen gab, mir noch eine zweite Tasse Kaffee von der im Nachbarraum stehenden Kaffeemaschine mitzubringen.

Manfred nahm die leere Tasse von mir in Empfang, schaute etwas ratlos hinein und schnupperte kurzerhand daran.

Ich dachte noch: ‚Warum verhält er sich so eigenartig und steckt seine Nase so tief in meine Tasse?'

Er, ein jugendlich wirkender Mittsechziger, marschierte los, und als er die gefüllte Tasse vor mich hinsetzte, schaute er mich erwartungsvoll an.

Verdutzt blickte ich auf den offensichtlich mit viel Liebe gezapften Cappuccino und sah, dass Manfred mich genauestens beobachtete. An meiner Miene merkte er sofort, dass er damit wohl nicht die richtige Wahl getroffen hatte. Hilflos zuckte er mit den Schultern.

Dann aber kam ich auf die logische Schlussfolgerung für sein eigenartiges Verhalten. Mir war gar nicht in den Sinn gekommen, er könnte nicht darauf geachtet haben, wie ich meinen Kaffee zu trinken pflegte. Nachfragen war ja nicht möglich gewesen. Und nun verstand ich auch sein Schnuppern!

Der Rand in meiner Tasse hatte keinen sicheren Schluss zugelassen, ob es sich um Tee oder Kaffee, ob mit oder ohne Zucker, oder etwa um Milchkaffee gehandelt hatte. Unser beider Gesichtsausdruck war filmreif!

Um ihn nicht noch einmal in Verlegenheit zu bringen, zwängte ich mich schmunzelnd durch die engen Stuhlreihen und holte mir jetzt selbst meinen schwarzen Kaffee.

Sorry, Manfred – das mache ich nie wieder während einer Schweigeeinheit. Versprochen!

Mit einem sehr schönen Ritual war das Schweigen beendet. Als wir alle zusammen saßen, berichtete Manfred dann der Gruppe von dem Vorfall: „Was für eine Lachnummer! Ich war völlig hilflos. Setzt ihr euch mal in Bewegung und wisst nicht, was ihr am Kaffeeautomaten für Gila ziehen sollt, die in freudiger Erwartung ihres Kaffees harrt!"

Gelächter ging durch die Gruppe bei seinen Ausführungen.

Und Sybille setzte noch einen drauf: „Ihr habt ja gesehen, dass – etwas abgeteilt von uns – noch eine weitere Reisegruppe in unserem Speisesaal beim Frühstück saß. Immer wieder wurden wir vorhin von ihnen beobachtet, wie wir uns herzlich, aber stumm begrüßten und uns dann in die Arme nahmen."

„Ja, dass sie uns beobachteten, ist mir auch aufgefallen", lächelte Manfred und nickte.

„Und als ich am Kaffeeautomaten stand, belauschte ich ungewollt einen Dialog zwischen einem älteren Paar aus der Reisegruppe. Sie beugte sich zu ihrem Mann und sagte mit einer Spur von Vorwurf in der Stimme, ob ihm aufgefallen sei, wie nett *die* alle miteinander umgingen? Worauf ihr Mann sich trocken herausredete: ‚Ja, die mit Handicap machen das alle so!'"

Etwas ‚*ver-rückt*' sind wir ja wirklich – oder?

Wie kann man denn sonst einen Menschen, der sehr verärgert ist und den man nicht kennt, einfach in die Arme nehmen? Meint ihr, das geht nicht? Von wegen!

Denn dann erzählte Manfred der Gruppe auf seine erfrischend trockene Art die kleine Episode: „Wisst ihr, wie ich Gila kennengelernt habe? Sybille und ich hatten uns für unser erstes Seminar bereits einige Monate vorher angemeldet und uns richtig darauf gefreut."

Ich wusste, was kam und musste bereits während Manfreds Ausführungen schmunzeln.

„Bei unserer Ankunft hörten wir dann an der Rezeption, dass wir in einem anderen Hotel als geplant untergebracht werden sollten. Da war ich schon total sauer und habe mich dann wutentbrannt auf den Weg zum Seminarraum zu Gila begeben. Ich habe Gila die Leviten gelesen, dass es nur so krachte. Als sie mir ruhig zugehört und sich entschuldigt hat, was macht sie dann? Nimmt mich einfach in ihre Arme und schmust meinen Ärger gnadenlos nieder! Wer macht das schon? Und damit war die Wut natürlich verraucht."

Wie gehen wir denn im Normalfall auf Menschen zu? Wenn wir jemanden begrüßen, den wir nicht kennen, so geben wir ihm die Hand. Aber reicht das, um dem anderen zu signalisieren: Wenn du magst, darfst du dich hier öffnen – nimm dir ruhig die Zeit dafür, die du benötigst?

Ich glaube, es schafft einfach liebevolle Nähe, wenn wir einander spüren und uns zur Begrüßung herzlich in die Arme nehmen, sanft genug, um einen Menschen wieder aufzurichten. Damit signalisiere ich dem anderen: „Du, ich verstehe dich und gebe dir damit die Möglichkeit, dich selbst wieder zu spüren."

Wir helfen dem anderen damit, die eigenen Signale der Seele, des Körpers, der Träume, der Gefühle wirklich ernst zu nehmen, denn auf diese Weise redet Gott mit uns.

Doch jeder hat die Freiheit, all dies abzulehnen, wenn sein Verstand wieder mal glaubt, es besser zu wissen. Mancher weist diese Gedanken von sich und lehnt die Einheit von Körper, Geist und Seele ab. Vielleicht hält er sie sogar für Aberglauben. Er wird dann den Mangel an Harmonie und innerem Frieden mehr durch die Anhäufung von äußeren Dingen oder den Kauf von Dienstleistungen, die Gesundheit versprechen, wieder ausgleichen wollen. Doch er lebt dann ein Leben, dem die Liebe und das Vertrauen zur Kraft der Schöpfung fehlen!

Wir sollten uns immer daran erinnern, dass unsere Seele sich ein ganz klares Ziel gesteckt hat. Verlieren wir dieses Ziel aus den Augen, wird es nicht lange dauern, bis sich unsere Seele durch Krankheiten bemerkbar macht.

Darum sollten wir, wenn sich unsere innere Stimme meldet

und uns ganz zart darauf hinweist, besser gleich etwas zu tun, auch auf sie hören.

Ähnlich ist es, wenn unser Verstand ‚Nein' sagt, aber unser Herz ‚Ja'. Wenn wir dieser Herzensstimme folgen, bekommt unser Leben mehr Wärme und vor allem die Klarheit, die uns mehr und mehr ein klares ‚Ja' und ein klares ‚Nein' leben lässt.

Vielleicht fällt es uns manchmal nicht leicht, eine klare Entscheidung zu treffen. Wir dürfen jedoch das Vertrauen haben, dass wir trotzdem die Achtung und Zuneigung anderer behalten. Auch wenn wir mal Bitten aus guten Gründen ablehnen müssen, können wir fest davon ausgehen, dass uns die anderen trotzdem noch mögen und wir nach wie vor als liebenswert gelten.

So mancher ‚Freund' wird dann vielleicht unser Umfeld verlassen. Doch das darf dann auch so sein. Zu einem positiven Selbstwertgefühl gehört, dass wir unsere Entscheidungen selbst treffen – als glückliche und selbstbewusste Menschen! Und dafür werden uns unsere Mitmenschen sicherlich schätzen.

Lasst uns nicht nach den Werten anderer leben, sondern stattdessen zu unseren Erkenntnissen stehen und mit anderen über unsere Bedürfnisse sprechen – Reden bringt Klarheit! Das sollte uns zum Lebensprinzip werden!

Die Klarheit unserer Gedanken spiegelt sich in unserer Aura wider. Unsere Ausstrahlung macht uns magnetisch. So ziehen wir Menschen mit gleicher Schwingung an. Andere spüren sofort, ob sie sich auf uns verlassen können und ob wir aufrichtig sind. Dann fühlen sie sich wohl in unserer Nähe.

Je klarer wir leben, umso mehr ziehen wir auch dementsprechende Ereignisse an. Wir sollten offen und ehrlich zu uns selbst und anderen sein. Offenheit heißt, unser Herz für andere zu öffnen, interessiert an ihnen zu sein, hinzuhören, was sie zu sagen haben!

Lasst uns anderen Menschen Hilfe anbieten, wenn sie diese brauchen, aber ihnen ihre eigenen Entscheidungen und Einsichten selbst überlassen. Offenheit in all unseren Beziehungen, in unserer Familie und auch in unserer Partnerschaft ist wichtig.

Durch diese Offenheit, die auch so manches Mal Mut erfordert, werden auch wir manch wertvollen Impuls erhalten, der uns neue Perspektiven für unser eigenes Leben aufzeigt.

Wo sich so wunderbare Menschen begegnen, die sich öffnen, miteinander lachen, weinen und ganz tief empfinden, geschehen eben auch manche kuriose Begebenheiten.

Oft erwähnen meine Teilnehmer dann das Lämmer-Seminar in Gosau im Salzkammergut. Auch dort hatten wir etwas Besonderes erlebt.

Es war zur Lämmersaison Anfang Mai. Aus unserem Tagungsraum konnten wir direkt auf die angrenzenden Wiesen schauen, wo sich viele Schafe und einige neugeborene Lämmer tummelten. Herrlich, die kleinen Bocksprünge der Lämmchen in ihrer unbekümmerten Lebensfreude zu beobachten!

„Ich habe sogar gestern in der Mittagspause beim Spaziergang gesehen, wie ein Lämmchen zur Welt kam“, berichtete eine Teilnehmerin ganz glücklich über dieses Ereignis. „So etwas habe ich wirklich noch nie erlebt! Beeindruckend!“

Am Sonntagmorgen hatte ich zum Abschluss eine Meditation geplant und legte eine CD als Hintergrundmusik ein. Die Gruppe hatte es sich bereits auf ihren Decken bequem gemacht, und die zugezogenen Vorhänge sorgten dafür, dass die

Sonne nicht allzu hell in unseren Raum schien. Eine wunderbare Schwingung der Ruhe und Entspannung war an diesem Tag spürbar.

‚So, alles bestens', dachte ich, und wartete auf die Musik. Nur, die kam nicht! Die Anlage reagiert normalerweise auf Knopfdruck und war bisher immer in Ordnung. Als sich weiterhin nichts tat, gab ich Götz leise einen Wink: „Kannst du mal nach der Musik schauen?"

Sofort machte er sich ans Werk. Nach einer Weile – immer noch keine Musik!

Ich hatte ja schon vorher erwähnt, wenn Götz etwas beginnt, dann bringt er es auch zu Ende, egal, wie viel Zeit er dafür benötigt. Und da lag meine Befürchtung, dass die Teilnehmer Stunden auf ihren Decken hätten ausharren müssen, bis Götz die gesamte Anlage auseinander genommen und wieder zusammengesetzt hätte.

So entschied ich tapfer: „Götz, vielen Dank, aber wir machen ausnahmsweise mal eine Meditation ohne Hintergrundmusik!"

Es war ungewohnt, aber es ging natürlich. Ja, bis dann – bis dann auf einmal etwas geschah, das uns wie ein Wunder anmutete. Plötzlich begannen die Schafe und auch die Lämmchen zu blöken! Sie mussten sich wohl unmittelbar vor dem Fenster unseres Raumes versammelt haben, der nur durch einen schmalen Weg von der Weide getrennt war. Während der gesamten Meditation blökten sie abwechselnd in ganz unterschiedlichen Tonlagen. Mal war es ein hoher, mal ein tiefer Ton, als hätten sie gespürt, dass uns die Musik fehlte!

Auf allen Gesichtern der Teilnehmer zeigte sich ein Lächeln. Für mich ein wunderschöner Anblick – alle hatten die Augen geschlossen und schmunzelten! Und dann nach dem

Ende der Meditation ließ auch erstaunlicherweise das Blöken wieder nach.

Eine Teilnehmerin schüttelte hinterher ungläubig den Kopf und meinte: „Das kann man gar keinem erzählen, der nicht dabei war und dieses Ereignis miterlebt hat. Das glaubt einem keiner!“

Na ja, das war eben unser Lämmer-Seminar in Gosau! Erstaunlicherweise funktionierte die Musikanlage danach wieder einwandfrei.

*

Während unserer Kaffeepause saß Angelika neben mir und wollte von mir wissen: „Gila, ich besuche jetzt bereits zum zweiten Mal eines deiner Seminare, und ich habe immer noch Schwierigkeiten, mich Menschen gegenüber zu öffnen, die ich nicht kenne. Auch mein Chef hält mir das manchmal vor. Und er hat Recht. Was kann ich nur tun?“

„Zeige doch einfach mal deine Gefühle anderen gegenüber! Sag es ihnen, wenn du glücklich bist!“, riet ich ihr.

„Und wenn ich es nicht bin?“

„Dann stehe auch dazu, Angelika. Du weißt doch, Wissen stellt Tatsachen fest, Glauben schafft Tatsachen. Also scheue dich nicht davor, daran zu glauben, dass du dich immer mehr öffnen und deine Gefühle auch zulassen kannst. Du kennst dich doch selbst am besten – du weißt, was dich glücklich macht. Und dann tue es einfach! Lass dich auf dich selbst ein! Das Ergebnis wird dich überraschen!“

„Weißt du, Gila, stattdessen lade ich mir immer die Last der gesamten Welt auf meine Schultern.“

„Und was erreichst du damit? Doch nur, dass dich das Leid

der Welt niederdrückt. Verbinde dich stattdessen mehr mit Freude, Liebe und Harmonie. Du ziehst die Schwingung an, in der du selbst gerade bist. Also ändere deinen Fokus, denn worauf du deine Aufmerksamkeit richtest, dorthin fließt deine Schöpfungskraft."

„Genau das ist es eben, dass ich manchmal nicht weiß, was die Zukunft bringt und bei mir dadurch eine unerklärliche Angst entsteht."

„Schau mal, Angelika, es gibt nichts, wovor du Angst haben müsstest. Das Leben will dich fördern. Lebe einen Tag nach dem anderen. Vielleicht kannst du abends vor dem Schlafengehen einfach mal Gott für all das Gute danken, was dir widerfahren ist."

„Gila, das ist ein guter Gedanke! Vielleicht ist ja diese Angst bei mir entstanden, weil ich in der Vergangenheit einiges an negativen Dingen erlebt habe."

„Was geschehen ist, ist nicht mehr zu ändern, aber du kannst aus Fehlern, die du in deiner Vergangenheit gemacht hast, lernen. Denke immer daran, dass alles, was du planst, auch erreichbar ist. Stell es dir genau vor – empfinde es so, als sei es schon verwirklicht! Spüre hinein in die Freude und die Begeisterung, dass du es bereits erreicht hast! Es ist viel leichter, als du denkst. Höre niemals auf zu träumen, Angelika, höre niemals auf zu glauben, höre niemals auf zu lieben."

Als ich nach dem Seminar eine E-Mail von Angelika erhielt, schrieb sie mir überglücklich, wie sehr ihr diese Tage in der Gemeinschaft mit den anderen geholfen hätten. Sie hätte ihren Chef sogar in die Arme genommen, weil er sich dafür eingesetzt hatte, dass sie Urlaub bekam.

Na bitte, es geht doch ...!

Weltmeisterschaft Juni 2006 – erschwerte Bedingungen für mein Seminar! Bei einer Weltmeisterschaft entwickle ja selbst ich mich zum Fan! Und so konnte ich auch meine Teilnehmer gut verstehen, als sie mich vorsichtig baten: „Gila, am Freitag, um 17 Uhr, spielt Deutschland gegen Argentinien. Meinst du, es wäre möglich, uns das Spiel zusammen anzusehen?"

Ich dachte kurz nach und war damit einverstanden, dass wir unsere abendliche Pause um 15 Minuten vorverlegten, um zumindest den letzten Teil des Spiels noch mitzuerleben.

Wie geplant, stießen wir in der zweiten Halbzeit dazu. Diejenigen aus unserer Gruppe, die sich für Fußball interessierten, standen dicht gedrängt an der Bar vorm Bildschirm. Alle drückten der deutschen Mannschaft die Daumen. Sie lag jedoch mit 0:1 zurück. Wenn sie verlöre oder unentschieden spielte, würde sie die Heimreise antreten müssen.

Im offenen Saal neben uns wurde gerade eine Hochzeit gefeiert. Immer wieder drehten sich die Köpfe der Gäste zu uns herum. Ein bisschen Betrübnis war schon zu erkennen, da ihnen durch die Feier verwehrt war, das Spiel mit uns am Fernseher zu erleben.

Ich erinnere mich noch lebhaft daran, wie wir bei jedem Abstoß mitfieberten, als ich plötzlich auf eine Idee kam und meinen Teilnehmern zuflüsterte: „Ich weiß ja, es ist ein wenig Manipulation, aber Vorstellung schafft Wirklichkeit! Sehen wir es mal großzügig als Unterstützung an! Los, lasst uns jetzt alle zusammen dreimal ganz monoton wie ein Mantra sagen: ‚Der Ball – in das argentinische Tor!' Dann zähle ich bis Drei – und wir schreien alle ganz laut: ‚Tor – Tor – Tor!'"

Alle waren hellauf begeistert. Schon als wir unsere Köpfe zusammensteckten und dreimal unser Mantra murmelten, schauten manche Hochzeitsgäste interessiert zu uns herüber.

Dann zählte ich leise: „1, 2, 3!“

Und dann schrieen wir alle zusammen: „Tor – Tor – Tor!“

Die gesamte Hochzeitgesellschaft jubelte: „Tor – Tor – Tor!“

„Nein!“, rief ich bedauernd zu ihnen herüber. „Nein, es ist noch nicht so weit! Wir haben nur geübt! Sorry!“

Total enttäuschte Gesichter! Dann aber, in der 80-sten Minute, kam wirklich der von uns visualisierte und so ersehnte Ausgleichstreffer. Doch die Gäste waren dieses Mal sehr verhalten mit ihrem Jubel. Vielleicht war es ja *wieder* nur eine Übung!

Als Deutschland dann durch das später gewonnene Elfmeter-Schießen ins Viertelfinale einzog, nahm mich der Vater der Braut zur Seite, klopfte mir anerkennend auf die Schulter und meinte: „Mindestens *ein* Tor hat die deutsche Mannschaft Ihrer Gruppe zu verdanken!“

Apropos Fußball. In unserer hiesigen Tageszeitung kam ein Bericht über das Hörster Fußballteam, in dem Rico mitspielt, mit der Überschrift: „Erneut erfolglosestes Altkreis-Team! Eine super Truppe – außer beim Fußball!“

Rico zeigte mir den Bericht, wo er und seine Mannschaft, alle fröhlich grinsend, abgebildet waren und erzählte: „Ausgerechnet beim letzten Spiel erschienen die Gegner mit 50-minütiger Verspätung auf dem Platz. Sie hatten verschlafen.“

„Das kann doch nicht wahr sein“, schmunzelte ich, „verschlafen?“

„Das Schärfste war, dass wir erst zwei Minuten nach dem Anpfiff gemerkt haben, dass das gegnerische Team sogar zwölf Spieler auf dem Spielfeld hatte.“

Ich prustete los und flachste: „Ihr scheint das alles aber sehr ernst zu nehmen!“

„Weißt du, Mom, Fußball ist für uns einfach nur ein Riesenspaß. Aber wir haben zumindest unseren Titel verteidigt.“

„Und das heißt?“

„Wir sind erneut die schlechteste Mannschaft im Altkreis!“

„Na, das ist doch wenigsten etwas!“

„Immerhin haben wir uns ein bisschen gesteigert“, meinte Rico treuherzig, „vor einem Jahr kamen wir noch auf null Punkte, dieses Mal sind es immerhin zehn!“

„Kannst du mir das mal etwas näher erklären?“

„Wir kassieren mittlerweile nur noch fünf Gegentore im Schnitt. Aber viel mehr ist mit unserer Mannschaft im Moment auch nicht zu erreichen, das wissen wir alle. Unser Team hat sich ja damals zusammengesetzt aus den Zuschauern der ersten Mannschaft. Im Vordergrund stehen bei uns Spaß und Geselligkeit.“

Rico war in seiner Kindheit und Jugend hauptsächlich von weiblichen Wesen umgeben. Dementsprechend versuchte er nun, seine eigene Position in unserer Familie zu finden. Er argumentiert sehr gern und will mir oft das Gegenteil von dem, was ich sage, beweisen. Doch inzwischen umhülle ich mich mit einer Aura heiterer Gelassenheit und nehme es lächelnd hin, muss aber zugeben, es gab auch andere Zeiten.

Mit dieser Einstellung geht es einfach besser. Es bringt mich weiter, als wenn ich mich über alles aufrege. Ich weiß, wenn mich an anderen etwas stört, dann sind das Eigenschaften, mit deren Auflösung ich nach dem Gesetz der Resonanz selbst noch beschäftigt bin.

Allein durch das innere Wissen, dass das Leben für jeden die passenden Lösungen bereithält, können wir viel toleranter und freundlicher reagieren. Freundlichkeiten sind wie spontane Geschenke für andere. Damit erzeugen wir sofort eine liebevolle Schwingung.

Es ist doch so leicht, jemandem mal ein Kompliment zu machen, ihn mit irgendetwas zu überraschen und damit ein Lächeln auf sein Gesicht zu zaubern. Durch heitere Gelassenheit säen wir Ruhe und Freundlichkeit – und ernten Harmonie! Wir wissen doch alle: Druck erzeugt Gegendruck – Reibung erzeugt Wärme – Liebe jedoch spricht ihre eigene Sprache! Und genau das sage ich mir auch immer wieder und versuche, in Situationen, die vielleicht kritisch werden könnten, gelassen zu reagieren.

Ab und zu hatte Rico mich gebeten, ob er mal einen Freund oder eine Freundin auf eines meiner Seminare einladen durfte. Er freute sich dann, wenn diese jungen Leute danach ganz begeistert nach Hause kamen, meinte aber stets selbstsicher: „Ich? Ich brauche das nicht!“

Wie es so üblich ist, versuchte er als Student neben seinem Studium etwas Geld zu verdienen. Von einem Bekannten erfuhr er, dass eine namhafte Versicherung nebenberufliche Mitarbeiter suchte.

„Du, ich brauche einen neuen Blazer und eine Krawatte für die Meetings“, meinte Rico eines Nachmittags zu mir, als ich in der Küche hantierte.

So ganz traute ich dem Braten nicht, weil ich wusste, dass man in der Versicherungsbranche nicht nur eine sympathische Persönlichkeit braucht, sondern vor allem Fleiß und Ausdauer. Doch Rico ließ nicht locker – er wollte unbedingt!

So ging er jeden Morgen, schick angezogen mit Blazer und Krawatte, ins Büro, um an den Schulungen teilzunehmen.

„Am kommenden Wochenende ist übrigens ein Seminar angesetzt. Der Kurs wird von der Gesellschaft bezahlt, nur die Hotelkosten müssen von uns getragen werden. Ist das okay?“

Natürlich war das okay für mich …

Am Sonntagabend kam Rico nach Hause – sehr angetan von der Thematik. Ich hörte aus seinen Erzählungen, dass unter anderem auch die Themen des positiven Denkens und die Kraft des Unterbewusstseins angeschnitten worden waren.

„Mom, ich habe dir mal was mitgebracht“, sagte Rico, holte ein Blatt hervor und las das Gleichnis von der Hummel vor. Sie hätte eine Flügelfläche von 0,7 Quadratzentimetern bei 1,2 Gramm Gewicht. Es sei unmöglich, bei diesem Verhältnis zu fliegen. Doch die Hummel wüsste das nicht – und flöge einfach los! „Stark, nicht?“, schloss er.

„Kenn ich schon. Das ist die Parabel von der Hummel!“, konterte ich lächelnd.

„Woher kennst *du* die denn?“

„Steht in meinem Buch *‚Mutter Erde, trage mich …‘,* am Anfang von Kapitel 12!“

Längeres Schweigen – er war mit einem Mal ziemlich nachdenklich geworden …

Doch die Geschichte mit der Hummel hatte es Rico angetan. Eines Tages kam er zu mir ins Büro und meinte:

„Mom, ich brauche zwei Klobürsten.“

„Klobürsten? Die sind auf dem Klo! Aber warum zwei? Ist eine nicht genug?“

„Nein, wir vom Hörster Fußballverein organisieren ja das Winterfest im Januar. Und ich habe mir überlegt, wir führen ‚Die Hummel‘ auf. Dafür brauche ich die Klobürsten, möglichst unbenutzt, aber dunkel dürfen sie schon sein!“

Ich hatte meinen Spaß. „Und wer spielt die Hummel?“, wollte ich wissen.

„Na, ich natürlich“, grinste Rico treuherzig. „Ich ziehe mehrere T-Shirts übereinander, damit ich auch schön rund wirke, das letzte mit Streifen – setze mir eine Kappe auf, und daran werden dann die Klobürsten befestigt.“

Bereits diese Vorstellung war unbeschreiblich! Ich wieherte los. Als ich mich einigermaßen wieder beruhigt hatte, konnte ich kaum sprechen: „Okay! Super Idee. Aber was willst du damit aussagen?“

„Na ja, im Endeffekt ist es bei uns Spielern doch ähnlich wie mit der Hummel. Kurz gesagt – alle reden uns ein, wir könnten eigentlich gar nicht Fußballspielen, aber wir tun es trotzdem – es gelingt, und wir haben unseren Spaß dabei.“

In der Lokalzeitung des Haller Kreisblatts stand dann ein wunderschöner Artikel mit einem aussagekräftigen Foto, wo Rico mit seinen 192 cm und den Klobürsten auf dem Kopf – gut verpackt als dicke Hummel – über die Bühne springt und versucht zu fliegen!

# KAPITEL 13

*Durch jede Liebe*
*wird man*
*ein bisschen menschlicher,*
*egal wie sie verläuft.*

(Boris Pasternak)

Aus Überzeugung hatte ich auf meinen Seminaren Gunther Wolfgang Schneiders Buch *‚Biotop Mensch'* angeboten. Und diejenigen, die es gelesen hatten, waren ausnahmslos begeistert.

Ich liebe dieses Buch, weil es so herrlich schnodderig geschrieben ist – der Volksmund würde über den Autor sagen: ‚Er schreibt, wie ihm der Schnabel gewachsen ist'!

Rechtschreibung? Kann man vergessen! Ganz zu Anfang des Buches schreibt Gunther sinngemäß: Was will der Leser – Gesundheit oder gute Rechtschreibung?

Ich hatte ja vorher bereits erwähnt, wie sehr mir dieses Buch die Augen geöffnet hat im Zusammenhang mit meiner Heilung.

Normalerweise machen meine Mitarbeiterfreundinnen in unserem Büro sämtliche Buchbestellungen, aber einmal hatte ich selbst die Gelegenheit, mit Gunther W. Schneider persönlich am Telefon zu sprechen.

In diesem Telefonat erzählte ich ihm die Geschichte, wie ich an sein Buch gelangt war und welche Auswirkungen es auf mich gehabt hat.

„Danke“, meinte er schlicht, „das wird mir immer wieder gesagt.“

„Sie haben die Menschen mit diesem Buch aufgerüttelt und endlich die Problematik, die einen jeden betrifft, in einer verständlichen Sprache aufgezeigt! Das macht Ihr Buch so lesenswert!“

„Wie kommt es eigentlich“, hakte er dann nach, „dass Sie immer so viele Bücher bestellen?“

„Ich leite Seminare, die zwar mehr die Psyche des Menschen angehen, aber wie jeder weiß: Körper, Geist und Seele gehören zusammen. Und da mir Ihr Buch persönlich sehr geholfen hat, indem es mir die Augen öffnete, möchte ich meinen Teilnehmern ebenfalls diese Möglichkeit geben.“

„Und wie kommen sie an Ihre Teilnehmer?“, erkundigte er sich interessiert.

„Durch meine Bücher, die ich geschrieben habe.“

Er fragte mich nach deren Thematik und meinte dann: „Sie haben schon so viele Bücher bei mir bestellt. Ich finde es einfach nur fair, wenn Sie mir nun Ihre Bücher auch alle zusenden. Falls es Ihnen nichts ausmacht, dann würde ich mich darüber freuen, wenn Sie mir jedes mit einer persönlichen Widmung versehen.“

Ich freute mich über sein Interesse und sandte ihm am gleichen Tag noch meine 6 Bücher und auch die beiden Kartensets.

*

Einige Monate später kam Yildiz eines Morgens zu mir und bat um ein persönliches Gespräch. Ich schaute sie an und wusste sofort, irgendetwas Außergewöhnliches war geschehen.

„Gila, ich muss dir was sagen“, druckste sie herum, was sonst gar nicht ihre Art ist.

„Na, schieß los!“

„Ich weiß gar nicht, wie ich es dir beibringen soll“, meinte sie verlegen, „aber ich bin schwanger.“

Ich war hin- und her gerissen. Einerseits freute ich mich darüber, dass sie nach zwei inzwischen fast erwachsenen Töchtern gänzlich unerwartet noch ein Baby bekam, andererseits wusste ich, dass sie wegen ihres Babys dann bei mir ausfallen würde.

Ich musste sie erst einmal trösten, weil sie nach diesem Gespräch völlig fertig war.

„Ich dachte, wir hätten mit unserer Familienplanung abgeschlossen – und jetzt das!“, klagte sie.

Fast zehn Jahre war sie in unserem Haushalt beschäftigt, mehr Freundin als Mitarbeiterin. An den Gedanken, sie vielleicht längere Zeit nicht mehr bei uns zu haben, musste ich mich erst einmal gewöhnen.

*

„Mom, Überraschung! Du bekommst morgen Besuch“, sagte Dana eines Morgens zu mir, als sie direkt nach einem Telefonat in mein Büro kam.

„So? Davon weiß ich aber nichts“, entgegnete ich und sah sie erwartungsvoll an. „Wer kommt denn?“

„Gunther Schneider!“

Erstaunt schaute ich auf. „Er besucht mich hier zu Hause?“

„Ja. Ich habe gesagt, du bist da. Aber nur am Dienstag, weil du ja am Mittwoch schon wieder unterwegs bist. Das war doch okay – oder?“

„Na klar! Es freut mich wirklich, dass er kommt. Wann denn genau?“

„So gegen 13 Uhr würden er und seine Lebensgefährtin eintreffen.“

„Dann ruf ihn noch einmal an und frag, ob ich die beiden zum Mittagessen einladen darf.“

Gern würden sie mein Angebot annehmen, hörte Dana von Gunther. Er würde sich sehr auf das persönliche Kennenlernen freuen. Auch ich war gespannt auf die beiden.

*

Ich hatte Gabi einige Monate zuvor zu einem Seminar nach Sasbachwalden eingeladen, in dem sie meine jetzige Tätigkeit und Aufgabe zum ersten Mal kennenlernte.

Auf der gemeinsamen Rückfahrt meinte sie nachdenklich: „Gila, wir haben uns vor fast 40 Jahren kennen gelernt, und du warst später unsere Trauzeugin. Inzwischen hast du in deiner spirituellen Entwicklung einen gewaltigen Schritt nach vorn gemacht. Ich erinnere mich noch daran, es müsste Anfang der 80-er Jahre gewesen sein, wie du und Rainer uns auf dem Rückweg nach dem ersten Ilse-Seminar spontan besucht habt.“

„Ja“, bestätigte ich nachdenklich, „es war im November 1983.“

„Dass du das noch so weißt …!“, staunte Gabi.

„Weißt du, Gabi, dieser Wochenendkurs hat mein Leben nachhaltig verändert.“

Gabi hatte einige Zeit zuvor von mir das Buch *‚Biotop Mensch'* bekommen, und wir hatten lange über das Thema Entsäuerung diskutiert. Auch sie war ganz angetan von der

Art, wie locker Gunther das Thema in seinem Buch behandelte.

Also rief ich sie jetzt an und lud sie ein, am nächsten Tag mit uns zusammen zu Mittag zu essen.

Sie war völlig erstaunt über meine Einladung und meinte: „Gila, du bist auch immer für eine Überraschung gut! Erzähl mal, wie ist es denn *dazu* gekommen?“

„Nun, Gunther Schneider hat eben angerufen. Seine Lebensgefährtin und er möchten mich gern kennenlernen, nachdem er offensichtlich all meine Bücher gelesen hat, die ich ihm Anfang des Jahres übersandt habe.“

„Ja, ich komme gern! Das lasse ich mir mit Sicherheit nicht entgehen.“

Gabi war schon da, als die beiden am nächsten Mittag gegen ein Uhr eintrafen. Von den Fotos her war mir Gunthers Gesicht bereits vertraut, aber seine Größe hatte ich überhaupt nicht einschätzen können – er war ein großer, gut aussehender Mann mit vollem, grauem Haar. Auf Anhieb waren mir die beiden sympathisch.

„So, das ist die verrückte Frau, die zweimal nach Kanada aus- und zurückgewandert ist“, begrüßte er mich lachend, mich dabei freundlich begutachtend.

Ich liebte seinen Dackelblick, was ich ihm später auch persönlich sagte, und er war mir derart sympathisch, dass ich spontan erwiderte: „Komm in meine Arme, Gunther! Das ‚Sie’ lassen wir mal bei soviel Gemeinsamkeiten.“

„Und das ist Elke, meine Lebensgefährtin“, stellte er mir und Götz die Frau an seiner Seite vor, eine aparte Erscheinung mit langen, dunklen und lockigen Haaren – und einem sehr sympathischen Lachen.

Auch Elke und ich nahmen uns herzlich in die Arme. Ja, es passte – und ich freute mich riesig über den spontanen Besuch der beiden …

Obwohl Yildiz in Mutterschutzurlaub gehen konnte, hatte sie mich inständig gebeten, mir weiterhin im Haushalt helfen zu dürfen, bis sie von selbst sagen würde, dass sie gern zu Hause bleiben möchte.

Während der vergangenen Monate ihrer Schwangerschaft war es ihr ausgesprochen gut gegangen. Sie hatte überhaupt keine Beschwerden. Wir hatten natürlich darauf geachtet, dass sie keine schweren Sachen trug.

„Mir geht es einfach gut, Gila, wenn ich bei euch bin!“, sagte sie immer wieder, wenn wir oder andere sie darauf ansprachen, sich doch zu Hause auszuruhen.

Gleich zu Anfang – Yildiz hatte das Essen noch nicht aufgedeckt – sprach Gunther offen an, dass er an Hautkrebs erkrankt sei und Metastasen in seinem Körper bereits gestreut hätten.

Meine Gedanken und Gefühle schlugen Purzelbaum, und ich versuchte zu verbergen, wie sehr mich diese Nachricht berührte – und das bei diesem wunderbaren Menschen, den ich gerade erst kennen und schätzen gelernt hatte!

Ich gebe zu, ich war sehr verwirrt, habe ich doch, seit ich sein Buch gelesen hatte, viele seiner gesundheitlichen Vorschläge begeistert angenommen. Und nun hatte er selber mit einer schweren Krankheit zu kämpfen!

Mitten in meinem Gefühlschaos kam mir schlagartig der Gedanke meiner eigenen damaligen Situation in Erinnerung.

Als ich mich wieder einigermaßen im Griff hatte, sagte ich behutsam: „Gunther, ich möchte dir mal erzählen, wie ich in anderer Form etwas Ähnliches erlebt habe. Als damals mein Mutter-Erde-Buch erschien, wurde es ähnlich begeistert angenommen wie deines. Und ganz zum Schluss dieses Buches kam dann das Happy End – die Hochzeit! Endlich war ich nach all den Turbulenzen in Sachen Männern ‚unter der Haube'. Alles schien gut, meine Kurse waren gut besucht, bis es dann einige Zeit später zur unvermeidlichen Trennung kam."

„Ja, ich hab's gelesen", bestätigte Gunther und fuhr fort: „Die Fragen, die sich ja jetzt viele stellen, sind doch: Wie geht es an, dass ein Mensch mit *dem* Wissen selbst an Krebs erkrankt? Sind vielleicht die Themen gar nicht stimmig, die er durch sein Buch vermittelt, wenn es ihn nun selbst so sehr getroffen hat? Wie kann er anderen etwas raten, wenn er selbst todkrank ist? Was hat er persönlich falsch gemacht?"

„Richtig!", stimmte ich zu. „Genau wie manche deiner Leser sich jetzt diese Fragen stellen werden, so kamen damals bei meinen Lesern ähnliche Fragen auf: ‚Wie kann diese Frau Seminare leiten, wenn sie ihre eigenen Beziehungen nicht mal in den Griff bekommt?' Siehst du die Parallelen?"

Gunther nickte zustimmend, und ich sprach weiter:

„Ich wollte damals meine Tätigkeit erst einmal auf Eis legen – so fertig war ich! Aber mir ist erst später aufgegangen, dass das eine mit dem anderen in einem gewissen Zusammenhang steht. Ich musste einfach diese Phase meines Lebens durchleben, um in meiner Position andere viel besser verstehen zu können."

„Ja, Gila, genauso geht es mir auch!"

„Und darum, Gunther, finde ich es sehr mutig und großartig von dir, dass du diese Krankheit, die man dir übrigens nicht ansieht, offen ansprichst. Damit trennst du bei deinen Lesern gewissermaßen die Spreu vom Weizen!"

„Wenn es sich ergibt, spreche ich in meinen Vorträgen ganz offen über meine jetzige Situation. Ich finde es einfach ehrlich“, bekannte er und grinste jungenhaft, als er fortfuhr: „Doch in der Zeit, in der es mir nicht gut ging und ich nur liegen konnte, habe ich ein Buch nach dem anderen von dir verschlungen! Daran erkennst du, nicht alles ist schlecht an so einer Krankheit!“

„Ich liebe deinen trockenen Humor, Gunther“, kommentierte ich seine Ausführungen.

„Gila, ich spreche auch aus dem Grunde offen darüber, weil ich bei einem künstlichen Ausgang nicht immer kontrollieren kann, ob es nicht vielleicht doch mal in meinem näheren Umfeld unangenehm riecht.“

Und das tat es dann auch ab und zu, aber es störte mich überhaupt nicht – im Gegenteil! Jedes Mal versuchte Gunther sich zu entschuldigen, bis ich ihn in aller Klarheit fragte: „Wofür entschuldigst du dich? Du hast uns vorher doch ganz offen deine Lage erklärt!“

Trotzdem merkte ich, wie unangenehm ihm das Ganze war, und konnte mich lebhaft in ihn hineinversetzen. Ich glaube, wenn ich mich in der gleichen Situation befunden hätte, hätte ich mich bestimmt in meinem Schneckenhaus verkrochen! Welchen Mut brachte er auf!

Ich empfand auf einmal ein solch tiefes Gefühl für ihn, dass ich allen Ernstes erwog, mich an die Tür unseres Wintergartens zu stellen und aus Sympathie für ihn ‚mitzustinken’, wie sich manchmal auch Angehörige während der Chemo eines Familienmitgliedes aus Anteilnahme eine Glatze schneiden lassen.

Doch erstens traute ich mich nicht – und zweitens ließ es meine Trennkost nicht zu.

Erst später, als wir uns besser kannten, habe ich ihm mein Vorhaben, das ich dann doch nicht ausgeführt hatte, am Telefon gestanden.

„Das wäre eine der schönsten Liebeserklärungen gewesen“, hatte er laut aufgelacht, „die sich Menschen machen können!“

Nach dem Mittagessen berichtete Elke, die sich bisher sehr zurückgehalten hatte, wie sich die beiden, die den gleichen Familiennamen tragen, kennengelernt hatten. Es war wunderschön, auch Elke zuzuhören. Sie hatte so eine nette und offene Art des Erzählens.

„Übrigens, wann kommt dein Baby?“, fragte Gunther Yildiz, die trotz ihres Leibesumfangs herumwirbelte wie immer.

„Wir warten täglich drauf“, lachte sie fröhlich.

„Und?“, hakte Gunther nach, „alles in Ordnung?“

„Bestens!“

Ich hatte Yildiz erzählt, wer Gunther war, und ich spürte, wie gern auch sie ihn mochte. Als wir dann später zusammen ein paar Fotos aufnahmen, machte ich auch einen Schnappschuss von Yildiz mit ihrem runden Bäuchlein und von Gunther, wie er seinen Arm um Yildiz legte. Mich flog dabei der Gedanke an: ‚Da bereitet sich die eine Seele vor, auf diese Welt zu kommen und vielleicht eine andere darauf zu gehen.’

Eigentlich wollten uns Elke und Gunther bereits nach dem Mittagessen wieder verlassen, doch die Stimmung zwischen uns war so super, dass ich sie bat, noch zum Kaffee zu bleiben. Und beide stimmten zu.

„Oh, Gila es gibt Pflaumenkuchen“, strahlte Gunther, als ich den Tisch deckte „den habe ich so lange nicht mehr gegessen!“

„Pflaumenkuchen?“, fragte Elke ganz entsetzt, „Gunther, du weißt, was das heißt!“

Ich verkniff mir die Frage nach dem Warum, konnte mir aber lebhaft vorstellen, was Pflaumen bei ihm bewirkten.

„Und ob ich heute Gilas Pflaumenkuchen esse!“, bestimmte Gunther, und Elke war machtlos. Sie tat mir ein wenig leid, weil sie ja die Reaktionen auf den Pflaumenkuchen aushalten musste.

Trotz allem wurde es ein sehr vergnüglicher Nachmittag, bis uns die beiden dann unter vielen Umarmungen wieder verließen.

Als Gabi dann auch nach Hause gefahren war, saßen Götz und ich zusammen, um über das Geschehene zu sprechen. Wir ließen die vergangenen Stunden, aber auch das folgenschwere Thema von Gunthers Krankheit, noch einmal an uns vorbeiziehen.

„Krankheit“, sagte ich zu Götz, „ist für mich immer ein Wegweiser. Ich differenziere hier zwischen einer Krankheit als Symptom der Seele, die uns sagen will, was wir ändern sollen und einer karmisch bedingten Krankheit. In dem Fall kann es sein, dass sie in diesem Leben nicht geheilt werden kann, weil unsere Seele mit anderen Seelen Verabredungen getroffen hat, die für ihre Lernprozesse wichtig sind.“

„Ja, erinnere dich mal an deinen Freund Peter Wenzel“, gab Götz zu bedenken, „der mehr als 100 wunderbare Lebenshilfe-Kassetten besprochen hat. Die meisten von ihm habe ich gehört, obwohl ich ihn persönlich ja nur einmal mit dir zusammen besucht habe, als er bereits sehr krank war.“

Seit Jahren war Peter schwerstbehindert gewesen. Er, der große Fels in der Brandung, ein Gebender in allen Bereichen, hatte sich nun, spirituell gesehen, durch seine Krankheit zurücknehmen dürfen. Seine Frau Esther, die vorher in seinem

Schatten gestanden hatte, war nun durch ihre Liebe und Pflege das Wichtigste in seinem Leben geworden, bis Peter im April 2010 ins Licht gehen durfte.

„Ich glaube auch", schloss Götz sehr nachdenklich, „dass bei Gunthers Krankheit Karma eine große Rolle spielen könnte."

Immer noch ganz beeindruckt von seinem Mut, so offen mit seiner Situation umzugehen, antwortete ich: „Ja, vielleicht hat sich seine Seele ausgesucht, durch diese Krankheit diese Welt zu verlassen. Es kann ein Segen darin liegen, wenn der Mensch weiß, dass seine Zeit auf Erden begrenzt ist. So kann er noch viel klären und vor allem in Liebe und Frieden Abschied nehmen. Wir werden das erst wissen, wenn Gunther entweder Heilung erfahren hat oder seine Seele den Plan erfüllt hat, den Körper abzulegen."

*

Schicksal ist kein Zufall, denn im gesamten Kosmos gilt das Gesetz von Ursache und Wirkung – jeder bekommt das, was er verursacht und was er benötigt, um zu reifen. Schicksal ist die Summe all unserer Lebensumstände, die wir als Mensch mit freier Entscheidungswahl verursacht haben. Unser Verhalten bestimmt somit die Verhältnisse unseres Lebens. In der Art, wie sich unsere Gedanken und unsere Ausstrahlung verändern, werden sich auch früher oder später unsere Lebensumstände verändern.

Wenn wir so bleiben, wie wir sind, werden wir uns auf Dauer nicht weiter entwickeln können. Wenn jedoch eine Veränderung unserer Bewusstseinshaltung erfolgt, so wird das auch direkt unser Leben beeinflussen. Gott liebt uns so, wie wir sind, aber er hat uns viel zu lieb, um uns so zu lassen, wie wir sind.

Liebe ist Geben und Nehmen, aber es beginnt immer mit dem Geben. Wahrer Reichtum ist geistiger Reichtum. Alles entsteht zuerst in unserer geistigen Vorstellung und verwirklicht sich dann früher oder später im realen Leben.

Wenn wir anderen Gutes tun, so sinkt das Gefühl der Freude auch in unser Unterbewusstsein, und dieses setzt alle Hebel in Bewegung, das Objekt der Freude ebenso in unser Leben zu bringen.

Das Gesetz der Fülle kann nur in dem Maße wirksam sein, wie wir selbst zum Kanal werden, durch den sich Fülle manifestiert. Wir ernten nur das, was wir säen. Säen kann ich, was immer ich will, aber ernten muss ich, was ich gesät habe.

Leben ist fließende, wirksame Energie. Wenn ein wichtiger Aspekt unseres Lebens blockiert ist, gibt es einen Stau. Auf der einen Seite Druck, auf der anderen Seite Mangel. Das kann sich sowohl im Kreislauf der Materie als auch in unserem Körper in Form von Schmerzen oder anderen Symptomen zeigen.

Und dazu fällt mir gerade eine Geschichte ein, was seelischer Druck noch alles bewirken kann.

Als meine Freundin Reni noch hier auf Erden weilte, hatte ich meine beiden Mitarbeiterinnen Irmi und Iris mit Reni zusammen zu einer Schiffsfahrt, bei der zwei Übernachtungen an Bord eingeplant waren, von Amsterdam nach Newcastle eingeladen.

Meine sensible Reni wusste, dass ich gern ein Einzelzimmer beziehe, wenn ich allein unterwegs bin, es sei denn – Götz ist mit dabei. Auf diesem Schiff waren jedoch bei der Buchung nur noch zwei Doppelkabinen frei gewesen. Irmi und Iris hatten sich zusammen getan, und ich wollte die Kabine mit Reni teilen. Wir hatten vor, den ersten Tag in Newcastle mit einem Einkaufsbummel zu verbinden. Schnell war ein Treffpunkt ausgemacht, und jedes Paar zog fröhlich los.

Nach kurzer Zeit merkte ich, dass Reni etwas unruhig wurde und immer wieder stehen blieb. „Lass uns mal dort ins Kaufhaus gehen", sagte sie mit gepresster Stimme.

Erstaunt sah ich sie an. Da flitzte sie auch schon los – zu einem Stand von Sportartikeln. Ich erinnere mich noch gut daran, dass ich dachte: ‚Was will sie denn da?', spürte aber, irgendetwas schien nicht in Ordnung zu sein.

„Bin gleich wieder da!", rief sie mir noch zu und verschwand – wie ich annahm, Richtung Toilette.

Ich wartete. Es dauerte – und dauerte. Eine halbe Stunde später wurde es mir zu bunt. Ich schaute auf der Toilette nach, wo sie denn blieb – keine Reni mehr da!

Zurück bei unserem Treffpunkt – dort auch keine Spur von Reni! Die gesamte Etage suchte ich nach ihr ab. Nichts!

Die einzige Lösung, die mir jetzt noch einfiel, war das Ausrufen durch die Dame an der Information. Auch das ergab nichts!

Völlig ratlos verließ ich nach ungefähr einer Stunde das Kaufhaus. Und da stand meine Reni – putzmunter – und wartete auf mich!

„Na, sag mal", begann ich, heilfroh sie wieder gefunden zu haben, „wo warst *du* denn?"

„Ach, ich habe gedacht, Du wartest hier draußen auf mich. Ich hab mich schon gewundert, wo du bleibst!"

Ich wurde das Gefühl nicht los: Hier stimmt etwas nicht – irgendwas passt nicht ganz bei ihren Worten!

Erst abends auf dem Schiff in unserer Kabine, nachdem sie erstaunlicherweise gleich nach ihrer Ankunft geduscht hatte, druckste sie etwas verlegen herum und kam endlich mit der Sprache heraus.

„Gila, ich muss dir etwas gestehen – das ganze ist mir ja mehr als peinlich! Obwohl du ja vorher gar nichts gesagt hast, habe ich mich mit dem Thema, eine Doppelkabine mit dir zu teilen, enorm unter Druck gesetzt – jedenfalls bekam ich, während ich heute morgen mit dir unterwegs war, auf einmal Durchfall – und zwar so heftig, dass er – du weißt schon – ich brauche es gar nicht mehr zu beschreiben – oder?"

„Nein", grinste ich, „lass mal lieber!"

„Also, es ging im wahrsten Sinne des Wortes voll in die Hose! Jetzt stand ich da neben dir mit der ganzen Bescherung, konnte kaum einen Schritt tun – Panik! Wie konnte ich diese Misere beheben – wo bekam ich jetzt nur eine neue Unterhose her? Du glaubst gar nicht, wie unangenehm mir das war! Also, ab ins Kaufhaus – vorn stand glücklicherweise ein Regal mit Sportsachen – ich im Laufen eine Sporthose gegrapscht – und ab aufs Klo! Was meinst du, wie lange es gedauert hat, ehe ich die Bescherung beseitigt hatte! Ich stand völlig neben mir!"

Ich hielt mir inzwischen den Bauch vor Lachen und schnappte nach Luft. Erst danach war ich im Stande, nachzuhaken: „Aber ich habe doch auf der Toilette nachgeschaut …!"

„Da war ich sicher gerade fertig. Ich musste ja die Sporthose noch bezahlen. Und dabei waren noch einige Erklärungen fällig, denn ich hatte die Hose ja bereits angezogen. Dazu kam, ich spreche ja kein Englisch."

Trotz meines Lachkollers tat sie mir so leid. Ganz fest nahm ich sie in meine Arme und meinte: „Und das alles nur, weil du dich so unter Druck gesetzt hast, Reni!"

„Jetzt, wo alles wieder in Ordnung ist, konnte ich dir das ja beichten. Jetzt dufte ich ja wieder gut!", lächelte sie erleichtert.

Man kann sich vorstellen, dass wir nachts erst spät zur Ruhe kamen, weil einer von uns beiden immer wieder vor sich hin kicherte – keine Spur mehr von Druck wegen der Doppelkabine! Reni tanzte sogar mit ihrer neuen Sporthose auf dem Bett herum!

Daran kann man mal wieder erkennen, was seelische Anspannung bewirken kann – manchmal geht es eben in die Hose!

Liebe Reni, ich bin sicher, dass du mir von dort, wo du jetzt bist, wieder dein so liebes und verschmitztes Lächeln schenkst.

*

Dienstags waren Gunther und Elke bei uns gewesen, mittwochs waren wir bereits wieder unterwegs zu einem Seminar, und freitags erhielt ich den Anruf von Rico, Yildiz hätte ein gesundes kleines Mädchen zur Welt gebracht! Beiden ginge es sehr gut.

Ich hörte dann später von Mustafa, dass Yildiz am Freitagmorgen noch ganz normal bei uns zur Arbeit erschienen war, bis sie dann gegen 11 Uhr vormittags bei mir in der Küche einen Blasensprung bekam.

Sie ist noch allein nach Hause gefahren, hat ihre Sachen gepackt – und ab ins Krankenhaus, wo am selben Abend dann ihre kleine Lorin geboren wurde!

Yildiz hat noch ein halbes Jahr mit ihrem Baby bei uns gearbeitet. Doch dann spürte sie selbst, dass ihre Kleine einfach mehr Aufmerksamkeit brauchte. Unser Abschied war jedoch nicht ganz so schmerzlich, weil sie uns immer mal wieder als Urlaubsvertretung sehr verwöhnt hat. Und als ihre kleine Tochter drei Jahre alt war, kam Yildiz wieder zu uns zurück …

Bei einem späteren Telefonat mit Gunther sprachen wir ganz offen über seine Situation und gingen dabei ein wenig in die Tiefe:

„Gunther, du weißt ja selbst am besten, dass Krankheit in erster Linie ein Symptom ist – das äußere Zeichen einer tiefer sitzenden Ursache! Mit unserem rationalen Verstand können wir diesen Zusammenhang oft nicht wahrnehmen. Du kannst sicher sein, dass sich dahinter oftmals ein Hilferuf unserer Seele verbirgt, der uns auf eine energetische Blockade mit Hilfe eines körperlichen Symptoms aufmerksam machen will."

Gunther antwortete: „Na klar weiß ich das! Der Körper kann aus dem Gleichgewicht geraten, wenn wir zu viele ungelöste Aufgaben vor uns herschieben. Vielleicht gibt es auch in meinem Leben etwas, was mich belastet, das ich noch nicht erledigt habe, obwohl es gut für mich wäre."

„Schau, das weißt du natürlich selbst am besten. Ich kenne dich zwar nicht so genau, aber ich habe durch meine Tätigkeit die Erfahrung gemacht, dass dabei oft der Aspekt Vergebung im Spiel ist. Wenn wir zum Beispiel einem anderen Menschen vergeben wollen, dann sollten wir dies unseretwegen tun und nicht, weil er es vielleicht verdient. Das ist das Wesentliche! Vergebung bedeutet, dass wir aufhören, einem anderen, der uns etwas angetan hat, einen Vorwurf zu machen. Wenn ein anderer uns kränkt, entscheiden doch nur wir, ob wir sein Verhalten auch als Kränkung empfinden. Im Grunde berührt der andere doch nur ein Thema in uns, das noch der Lösung bedarf.

Damit wird eine Bürde von uns genommen, und wir gewinnen unser inneres Gleichgewicht und damit auch unsere Gesundheit zurück."

„Damit magst du recht haben, Gila."

„Weißt du, Gunther, Heilung kann erst dann eintreten, wenn wir Klarheit und Harmonie in unser Leben bringen und unser Ego hinten anstellen. Genauso gut kann es jedoch sein, dass die Seele eines Menschen sich aussucht, durch so eine Krankheit wie diese ihr Leben hier auf Erden zu beenden. Wenn wir das wissen, bekommen wir in dieser Phase oft noch die Chance, alles im eigenen Umfeld wieder in Harmonie zu bringen, bevor wir diese Welt verlassen. In dem Fall liegt die Heilung dann im Gehen."

Gunther wurde sehr nachdenklich. Beide schwiegen wir einen Moment, bis ich fortfuhr: „Gönn dir mal die Ruhe, um herauszufinden, wo etwas nicht in Harmonie zwischen dir und deiner Umwelt ist. Die Auflösung dieser Blockaden kann deine Lebensenergie wieder frei fließen lassen – als gute Voraussetzung für die Heilung deines gesamten Körpers. Vielleicht solltest du einfach mehr vertrauen! Nur dein Selbst kennt die allumfassende Liebe. Alle anderen Eigenschaften, die der Liebe nicht gleichen, gehören zum Ego und zum Gefühl, Opfer zu sein."

„Ich weiß das ja alles, Gila, nur ist es gut, wenn einem das mal wieder deutlich gemacht wird."

„Gunther, ich sage den folgenden Satz so oft auf meinen Seminaren: Wir sind auf der Welt, um zu lieben, und nicht, um geliebt zu werden. Diese Worte sorgen meistens für Diskussionen. Unsere Seele wird diese Gedanken gern annehmen, nicht aber unser Ego, das immer wieder fragt: Wenn ich aber nur gebe, wo bleibe *ich* dabei?"

„Ich werde mal über all das, was du mir gerade ans Herz gelegt hast, in Ruhe nachdenken. Danke, Gila, für diese offenen Worte."

Noch lange dachte ich über unser Telefonat und auch über

das Thema Heilkräfte nach. Heilen kann sich nur jeder selbst. Andere Menschen können einem jedoch wertvolle Denkanstöße geben.

Was geschieht denn, wenn wir dem anderen Impulse geben, die veranlassen, dass es ihm besser geht? Er glaubt doch dann selbst an seine Heilung, weil er spürt, er ist auf dem richtigen Weg. Seine Lebensenergie fängt wieder an zu fließen.

Wenn man davon ausgeht, dass der Glaube alles bewirken kann, dann kann Glaube auch heilen. Jedes Gefühl, jede Emotion macht sich im Körper bemerkbar. Beispielsweise kann sich ein seelisches Ungleichgewicht auch darin spiegeln, dass sich der ganze Bewegungsapparat verzieht.

Echte Vergebung ist gewissermaßen Voraussetzung für unser körperliches und seelisches Wohlbefinden. Wir sollten anderen Menschen gerne vergeben, weil wir ja wissen, auch sie sind Gottes Werkzeug, um uns in unserem Leben wachsen und reifen zu lassen.

Dazu fällt mir Rita ein, eine ganz außergewöhnliche Frau. Sie begegnete mir auf einem meiner Kurse in der Schweiz. Wir saßen zusammen in einer kleinen Runde, als sie ganz ergriffen berichtete, sie habe in der Meditation ihr Baby, das sehr glücklich war, gesehen und dadurch die Bestätigung bekommen, dass es ihm sehr gut ginge.

Vor Jahren hatte sie ihr Baby durch einen Unfall verloren. Das allein ist schon eine absolute Ausnahmesituation für Eltern.

Für mein Empfinden sehr abgeklärt, erzählte sie dann auf meine Frage hin, wie es geschehen war: „Ich ging mit meinen drei Kindern am Rhein spazieren, den beiden älteren und unserem Kleinen, der noch im Kinderwagen lag. Bei einem Kiosk blieben wir stehen, weil ich meinen Kindern ein Eis kaufen wollte.

Ich bat meinen 10-jährigen Sohn, kurz auf seine 8-jährige Schwester und das Baby im Kinderwagen aufzupassen und begab mich zum Kiosk.

Dann hörte ich plötzlich lautes Geschrei und sah, wie die beiden älteren in Streit gerieten. Nie in meinem ganzen Leben werde ich den Moment vergessen, als ich mich umdrehte, meine beiden streitenden Kinder sah – aber zu meinem absoluten Entsetzen keinen Kinderwagen mehr!"

Es war eine Weile sehr still, und ich ließ Rita Zeit, bis sie weiterreden konnte.

„Im Streit hatten die beiden den Kinderwagen losgelassen und ihm wohl noch versehentlich einen Stoß dabei verpasst. Und der Kinderwagen war über das abschüssige Ufer in den Rhein gerollt. Unser Baby ist dabei ertrunken."

Ich schaute Rita an, nachdem sie uns mit leisen Worten diese dramatische Geschichte erzählt hatte.

„Wie bist du damals mit deinen beiden Kindern umgegangen", fragte ich sie ruhig.

„Gila, ich bin so dankbar und froh, dass mein Leben durch das spirituelle Wissen aus deinen Büchern an dem immensen Verlust nicht gescheitert ist. Und noch dankbarer bin ich, dass ich meinen Kindern nach dem furchtbaren Schock, den auch sie erlitten hatten, nie einen Vorwurf gemacht habe. Auch nicht in Gedanken, weil ich weiß, dass meine größte Herausforderung darin liegt, meinen Kindern zu helfen, mit der Verantwortung für ihr Tun klarzukommen."

„Und wie hat dein Mann regiert?"

„Er konnte seinen Kindern nicht verzeihen und auch den Verlust unseres Babys nicht verwinden – wir haben uns getrennt! Er wollte auch nichts von spirituellen oder karmischen Zusammenhängen hören. Anfangs schien er wohl ein wenig

Erleichterung zu empfinden, indem er anderen die Schuld zuwies. Sein Leben hat sich seit dem Ereignis sehr verändert."

Jenny, ein Gruppenmitglied, saß mit uns zusammen und begann zu weinen: „O, wie schrecklich!"

„Jenny, nimm an den Prozessen anderer nur durch Mitgefühl und nicht durch Mitleid teil!", sagte ich verständnisvoll, aber bestimmt. „Genau wie du, so durfte sich auch Ritas Baby seine Lebensumstände als geistige Persönlichkeit vorher auswählen, um an ihnen zu wachsen und zu reifen."

„Aber Rita und auch ihre Kinder tun mir so leid!"

„Lass dich nicht ins Mitleid hineinziehen, sonst verstärkst du das Leid dieser Familie, die durch Ritas spirituelles Verständnis gelernt hat, damit umzugehen. Und du verstärkst damit auch dein eigenes Leid."

„Ich weiß, Gila, das muss ich sicherlich noch lernen", gab Jenny zu.

„Bevor du weiterhin ins Mitleid hineingehst, gib anderen in Gedanken viel Kraft, Licht und Liebe! Deine Gedanken sind Kräfte und erreichen jeden auf der Welt, egal, wo er gerade weilt. Schließe deine Augen, und richte deine kraftvollen Gedanken dann voller Liebe auf den anderen. Wenn wieder mal etwas geschehen sollte, wo dich dein Mitleid anspringt, sprich bitte leise folgenden Satz: „Ich nehme dich jetzt in mein Herz und gebe dir mein ganzes Mitgefühl. Gestatte mir aber auch, dir gute und konstruktive Gedanken von Licht und Liebe zu senden, damit auf Dauer wieder Hoffnung in dein Herz einzieht."

Es war schön zu sehen, wie Jenny sehr berührt ihren Block holte und mich bat, diese Sätze noch einmal zu sagen, damit sie mitschreiben konnte.

*

Mit Gunther und Elke blieb ich in liebevollem Kontakt. Einmal im Monat sprach ich entweder mit Elke oder mit Gunther, um zu erfahren, wie es ihm ging.

„Es ist erstaunlich“, erklärte er mir bei einem dieser Telefonate, „wie gut ich mich trotz allem fühle.“

„Und dennoch spüre ich da unterschwellig eine gewisse Demut bei dir, Gunther.“

Er schwieg einen Moment und erwiderte dann: „Ja, Gila, das ist das passende Wort für meine Stimmung – Demut, ja! Du weißt ja, ich habe als Heilpraktiker oft gegen die Schulmedizin gebombt. Doch jetzt habe ich sie selbst in Anspruch nehmen müssen, weil ich Hilfe brauchte. Und das macht mich schon sehr nachdenklich, aber auch in gewisser Weise demütig!“

Seine ehrlichen und offenen Worte berührten mich. Sie signalisierten mir, dass hier ein Mensch bereit war, seine vorgefasste Meinung, die korrekturbedürftig war, zu revidieren.

„Ich selbst habe auch die Erfahrung machen dürfen“, erwiderte ich, „dass ich ohne die Schulmedizin nicht mehr hätte agieren können. Die starken Schmerzen hätten mich unfähig gemacht, weitere Seminare zu leiten und für andere da zu sein. Für mich war es so die weichere Lösung, als heroisch die Schmerzen zu ertragen. Ich wusste damals aber, dass möglichst schnell die Ursache dafür gefunden werden musste, was dann auch später geschah, Gott im Himmel und all meinen Engeln sei Dank!“

Es war ein wertvolles Gespräch mit Gunther, bei dem ich ihm freundschaftlich signalisierte: „Ich verstehe dich. Ich schätze deinen Mut, zu dem zu stehen, was ist, und den Mut, deinen Standpunkt zu verändern, obwohl du in deinem Bestseller deine Einstellung so vehement vertreten hast.“

Und ich spürte, wie gut ihm das tat …!

# KAPITEL 14

*Federn zu lassen –*
*und dennoch zu schweben,*
*ist das Geheimnis*
*vom Sinn im Leben.*

(M. Sabo)

Der Verkauf der Immobilie, für den ich die Zusage durch das Bieterverfahren erhalten hatte, zog sich hin, weil die Käufer öffentliche Mittel in Anspruch nehmen wollten. Zu dem Zeitpunkt waren diese Mittel jedoch bereits ausgeschöpft, und ihre Bank lehnte die Vorfinanzierung ab, da dieser jungen Familie mit ihren beiden Kindern nur ein einziges Einkommen zur Verfügung stand. Die Höhe der monatlichen Belastung ließ zu wenig finanziellen Spielraum zu. Damit schien sich die Transaktion wieder erledigt zu haben.

Darüber waren die Käufer sehr enttäuscht und wussten keinen Rat mehr. Und auch ich war darüber natürlich nicht glücklich. Seit Monaten stand das Haus leer und musste laufend versorgt werden. Meine monatlichen Hypothekenzinsen liefen weiter, und es kamen keine Mieteinnahmen mehr herein.

Abends vor dem Schlafengehen bat ich Gott und meine Engel um Hilfe.

„Vater im Himmel, bitte gib uns eine Lösung, dass diese Familie das Haus bekommt, wenn es für sie richtig ist. Ich übergebe den Verkauf in Deine guten Hände!“

Gleichzeitig hatte ich voller Vertrauen einmal pro Tag wieder meine Affirmationen geschrieben und für die optimalen Käufer zum optimalen Zeitpunkt im Voraus gedankt.

Ich wusste: Das Leben gibt uns täglich neue Chancen. Wir müssen sie nur als solche erkennen. Manchmal tarnen sie sich auch als Misserfolge. Wenn uns ein erwünschter Zustand oder auch eine Beziehung im Moment äußerst attraktiv erscheint, dieses jedoch nicht zu unserem Wachsen und Reifen beiträgt, brauchen wir diese Erfahrung nicht zu machen. Das Leben zeigt uns andere Möglichkeiten, die besser zu uns und unserer Lebensaufgabe passen.

Einiges im Leben ist vorbestimmt, jedoch viele unserer Lebensumstände können wir durch unsere Bewusstseinshaltung beeinflussen. Wir sollten unser Leben auf dieser Welt als ein unerschöpfliches Angebot an Chancen wahrnehmen und uns tragen lassen von Dankbarkeit, Glück und Liebe!

Oftmals erkennen wir erst später, dass es genau diese Ereignisse waren, die uns zu unserem Glück verholfen haben. Wir dürfen Gutes erwarten, aber wir sollten auch versuchen, einen Sinn in den Geschehnissen zu sehen, die nicht unserer Erwartung entsprechen.

Und genauso war es auch mit dem Verkauf meiner Immobilie …

Ich hatte bereits vorher kurz über die Schwierigkeiten mit unserer Wärmepumpe berichtet. An sehr kalten Tagen brachte sie zu wenig Leistung. Trotz der sehr aufwändigen und kostspieligen Reparatur nahm die Wärmeleistung nur geringfügig zu.

Um endlich mal wieder warme Füße im Winter zu haben, hatten wir uns nach langer Überlegung dann für ein zusätzliches Mini-Blockheizkraftwerk entschieden, das zwar in der Anschaffung recht hohe Kosten verursachte, aber endlich die

Wärme erzeugen würde, die wir brauchten. Die dazu nötige Finanzierung wollte ich bei derselben Bank abschließen, die auch das zum Verkauf stehende Haus finanziert hatte.

Bei einem Termin bei mir zu Hause begrüßte ich den Chef der Immobilien-Finanzierungsabteilung mit den Worten: „Es ist ziemlich lange her, dass wir uns zum letzten Mal persönlich begegnet sind.“

„Ja, genau 15 Jahre, als wir Ihre Finanzierung gemacht haben“, meinte er lächelnd, als er mit seinen Unterlagen am Tisch Platz nahm.

Schnell war der eigentliche Grund seines Kommens erledigt, da stellte er ganz nebenbei die Frage: „Was macht übrigens der Verkauf Ihres Hauses? Ich glaube, Ihre Finanzierung läuft ja auch in ein paar Monaten ab. Wir müssen dann gegebenenfalls neue Konditionen vereinbaren.“

Ich berichtete ihm von meinen Aktivitäten und von der Situation, in der sich die Interessenten befanden. Als ich ganz nebenbei dann den Namen des jungen Ehepaares erwähnte, horchte er auf.

„Moment“, hakte er nach, „wie heißen die Interessenten?“

Ich wiederholte den Namen, und er sagte ganz erstaunt: „Das ist ja interessant! Er ist ein Fußballkumpel von mir! Und Sie sagen, seine Bank macht die Finanzierung nicht für ihn?“

Irgendetwas an seiner Frage ließ mich aufhorchen, und ich witterte eine Chance. Geradeheraus stellte ich ihm die Frage: „Hätten Sie vielleicht Interesse an der Finanzierung?“

Darauf erwiderte er, dass er den jungen Mann schon seit vielen Jahren kenne und ihn für sehr zuverlässig und verantwortungsbewusst halte. Er schloss: „Bitten Sie ihn doch mal, Kontakt mit mir aufzunehmen.“

Kurzum, die Finanzierung für das junge Ehepaar ging

durch. Ein paar Tage später bekamen sie die Zusage, doch auch wieder nur unter der Voraussetzung, dass öffentliche Mittel genehmigt wurden, die bei zwei kleinen Kindern allerdings gegeben war. Jetzt konnte es endlich weitergehen. Endlich klappte es! Alle waren glücklich! Meine Affirmationen schienen zu wirken!

Doch ausgerechnet zu dem Zeitpunkt wurde ein neues Gesetz verabschiedet, dass öffentliche Gelder nur noch für Altbauten, die einen sehr hohen Energiewert aufweisen konnten, vergeben werden durften. Mein Haus war wunderschön renoviert, und der Energieausweis enthielt einen guten Wert, aber durch das neue Gesetz war plötzlich dieser Wert nicht mehr ausreichend für eine dementsprechende Förderung.

Jetzt waren alle ratlos – die Käufer, der Sachbearbeiter und vor allem ich! Immer wieder kam die Frage bei mir auf: Wo ist hier etwas nicht stimmig? Was will mir diese schleppende Prozedur des Verkaufs sagen? Ich hatte das Haus ja bereits weit unter Preis angeboten. Das konnte es nicht sein! Irgendetwas mit dem Verkauf des Hauses schien von der Schwingung her nicht zu passen. Aber was?

Die Käufer liebten das Haus – es war optimal für sie und ihre junge Familie. Sie brauchten auch das erst vor kurzem neu angebaute Apartment für die Pflegekräfte, wenn die Mutter mit dem Baby nach fast einem Jahr Krankenhausaufenthalt nach Hause kam. Was war da bloß los?

Also schrieb ich wieder fleißig meine Affirmationen …

Abends vor dem Schlafengehen bat ich Gott und meine Engel um Hilfe, da ich wusste, allein konnte ich diese Situation nicht mehr bewältigen.

Bereits etliche Male war mir solche Hilfe zuteil geworden,

oftmals durch einen Gedankenblitz. Doch manchmal besteht sie auch darin, dass wir anderen helfend unter die Arme greifen.

Und gar nicht lange danach kam mir die erlösende Idee: Ursprünglich wollte ich das restliche Geld vom Hausverkauf für die Rückzahlung der Finanzierung des Mini-Blockheizkraftwerkes verwenden. Da kam ich auf den Gedanken, selbst den Teil der Finanzierung zu übernehmen, der die Höhe der Landesmittel ausmachte – zum gleichen Prozentsatz und mit einer noch geringeren Tilgungsrate.

Mir war klar, dass ich damit ein Risiko einging, was ich sonst bei einer Bankfinanzierung nicht gehabt hätte. Ansonsten passte offensichtlich alles: Die Käufer wollten dieses Haus unbedingt haben. Die Finanzierung war genehmigt. Es war nur das neue Gesetz, das den Fluss der Energie verhinderte, so dachte ich zumindest. Aber dann wurde mir klar, dass die Lösung in meiner Entscheidung lag, anderen, die dringend Unterstützung benötigten, zu helfen.

Die Käufer waren von meinem Vorschlag schlichtweg begeistert – es war wirklich eine gute Entscheidung, die ich zum Wohle aller getroffen hatte.

Abschließend machte mir der Leiter der Finanzierungsabteilung für Immobilien betont locker den Vorschlag: „Ich habe hier noch einige Kunden, deren Finanzierung wegen der öffentlichen Mittel nicht durchgeht. Möchten Sie diese nicht auch noch übernehmen?"

Das hatten mir meine Engel allerdings nicht eingegeben ...

Wie in dieser Finanzierungssache schauen wir bisweilen staunend auf Begebenheiten, deren Zusammenhänge wir mit dem Verstand gar nicht begreifen.

Warum hatte mich der Sachbearbeiter auf den Verkauf des Hauses angesprochen – warum meine Frage, ob er an der Finanzierung interessiert sei? Warum hatte ich den Namen des Interessenten erwähnt?

Danke, Vater im Himmel! Danke, meine Engel, dass ihr mir diesen Geistesblitz zum richtigen Zeitpunkt eingegeben habt! Daran habe ich wieder gespürt: Je mehr wir lernen, die Hilfe unserer Engel mit in unser Leben einzubeziehen, desto leichter werden wir unseren Alltag meistern.

Wenn wir unseren Weg in Liebe gehen, werden wir schnell feststellen, dass unsere Engel mit uns kooperieren. Dankbar werden wir durch ihre Hilfe neue Möglichkeiten wahrnehmen, in der Welt Gutes zu tun.

Wir handeln in Güte, wenn wir anderen helfen, ohne zuerst an den eigenen Vorteil zu denken. In dieser Qualität steckt das Wort ‚gut'. Güte heißt, nicht auf- oder abzurechnen – Güte durchbricht die Mauer, die zum Schutz vor Verletzungen aufgebaut wurde – bei anderen und auch bei uns selbst.

Es gibt immer Menschen in unserem Umfeld, die unserer Hilfe bedürfen. Es muss ja nicht gerade die Übernahme einer Finanzierung sein, so wie in meinem Fall. Wenn da jemand ist, der uns nervt, sollten wir einfach versuchen, das Gefühl der Distanz zu überwinden. Dabei reicht es schon aus, ihm gute Gedanken zu senden.

Unsere guten Gedanken erreichen andere, und sie spüren unsere gut gemeinte Absicht. Es ist einfach schön, wenn wir erkennen, dass auch wir wachsendes Bewusstsein des Lebens, der Liebe und der Güte sind. Die Liebe ist das Gesetz Gottes. Wir leben, um lieben zu lernen. Wir lieben, um besser leben zu lernen. Nichts anderes ist wichtiger auf Erden!

Wie zuverlässig liebevolle Gedanken und dementsprechendes Handeln bei den anderen tatsächlich ankommen, habe ich daran erkannt, dass ich nach der Unterzeichnung des notariellen Kaufvertrages von dem jungen Ehepaar einen riesigen Präsentkorb erhielt.

Direkt danach übergab ich ihnen voller Vertrauen den Hausschlüssel, obwohl die Finanzierung erst drei Monate später in Kraft trat.

*

Ganz in der Nähe meines Wohnortes traf ich Karin zum ersten Mal bei einem Wochenendkurs. Sie ist im deutschsprachigen Teil von Belgien nahe der Grenze zu Hause – eine attraktive Erscheinung! Ihre schwarzen Augen strahlten mich voller Liebe an, als sie beim Abschied dann ganz bewegt sagte:

„Gila, es war so schön! Du musst unbedingt bei uns in Belgien einen Wochenendkurs leiten! Ich brächte mit Sicherheit einen ganzen Kurs zusammen. Viele in unserem Ort kennen deine Bücher, scheuen sich aber, die lange Strecke bis hierher zu fahren. Kannst du mal darüber nachdenken, ob das möglich ist?“

Etwas ausweichend erwiderte ich: „Ja klar, Karin, doch die Termine für das kommende Jahr stehen schon fest. Und es sind wieder viele Seminare, die anstehen. Eigentlich kann ich keinen Kurs mehr zusätzlich einplanen.“

Selbst nach diesem Gespräch blieb das Thema bei Karin aktuell, wenn sie anrief. Ich hatte jedoch nur noch ein einziges freies Wochenende, das ich dringend brauchte, um wieder aufzutanken.

Einige Monate gingen ins Land. Da wurde eines Tages ein Anruf einer Buchhändlerin zu mir durchgestellt. Sie hieß Claudia und fragte, ob ich vielleicht eine Lesung in ihrer Buchhandlung machen würde.

„Ich verkaufe Ihre Bücher am laufenden Band“, lachte eine sympathische Stimme am Telefon. „Sie sind hier sehr begehrt!“

„Woher rufen Sie an?“, fragte ich sie.

„Aus St. Vith in Belgien!“

Irgendwie war mir der Name des Ortes vertraut, und ich überlegte hin und her, wo ich ihn schon mal gehört haben könnte. Und dann fiel es mir ein – Karin wohnte dort!

Das konnte doch kein Zufall sein, dass beide aus dem gleichen kleinen Ort nahe der deutschen Grenze kamen. Ich sprach Claudia darauf an, ob sie Karin kenne. Sie war ganz überrascht und verneinte meine Frage, war jedoch hochinteressiert daran, mit ihr in Kontakt zu treten. Ganz nebenbei sprach ich darüber, dass Karin gern einen Kurs für mich organisieren würde.

„Ja, das wäre doch super!“, meinte Claudia fröhlich. „Ich hätte mit Sicherheit auch genug Interessenten dafür, wenn Sie schon keine Lesungen machen. Geben Sie doch Karin einfach meine Telefonnummer! Dann kann sie sich mit mir in Verbindung setzen.“

Und so geschah es dann.

Knapp eine Woche später rief mich Karin an, total begeistert: „Gila, ich habe gerade mit Claudia gesprochen! Sie hat gesagt, wenn wir genug Teilnehmer hätten, dann kämst du! Wow, du kommst! Lass uns gleich einen Termin festmachen. Dann haben wir etwas, auf das wir uns alle freuen können!“

Nur – mit dem Termin war das so eine Sache. Bei mir waren im Herbst kaum noch Tage frei. Ich hatte an neun Wochenenden acht Seminare auf dem Plan und brauchte die freien

Tage unbedingt, um auch meine Batterie wieder aufzuladen.

Doch egal, wie wir es auch drehten und wendeten, es gab nur diese eine Möglichkeit an dem einzigen freien Wochenende im Oktober.

Etwas halbherzig sagte ich zu. Aber Halbherzigkeit ist ein schlechter Ratgeber, das sollte ich noch erfahren. Denn so ganz begeistert war ich nicht über Karins und Claudias Aktivitäten. Nein, im Grunde genommen sehnte ich mich nach freier Zeit und wollte gar keinen zusätzlichen Termin mehr annehmen. So begab ich mich zumindest gedanklich in die Opferrolle und jammerte auf höchstem Niveau!

Doch dann begannen Karin und Claudia zu trommeln! Alles Erdenkliche stellten sie auf die Beine, um Teilnehmer zu bekommen. In der Nähe von St. Vith, in Bütgenbach, hatten sie einen Saal aufgetan, der sonst als Turnhalle Verwendung fand, aber groß genug war für die Anzahl der zu erwartenden Teilnehmer.

„Gila, das schaffen wir locker", hatte Karin zuvor noch optimistisch gesagt. Aber irgendwie liefen die Anmeldungen schleppend. „Ich verstehe das gar nicht", meinte sie dann ganz enttäuscht, „so viele, die zugesagt haben und die sich einfach nicht mehr melden! Was ist bloß los? Weißt du, mein Vater kennt ja auch deine Bücher, und wir haben morgen sogar gemeinsam eine plattdeutsche Sendung im Radio organisiert. Dabei können wir deine Bücher vorstellen und somit auch noch für dein Seminar Werbung machen!"

‚Oh, oh!', meldete sich mein schlechtes Gewissen. ‚Da sind Menschen, die alles Mögliche tun wollen, um für mich einen Kurs zu organisieren – und ich blockiere ihr Vorhaben, indem ich mein freies Wochenende verteidige!'

Schlagartig wurde mir klar, dass ich meine Energien kontraproduktiv eingesetzt und ihr Vorhaben gedanklich sabotiert hatte, weil ich über die freien Tage froh gewesen wäre. Jetzt schämte ich mich dafür.

Nein, das musste ich jetzt wieder gut machen! Ich merkte, wie sehr Karin unter Druck stand. Sie hatte mich anfangs nach der Mindestteilnehmerzahl gefragt, die längst noch nicht erreicht war, aber das ließ ich jetzt erst einmal ganz außer Acht.

„So, Karin, jetzt ist Schluss mit meinem Gejammer nach einem freien Wochenende! Egal, wie viele Anmeldungen du hast – ich komme! Mach dir keine Gedanken mehr, der Kurs findet statt. So oder so!“

Karin war überglücklich. Und ich auch, weil ich mich jetzt sehr viel besser fühlte und mich dadurch plötzlich auf den Kurs freute.

Und genau danach geschah es: Kaum hatte ich meinen Fokus von Jammern auf Freude umgestellt, kamen die Anmeldungen. Immer mehr – so viele, dass der bestellte Saal dann viel zu klein wurde und Karin dafür sorgen musste, dass noch ein angrenzender Saal mitgenutzt werden konnte.

Wieder können wir daran ganz klar erkennen, dass wir im Stande sind, mit der Art unserer Gedanken Ereignisse für oder gegen uns zu lenken. Rein ins Vertrauen, rein ins Leben! Dann wird alles leichter! Durch diese Geschichte durfte ich wieder erfahren, wie wichtig es ist, den Fokus auf Freude und Dankbarkeit zu setzen und nicht das Ego auszufahren und zu jammern!

Der Entdeckung der Kraft der Gedanken verdanken wir unsere Kreativität. Sie nimmt unserem Leben die Unbestimmbarkeit. Allein wir Menschen sind in der Lage, uns dieser Naturgesetze bewusst zu werden. Damit scheinen wir zwar anderen Lebewesen überlegen zu sein, stehen andererseits jedoch in der Verantwortung, diese geistige Energie für oder gegen die Liebe einzusetzen. Demzufolge haben wir dann auch die Konsequenzen unserer Entscheidung zu tragen.

Die Liebe sucht immer das Beste für uns *und* den anderen. Sie ist eine zarte, sanfte Empfindung, sie ergreift uns nicht, sie berührt uns, wir spüren sie im Herzen. Liebe bedeutet, das Gemeinsame zu finden – Freiraum und Freiheit zu genießen und das allen Menschen genauso zu gewähren. Alles, was wir anderen an Zuwendung geben, wird wieder in unser eigenes Leben zurückfließen!

Und genau diesen Umschwung von Unmut auf Freude, der bei mir eintrat, schienen die Teilnehmer zu spüren und zu honorieren. Die Energie konnte wieder frei fließen – und somit flossen auch die Buchungen, fast doppelt so viele wie erwartet!

Wie immer war ich auch in Bütgenbach bereits einen Tag zuvor angereist und freute mich jetzt darauf, den Seminarraum einzurichten. Die Dame an der Rezeption zeigte mir den Weg zu dem Raum, in dem der Kurs in den nächsten beiden Tagen stattfinden sollte.

„So, hier ist es“, sagte sie munter und schloss auf.

Ich traute meinen Augen kaum, als ich den engen langen Raum sah, in dem wir uns für zwei Tage wohlfühlen sollten. Er war ein schmaler Schlauch, bestehend aus zwei aneinander liegenden Räumen mit einer beweglichen Zwischenwand, die jetzt geöffnet war.

„Ach du lieber Himmel“, war mein einziger Kommentar, als ich die langen Stuhlreihen sah, die sich ziemlich nah gegenüberstanden, während die Teilnehmer der beiden kurzen Seiten sich kaum noch sehen, geschweige denn, hören konnten.

Ich atmete tief durch. Zu spät, etwas zu ändern! So gut es die Gegebenheiten zuließen, versuchte ich, dem Raum wenigstens doch noch ein wenig Atmosphäre zu geben. Viel war jedoch in der Hinsicht nicht mehr zu machen.

Doch zumindest freute ich mich auf Karin und Claudia und auf die vielen anderen Leser meiner Bücher, die sich angemeldet hatten und am nächsten Tag eintreffen sollten.

Wie üblich war ich am Samstagmorgen die erste im Tagungsraum und erwartete voller Freude meine Teilnehmer.

Leise Musik spielte im Hintergrund. Wie immer hatte ich für einen angenehmen Duft im Raum gesorgt. Gerade, als ich die Seminarkerze anzündete, traf der erste ein.

„Hallo“, begrüßte ich ihn herzlich, als ich auf ihn zuging und ihn ganz spontan in die Arme nahm. „Ich bin die Gila. Darf ich ‚Du’ zu dir sagen?“

„Na, das ist ja eine liebe Begrüßung!“, strahlte er überrascht. „Gern darfst du mich duzen. Ich heiße Jean!“

Jean war ein Mann mittleren Alters und hatte ungefähr meine Größe. Interessiert schaute er umher und sagte völlig überrascht: „Sag bloß, es sind so viele Teilnehmer!“

„Ja“, lachte ich „Es sind fast doppelt so viele wie angekündigt.“

„Aber davon hat man mir gar nichts erzählt!“, meinte Jean etwas konsterniert.

„Es haben sich auch erst in den vergangenen 14 Tagen noch viele angemeldet.

„Na, ob das klappt?“, zweifelte er etwas. „Aber jetzt kommen sie ja alle – und jetzt müssen wir einfach da durch, nicht?“

„Richtig!“, bestätigte ich, ganz angetan von seinen Worten,

aber auch etwas verwundert darüber, dass er sich so viele Gedanken machte. „Und woher kommst du, Jean?“

„Ich komme hier aus der näheren Umgebung. Ich hab’s nicht weit. Und du?“

„Nun, ich bin ungefähr 300 Kilometer gefahren bis hierher!“

„300 Kilometer?“ Jean war fassungslos. „So eine lange Strecke?“

„Na ja, so manches Mal waren es auch schon über 1000 Kilometer!“

„Noch mal – wie bitte?“

„Ja, wenn ich zum Beispiel nach Wien fahre …“

Er schaute mich erstaunt an: „Und was machst du in Wien? Urlaub?“

„Nein, ich leite dort Seminare.“

„Du leitest Seminare?“

Jetzt war es an mir, ihn völlig verblüfft anzusehen. Er musste doch wissen, dass ich Seminare leitete, er hatte sich ja schließlich selbst zu einem angemeldet.

„Ja, aber das weißt du doch, Jean.“

„Es tut mir leid, Gila, aber ich weiß gar nichts von dir.“

Etwas entschuldigend blickte er mich an.

„Aber du weißt doch“, stellte ich sachlich fest, „dass ich hier diesen Kurs leite!“

„*Du* leitest diesen Kurs?“

„Ja, natürlich!“ Langsam verstand ich die Welt nicht mehr. „Wer denn sonst?“

„Ja – *ich* natürlich!“

Hier schien jetzt einiges aus dem Ruder zu laufen. Ich sah ihn mit großen Augen an und fragte noch einmal nach, um weiteren Missverständnissen zuvorzukommen: „*Du* leitest diesen Kurs?“

„Ja, das ist doch hier der Kurs für Notfallmedizin – oder?"

Plötzlich wurde mir einiges klar, und ich prustete los: „Jean, mein Lieber, ich glaube, du hast dich im Raum geirrt. Kann das sein?"

Ungläubig starrte er mich an. Jetzt erst schien er zu begreifen, was los war.

„Ach du lieber Himmel!", lachte er laut auf. „Jetzt verstehe ich einiges! Gestern Abend wurde ich unerwartet von meinem Kollegen angerufen, einem Arzt vom Nachbarort, der mich ganz kurzfristig gebeten hat, diesen Kurs in Notfallmedizin hier zu übernehmen. Es hätten sich 12 Leute angemeldet. Und dann komme ich in diesen Saal hier und sehe die vielen Stühle! Da kam mir doch eben wahrhaftig der Gedanke: Aha, darum hat mein Kollege wohl einen Rückzieher gemacht! Und dann das Gespräch mit dir! Ich dachte schon, du bist ein vollkommen verrückter Freak, der Notfallmedizinern nach Belgien oder sogar nach Wien nachreist, um deren Kurse zu besuchen!"

Wir konnten uns beide kaum halten vor Lachen! Jean sprach weiter: „Ich wusste gar nicht, wie mir geschah, als du mich eben so herzlich begrüßt und gleich beim Vornamen genannt hast – und zu allem Überfluss auch noch so lieb an dein Herz gedrückt hast! So was Liebes! Gila, mein Tag ist gerettet!"

Eine wunderbare und urkomische Situation!

Und so nahm ich Jean zum Abschied noch einmal in die Arme und drückte ihn wieder an mein Herz.

Nachdem er dann lachend unseren Raum verlassen hatte, hörte ich ihn noch auf dem Gang zu einem ankommenden Teilnehmer sagen: „Da gehen Sie mal rein – da erwartet Sie was ganz Liebes!"

Als ich später allen diese Geschichte erzählte, brach die

ganze Gruppe in schallendes Gelächter aus. Die meisten von ihnen kannten Jean, denn er war ihr Hausarzt.

Bei unserem Telefonat hatte ich bereits Claudias zauberhafte Ausstrahlung und Liebe gespürt. Und dann das Wiedersehen mit Karin! Ich konnte den beiden nur immer wieder danken, was sie für die anderen und auch für mich getan hatten.

Dieses Seminar habe ich dann doppelt gehalten – und zwar dahingehend, dass ich einmal zu den Teilnehmern der einen Seite sprach und mich dann umdrehte, um die gleichen Worte in die andere Richtung zu verkünden. Am Sonntagabend war ich fast heiser. Völlig überrascht war ich allerdings, als die komplette Gruppe dann zum Abschied aufstand und lang anhaltend applaudierte.

Trotz äußerlich schwieriger Bedingungen war es ein kraftvoller Kurs, in dem dann das Samenkorn gepflanzt wurde für viele belgische Interessenten, die dann Jahr für Jahr meine weiterführenden Kurse besuchten.

Diese finden allerdings nicht mehr in Bütgenbach statt, sondern in dem wunderschönen Landhotel Kallbach in Hürtgenwald-Simonskall, wo wir uns von Mal zu Mal mehr zu Hause fühlen – ein Haus, das durch seine liebevolle Atmosphäre auffällt! Vier Sterne mit Energie, und das spürt man im gesamten Hotel, das sehr ruhig gelegen ist, untermalt vom beruhigenden Rauschen des Kallbachs.

Karin und Claudia habe ich noch oft zusammen mit vielen weiteren Teilnehmern aus Bütgenbach auf meinen Kursen gesehen.

Ein paar Monate danach hörte ich von Claudias Plänen, eine eigene Buchhandlung zu eröffnen. Sie war bisher als leitende Angestellte tätig gewesen.

Und dann hatte ich die wunderbare Eingebung, ihr zur Eröffnung ihrer eigenen Buchhandlung die Lesung zu schenken, um die sie mich damals bei ihrem ersten Anruf gebeten hatte, obwohl ich wegen meiner vielen Termine sonst keine Lesungen mehr annehme.

Nicht nur anhand der Situation des Kurses in Bütgenbach hatte ich gelernt, mein Ego zurückzufahren, sondern ich war inzwischen auch immer mehr bereit, mich gerade in dieser Hinsicht auf meine innere Stimme zu verlassen.

Überglücklich über das Angebot organisierte sie die Lesung zur Eröffnung ihrer Buchhandlung – und über 250 Zuhörer kamen! Ihr Geschäft brummte!

Liebe Karin, liebe Claudia, das war mein Dankeschön für euren Einsatz von damals!

*

Für dieses Buch wollte ich mir Zeit geben bis Ende November, dann könnte ich es ganz in Ruhe fertig stellen. Doch offensichtlich hatten unsere Engel etwas anderes vor. Der erste Hinweis darauf kam von Karin aus Belgien, die inzwischen von meinem neuen Buch wusste.

„Gila“, fragte sie erwartungsvoll, „wann wird es erscheinen?“

„Höchstwahrscheinlich Ende November.“

„Super, aber auch irgendwie schade“, erwiderte sie bedauernd, „es wäre so schön gewesen, wenn es bereits zur Hochzeit von Petra und Josef am 15. Oktober herauskäme. Ihr seid ja nun doch dabei, wie ich von Petra erfahren habe. Das wäre vielleicht eine Überraschung! Meinst du, dass es vielleicht nicht doch eher klappen könnte?“

Ich dachte kurz nach, machte Karin dann aber klar: „Mir würden dann sechs Wochen fehlen, die ich benötige, um dem Buch noch den letzten Schliff zu geben. Das ist kaum zu schaffen."

„Schade", meinte sie, „das verstehe ich, aber es wäre trotzdem schön gewesen!"

Erst ein zweiter Anruf von Ingeborg machte mich hellhörig: „Gila, meine Liebe, ich habe gehört, dass du ein weiteres Buch schreibst?"

Als ich ihr erzählte, dass ich auch über die zauberhafte Begegnung von Günter und ihr berichtet hätte, war sie sehr berührt.

„Und? Wann erscheint es?"

„Nun", antwortete ich, „höchstwahrscheinlich Ende November!"

„Das ist ja wunderbar, Gila! Darauf freue ich mich sehr. Nur schade, dass es nicht Mitte Oktober auf den Markt kommt."

„Mitte Oktober?"

„Ja, du weißt doch, dass ich am 17. Oktober 85 Jahre alt werde."

„Das wird leider nicht klappen, Ingeborg. Aber Ende November ist es mit Sicherheit soweit!"

Ab dem Moment war es vorbei mit meiner Ruhe. Beide Anrufe waren für mich das Zeichen, dass der Ersterscheinungstag vorgezogen werden sollte. Die einzige Möglichkeit, mich nicht unter Druck zu setzen, war, niemandem etwas davon zu sagen, dass ich doch heimlich den Termin Mitte Oktober anstrebte. So konnte ich abwarten, ob es wirklich klappte, ohne jemanden zu enttäuschen. Das hieß für mich jetzt – doppelter Zeiteinsatz für Lektorat, Satz und Gestaltung!

Kurzum – mit viel Hilfe und unermüdlichem Einsatz habe

ich es dann geschafft, dass die erste Ausgabe meines Buches tatsächlich zum 13. Oktober erschien.

*

Mit dem neuen Buch in der Tasche waren Götz und ich am 15. Oktober unterwegs nach Belgien. Es war ein kühler, aber strahlender Herbsttag. Wir freuten uns beide auf diese besondere Hochzeit von Petra und Josef, die uns sehr berührte. Und vor allem freuten wir uns darauf, Julia – Josefs und Biggis Tochter – wiederzusehen.

Auf der Fahrt stellte ich mir die überraschten Gesichter vor, wenn ich plötzlich mein neues Buch nach dem Abendessen aus der Tasche hervorzauberte, um genau die Passagen vorzulesen, die Petra, Josef und Julia betrafen. Meine Vorfreude stieg mit jedem Kilometer.

Wie erwartet, war die Hochzeit ein wunderschönes Ereignis – zuerst die standesamtliche und später dann die sehr emotionale kirchliche Trauung. Alle konnten den beiden ihr Glück ansehen.

Auch für mich war es sehr bewegend, Petra und Josef in ihrer festlichen Kleidung zu sehen. Der Gedanke, dass sie sich auf meinem Seminar kennen und lieben gelernt hatten, trieb mir die Tränen in die Augen.

Als wir nach der Zeremonie den Speisesaal betraten, dachte ich zuerst, ein Innenarchitekt habe ihn geschmückt, so zauberhaft war er hergerichtet. Ich hörte dann aber von Josef, dass es Petras Arbeit war, die sie in tagelanger Planung mit viel Stil und Herzenswärme ausgeführt hatte. Ich war völlig angetan von der liebevollen Harmonie, die jeder spüren konnte.

Vor dem Abendessen wurden Getränke und kleine Häppchen gereicht. Zuerst hielt Petra eine Ansprache, dann stellte Josef die Gäste persönlich vor. Ganz zum Schluss begrüßte er Götz und mich und erzählte den Anwesenden, wie und wo er Petra kennengelernt hatte und wie sehr sich die beiden schon deshalb über unser Kommen freuten.

„Übrigens“, schloss Josef dann seine Vorstellung, „Gila hat wieder ein neues Buch geschrieben, das Ende November erscheinen wird. Wir sind alle schon ganz gespannt darauf.“

‚Ach‘, flüsterte ich Götz mit unverhohlener Vorfreude ins Ohr, „wenn Josef wüsste, was ich hier in meiner Handtasche habe!“ Als Überraschung wollte ich für das Hochzeitspaar und seine Gäste aus dem neuen Buch eine Lesung machen und den beiden danach das gewidmete Buch überreichen. Es sollte ein Höhepunkt werden.

Nach dem wunderbaren Abendessen kam dann mein Auftritt. Ein Freund der beiden hatte sich spontan als Zeremonienmeister zur Verfügung gestellt. Ihn hatte ich zuvor um ein Mikrofon und einen Stehtisch gebeten, um meine Ansprache zu halten.

Beides wurde herangeschafft. Götz saß neben mir – auf dem Stuhl stand meine verschlossene Handtasche. Es war mir sehr wichtig, zuerst mit ganz weichen Worten einen Dank an Biggi auszusprechen. Danach begann ich mit der Geschichte, wie sich Petra und Josef kennengelernt hatten. Als spannender Höhepunkt wollte ich dann kurze Zeit später meine Tasche öffnen, zum Erstaunen aller mein neues Buch hervorholen und mit der Lesung beginnen.

Ich war so richtig in meinem Element und wollte gerade meine Einführung mit einer kurzen liebenswerten und äußerst unterhaltsamen Episode fortsetzen, als ich aus den Augenwinkeln wahrnahm, wie Götz plötzlich den Reißverschluss meiner

Handtasche öffnete. Wie selbstverständlich, aber viel zu früh, holte er mein Buch heraus und legte es für alle sichtbar direkt vor mir auf den Tisch!

Mir stockte der Atem. Die meisten Gäste reckten die Hälse und begannen bereits zu tuscheln.

Jetzt blieb mir nur noch der Vorstoß nach vorn. „Mensch Götz!“, rief ich gespielt aufgebracht ins Mikrofon, „das darf doch wohl nicht wahr sein! Ich versuche hier, den Knalleffekt mit einigen interessanten Episoden einzuleiten, um dann als Gipfel der Spannung das Buch hervorzuholen – und du, mein Lieber, hast mir die ganze Sache vermasselt! Du bist ein Pointentöter!“

Alle lachten und klatschten – und dachten, es wäre eine Show, die wir beide abzögen. Und dann blieb mir wahrhaftig nichts anderes übrig, als in das Lachen über Götz’ Aktion einzustimmen und Petra und Josef mit dem Buch in der Hand zuzuwinken.

Und an Karin gerichtet, sagte ich dann wieder einigermaßen besänftigt: „Danke, dass du mich auf diese gute Idee gebracht hast.“

Danach wandte ich mich an das Hochzeitspaar: „Ihr habt es auch Karin zu verdanken, dass wir das Buch schon heute in den Händen halten und nicht erst im November.“

Während der Lesung sah ich, wie Tränen in Petras und Josefs Augen schimmerten, so berührt waren die beiden. Auch die Passage mit der verrückten Begegnung mit Jean in Bütgenbach bei meinem ersten Seminar in Belgien rief lautes Gelächter hervor.

Total berührt waren wir alle, als Julia ziemlich zum Schluss des Abends ein Lied für Petra und ihren Vater Josef sang. Obwohl sie für ihr Leben gern singt und eine wunderschöne

Stimme hat, war kein Lied mehr über ihre Lippen gekommen, seit ihre Mutter Biggi ins Licht gegangen war.

Ohne Anweisung formierten sich danach plötzlich alle aus dem Gesprächskreis, der aus meinen Seminaren über Jahre hinweg entstanden war und von Karin geleitet wurde, zu einem Kreis. Die Seminarkerze, die Figur der Umarmenden als Symbol meiner Seminare und das passende Tuch hatte ich Petra und Josef zur Hochzeit geschenkt. Ich stellte alles in die Mitte, und wir sangen zusammen ein Mantra, das alle kannten und mitsingen konnten.

Emotionen pur! Es war einfach unendlich bewegend. Danke, Petra, Josef und Julia, dass wir alle an eurem wundervollen Tag teilhaben durften.

# KAPITEL 15

*Das, was vor uns liegt*
*und das, was hinter uns liegt,*
*ist nichts,*
*verglichen mit dem,*
*was in uns liegt.*

(Verfasser unbekannt)

Tief beeindruckt erinnere ich mich an eine Episode, die wir bei einem Engelseminar in Vöhl-Oberorke erlebten. Wie schon vorher erwähnt, finden diese Kurse hauptsächlich im November in der dunkleren Jahreszeit statt, weil die vielen Kerzen dann für eine besonders heimelige Atmosphäre sorgen.

Am Sonntagmorgen wollte ich meine Meditation *‚Heilung'* führen, die auch auf der gleichnamigen Meditations-CD zu finden ist.

Das Novemberwetter war durchwachsen. Nieselregen, Temperaturen knapp über dem Gefrierpunkt – so richtig passend für diese Jahreszeit.

Normalerweise ziehe ich vor der Meditation die Gardinen zu. Ich kann mir rational nicht erklären, warum ich es dieses Mal nicht tat – vielleicht, weil das Wetter so diesig war und dadurch im Raum sowieso schon ein etwas dämmeriges Licht herrschte.

Es war alles sehr ruhig, die Gruppe lag entspannt auf ihren Decken, leise Musik lief im Hintergrund – ich machte die Einleitung – eine heilige Stille.

Ich führte die Teilnehmer an die Stelle, an der sie ihrem Heilengel begegnen und ihm zeigen, wo sie eine Disharmonie in ihrem Körper empfinden, genauer gesagt, wo sie Schmerzen haben, und las mit ruhiger Stimme vor:

„Stell dir vor, wie dein Heilengel ein weißes Tuch nimmt und es in eine große Schüssel hineintaucht, in der eine wohlriechende, nur für dich bestimmte heilende Flüssigkeit aufbewahrt ist. Lass ihn dann dieses feuchte Tuch sanft auf all die Teile deines Körpers legen, die Heilung suchen. Gib dem feuchten, heilenden Tuch die Temperatur, die im Augenblick richtig ist für dich.

Lass die heilende Kompresse sanft auf deinem Körper liegen und ihre geheimnisvolle Wirkung entfalten. Vielleicht empfindest du so etwas wie Prickeln oder Klopfen, während das weiße Tuch Spannung und Schmerzen aufsaugt und dabei langsam die Farbe wechselt."

Und genau in dem Moment, als ich das weiße Tuch erwähnte, begann es zu schneien – ganz dicke weiße Flocken! Ich traute meinen Augen kaum. Es war ein richtiges Schneegestöber aus heiterem – nein, besser gesagt, aus recht diesigem Himmel!

Niemand anders konnte dieses Phänomen in dem Moment erblicken, da alle die Augen geschlossen hatten. Total fasziniert beobachtete ich, wie sich die weiße Pracht von Minute zu Minute mehr auf dem Balkongeländer auftürmte.

Als die Teilnehmer wieder die Augen öffneten, konnten sie es kaum fassen!

„Das gibt es einfach nicht!", staunten sie, standen gleich auf und gingen zum Fenster. Die Türen zum Balkon wurden geöffnet – der Schnee bestaunt – Schneebälle geformt. Und über allem lag die Ahnung eines Wunders.

Bereits eine gute Stunde später war diese weiße Pracht wieder verschwunden, und alles erschien wieder Grau in Grau – nur in unseren Herzen nicht.

Für mich war dieses Zeichen ganz klar: Unsere Engel wollten uns einen ganz deutlichen Fingerzeig geben, dass sie bei uns sind und wir sie immer rufen dürfen, auch wenn wir Heilung benötigen.

Es war ein Wunder.

Doch was sind Wunder? Mit dem Verstand können wir sie nicht erfassen, denn dieser kann die Göttliche Kraft in ihrer ganzen Größe kaum ermessen. Nichtsdestotrotz – Wunder geschehen immer wieder.

Wie hier in Oberorke, vermittelt uns ein Wunder Gefühle von tiefer Freude. Wir sind dann mit Liebe erfüllt, und diese Schwingung schafft eine segensreiche Verbindung zu allen anderen Menschen. Auch wenn wir die Zusammenhänge nicht erklären können, dürfen wir sie dankbar annehmen.

Wir wissen doch alle: Wunder geschehen nur denen, die an sie glauben!

Immer? Nun, wenn ich an die folgende Begebenheit denke, scheint es auch Ausnahmen zu geben.

„Gibt es in Schöneiche einen See?“, fragte mich Irmi eines Morgens erstaunt, als sie eine Anmeldung aus dem Fax nahm. Zwei Damen hatten darauf vermerkt: ‚Bitte Doppelzimmer mit Seeblick.’

„In Schöneiche?“, überlegte ich. „Als ich im vergangenen Jahr dort einen Wochenendkurs geleitet habe, ist mir kein See in der Nähe aufgefallen. Ich kann ja mal bei Google Earth nachschauen.“

Ich rief das Programm auf und gab die Adresse des Hotels ein. Es dauerte – und dauerte, weil wir wegen unserer Lage im

Naturschutzgebiet noch eine sehr langsame Internetverbindung haben.

Als ich endlich fündig wurde, sagte ich zu Irmi, die neben mir stand und wie gebannt auf den Bildschirm meines Computers schaute: „Schau mal, da ist das Hotel! Siehst du dort einen See?“

Hochkonzentriert zoomten wir die ganze Umgebung ab – nichts zu finden. Ich konnte mich nur an einen klitzekleinen Löschteich hinterm Haus erinnern, der nicht mal bei Google Earth zu finden war. Dazu stürzte immer wieder unser Programm ab, weil es sich aufgehängt hatte. Nach einer Stunde gaben wir endgültig auf.

Nun gut – wenn kein See da war, konnten die beiden auch kein Doppelzimmer mit Seeblick, sondern nur mit Blick zum Löschteich bekommen. Damit mussten sie sich eben abfinden!

Beim Abendessen des ersten Tages in Schöneiche im Kreis der Teilnehmer erinnerte ich mich wieder an den Vermerk auf einer der Anmeldungen und fragte: „Wer von euch hat eigentlich ein Zimmer mit Seeblick bestellt?“

Erwartungsvoll schaute ich in die Runde und sah, dass Birgit schmunzelnd die Hand hob.

„Wo habt ihr denn hier einen See gesehen?“, wollte ich wissen.

„Ach, Gila, das machen wir beide immer so, auch wenn wir nicht wissen, ob ein See in der Nähe ist, aber es könnte ja einer da sein – und dann haben wir gute Karten!“

Danke, Birgit, für dieses erbauliche Gespräch beim Abendessen!

*

Unser Heilung, Licht und Liebe-Seminar – zärtlich Hei-Li-Li genannt – fand dieses Mal in Leutkirch statt.

Stephanie, eine zierliche junge Frau mit wunderschönen blitzenden braunen Augen, war bereits öfter bei mir gewesen. Jetzt war sie im achten Monat schwanger.

„Wann ist es soweit?", fragte ich sie, als ich sie zur Begrüßung in die Arme nahm.

„Mitte August."

„Und? Geht's dir gut?"

„Ja, ab und zu habe ich zwar ein bisschen hohen Blutdruck, aber sonst ist alles okay."

Wie der Name des Kurses bereits aussagt, machen wir unter anderem auch ein hochwirksames Ritual, bei dem Heilungsenergien übertragen werden. Jeder, der ein gewisses Maß an Spiritualität in sich entfaltet hat, kann Übermittler geistiger Energie sein.

Offensichtlich hatte der kleine Sebastian – so sollte das Baby heißen – auf dieses Ritual auf seine Art reagiert. Er schlug Purzelbäume, was dafür sorgte, dass Stephanie, wie sie mir vor dem Abendessen mitteilte, ein Ziehen verspürte.

„Gila, ich lege mich jetzt einen Moment hin, nur dass du Bescheid weißt."

„Ja, ruh dich aus! Bevor es nachher weitergeht, schaue ich noch einmal nach dir. Es wäre schön, wenn du heute bei der Abendeinheit wieder dabei sein könntest. Wird das Ziehen stärker, müssen wir sehen, was wir machen."

Ich hatte keinerlei Bedenken, weil wir alle von wunderbaren Schwingungen voller Licht und Liebe getragen wurden, in denen sich das Baby pudelwohl und geborgen fühlen musste.

Kurze Zeit später klopfte ich an Stephanies Tür. Keine Antwort – ich klopfte erneut. Wieder nichts. Mir kam der Gedanke, dass sie wahrscheinlich schon in den Tagungsraum gegangen war.

Auf dem Weg dorthin fing mich eine Teilnehmerin ab. „Gila, Stephanie, Kirsten, Verena und ihr Mann Rainer sind ins Krankenhaus gefahren, weil das Ziehen bei ihr stärker wurde. Du sollst dir aber keine Sorgen machen.“

Nein, ich machte mir auch keine Sorgen und sandte allen immer wieder in Gedanken Licht und Liebe.

Als die Abendeinheit begann, erklärte ich der Gruppe die Situation und schloss mit den Worten:

„Denkt an Stephanies Situation in Liebe. Sonst verstärken wir die sorgenvolle Schwingung sowohl bei ihr als auch bei uns selbst. Kirsten, Verena und Rainer sind jetzt an ihrer Seite! Sendet allen mit euren Gedanken viel Kraft, Licht und Liebe! Eure guten Gedanken sind positive Kräfte und erreichen die Vier!“

Ich hatte gut reden, insgeheim wartete ich sehnlichst auf ihre Rückkehr mit der erlösenden Nachricht, dass alles in Ordnung sei und das Baby nur vor lauter Freude und Liebe so gestrampelt hatte.

Zu unserem gemütlichen Beisammensein nach der Abendeinheit oder besser gesagt – bei unserem Schlummertrunk – waren sie noch immer nicht zurück.

Erst später trafen Kirsten, Verena und Rainer ein – allerdings ohne Stephanie!

„Es ist alles in Ordnung! Macht euch keine Gedanken!“, rief Verena aus, als sie in die erwartungsvollen Gesichter der anderen sah. „Stephanie bleibt heute Nacht unter Beobachtung, kann aber morgen früh wieder entlassen werden. Vielleicht waren es auch nur Senkwehen!“

Alle waren total erleichtert.

Und dann erzählte Verena: „Fast hätten wir noch eine Notgeburt miterlebt. Ich sah auf einmal ein gerade geborenes Baby auf dem Arm einer Hebamme! Das war vielleicht eine Aufregung!"

Wie gebannt hörten wir ihr zu, vor allem, als sie erzählte, wie eigenartig die Ärzte geschaut hätten, als ein attraktiver Mann mit drei jungen Frauen, davon eine hochschwanger, in der Ambulanz der Gynäkologie eintraf.

„Die Lösung des Rätsels wurde auch dadurch nicht leichter, dass wir alle vier noch unsere Namensschilder trugen, mit roten Herzchen versehen", erzählte Verena lachend, während ihre wunderschönen blauen Augen strahlten.

Kirsten, mit ihrem verschmitzten Lachen, fuhr fort: „Die Ärzte konnten sich absolut keinen Reim darauf machen, was wir für eine Gruppe waren. Sie guckten uns mehrmals von der Seite an, aber keiner traute sich zu fragen."

Und als Mann setzte Götz noch einen drauf: „Vielleicht mag der eine oder andere noch gedacht haben, als er Rainer mit all den Frauen sah, davon eine hochschwanger: ‚Oh, ist da wohl etwas schief gelaufen?'"

Ja, jetzt konnten wir alle befreit lachen – vor allem, weil Stephanie am nächsten Morgen wieder am Seminar teilnehmen konnte. Offensichtlich hatte der kleine Sebastian wohl doch vor lauter Liebe Purzelbäume geschlagen. Inzwischen ist er heil und gesund auf unsere Welt gekommen, bereits vorher mit viel Licht und Liebe gesegnet.

Sehr berührt hat mich dann, dass Stephanie und Thomas ihr Baby ein halbes Jahr später von Pater Hubertus in der kleinen Kappelle unserer Tagungsstätte in Leutkirch taufen ließen, obwohl ihr Wohnort mehr als 200 Kilometer entfernt lag …

„Gila, ich bin so unzufrieden mit meinem Leben“, gab mir Rosi, eine Teilnehmerin, zu verstehen, als wir beim Abendessen mit mehreren aus der Gruppe zusammen saßen.

„Wenn ich mir die anderen in meinem näheren Umfeld so anschaue, was die alles geschafft haben und dann mein Leben dagegen betrachte!“

„Rosi, frage dich doch eher, was dich als Persönlichkeit von anderen unterscheidet, statt die anderen nur zu bewundern. Du kannst nicht wie die anderen sein – und das sollst du auch gar nicht.“

Evelyn, eine andere aus unserer Gruppe, unterbrach unseren Dialog und meinte belustigt: „Rosi, mein Problem liegt genau andersrum. Ich versuche immer, die anderen zu bekehren, so zu sein, wie ich bin. Und das ist offensichtlich auch nicht in Ordnung, Gila, oder wie siehst du das?“

Ich konterte fröhlich: „Es gibt da so einen netten Spruch, der besagt: Versuche niemals, jemanden zu dem zu machen, was du bist. Du weißt es, und Gott weiß es auch – einer von deiner Sorte ist genug!“

„Genau!“, bestätigte Evelyn lächelnd. „Das muss ich mir zu Herzen nehmen.“

„Aber Rosi“, fuhr ich fort, „noch mal zu deiner Aussage. Glaubst du etwa, dass du so sein musst wie andere, um Anerkennung zu bekommen? Du zahlst einen hohen Preis, wenn du das annimmst. Damit verzichtest du darauf, im Einklang mit dem zu leben, was speziell für dich richtig ist. Deine Wünsche gehen dabei den Bach runter! Jeder ist einzigartig! Finde heraus, was dir wichtig ist, und lebe es dann! Du bist ein von Gott gewolltes Individuum – und du musst begreifen, wie wichtig du bist!“

„Ja, das ist der Punkt, Gila! Mein Selbstwertgefühl ist so gering, weil ich in der Vergangenheit so viele Steine vor die Füße gelegt bekommen habe."

„Richtig, oftmals hängt dein Selbstvertrauen davon ab, welche Erfahrungen du bisher in deinem Leben gesammelt hast. In deiner Kindheit hattest du aber kaum die Möglichkeit, dich gegen negative Beeinflussungen zu schützen. Jetzt, Rosi, als erwachsener Mensch bist du dagegen in der Lage, dein Vertrauen in dich selbst, zum Beispiel durch positive Affirmationen, wieder neu aufzubauen."

„Meinst du, das hilft?", fragte sie zweifelnd.

Ihre zaghafte Frage brachte Evelyn auf den Plan. „Rosi, das ist doch keine Frage! Du solltest eher sagen: Ich bin sicher, dass gute Affirmationen gerade in dem Fall helfen – und dann damit arbeiten! Mit starkem Glauben an die Sache herangehen – nicht mit Zögern und Zaudern!"

Ich musste über Evelyns resolute Unterstützung schmunzeln. Sie hatte ja Recht. Ich freue mich immer, wenn Antworten oder Anregungen auf Fragen, die gestellt werden, direkt von den Teilnehmern kommen. Darin liegt für mich dann eine besondere Bestätigung, eine noch kräftigere Aussage, als wenn die Impulse immer nur von mir kommen.

Rosi wurde jetzt nachdenklich, während ich fortfuhr: „Wenn du dich dann selbstsicherer verhältst und von anderen lobende und bestärkende Worte hörst, entfaltet sich das Vertrauen zu dir selbst immer mehr. Glaube diesen anerkennenden Worten! Vertraue dem Leben, dann gelingt es dir immer mehr, viele deiner Unzulänglichkeiten zu verbessern. Dein Selbstbewusstsein wird in dem Maße steigen, wie du mit dir selbst in Einklang bist. Spür mal hinein in die Kraft dieser Worte!"

Und Evelyn klopfte Rosi kumpelhaft auf die Schulter und schloss jovial: „Du selbst bist wertvoll, und nicht erst durch

Leistungen, die du vollbringst. Rosi, du bist wichtig! Liebe und akzeptiere dich einfach so, wie du bist. Lebe dein eigenes Selbst! Versprochen – wir helfen dir dabei!"

„Das hört sich doch gut an, was Evelyn sagt", fuhr ich fort, „sei einfach optimistisch, und konzentriere dich auf das Gute. Du bist hier von so vielen wunderbaren Menschen mit ihren Erfahrungen umgeben. Bedanke dich doch mal dafür, dass du hier sein kannst, um neue Impulse zu bekommen! Lass alles los, was dich blockiert! Stell keine Vergleiche mehr mit anderen an! Stell auch keine Vergleiche mit deinem Idealbild an! Gib dir selbst die Liebe, die du dir von anderen wünschst! Dann bist du auf dem richtigen Weg."

Ich sah Rosi an, wie diese Worte in ihr arbeiteten, und sagte abschließend: „Es sind deine Gedanken, Rosi, mit denen du Gutes oder weniger Gutes im Leben anziehst. Spüre mal in dich hinein, und denk an diese Worte, wenn du deine Lebensumstände oder andere Menschen für dein Unglück verantwortlich machen willst. Du bist hier genau richtig, wenn du deine Einstellung verändern willst, und du wirst erkennen, dass da tatsächlich Bewegung reinkommt."

„Gila, die Worte haben mir gut getan. Ich bin so dankbar, dass ich all die liebevolle Unterstützung von euch bekomme!"

Es war schön, dass wir alle miterleben durften, wie Rosi zusehends aufblühte und wie gut das ihrer Selbstachtung tat.

Und in der Kaffeepause hörte ich dann von Renate, einer anderen Teilnehmerin: „Ich dagegen bin eine Perfektionistin."

„Und?", fragte ich, „fühlst du dich wohl dabei?"

„Überhaupt nicht!", kam es wie aus der Pistole geschossen. „Ich setze mich damit total unter Druck, sowohl in der Familie, meiner Partnerschaft als auch an meiner Arbeitsstelle."

„Das dachte ich mir schon", meinte ich und nahm einen

Schluck von meinem Kaffee. „Weißt du, Renate, glücklich zu sein, bedeutet nicht, dass alles perfekt ist. Es bedeutet, dass du dich entscheidest, die Unvollkommenheit für den Augenblick zu akzeptieren."

„Wie meinst du das denn, Gila?"

„Ich meine damit, dass du mal akzeptierst, wenn etwas nicht perfekt ist. In dem Moment befreist du dich aus dieser Spirale des Drucks und kannst die Situation mit heiterer Gelassenheit annehmen."

Wir hingen eine Weile unseren Gedanken nach, bis ich weitersprach: „Renate, ganz gleichgültig, wie viele Mühen und Anstrengungen du auch unternimmst, es wird dir nicht gelingen, perfekt zu sein. Und weißt du, warum?", lächelte ich sie an, „weil Perfektion für uns Menschen hier auf der Erde nicht vorgesehen ist."

„Wow!", entgegnete sie beeindruckt. „Das ist ein Satz! Darüber muss ich wirklich nachdenken."

„Weißt du, wenn du glücklich sein willst, dann musst du bereit sein zu akzeptieren, dass es keine Perfektion gibt. Nimm das, was gerade passiert, mit Gleichmut an."

„Und wenn ich dann Fehler mache?"

„Dann kannst du diese hinterher immer noch korrigieren."

Das war zwar eine harte Nuss für Renate, doch ich hörte später, dass durch unsere Unterhaltung ein gutes Samenkorn bei ihr gesetzt wurde.

Marie, eine Teilnehmerin aus Luxemburg, war mir bei dem Kurs schon vorher durch ihren trockenen Humor aufgefallen.

Als nun alle am letzten Tag ihre E-Mail-Adressen untereinander austauschten, hatte ich meinen Zettel in der Hand und wollte die Kommunikationsmöglichkeiten derjenigen besprechen, die keine angegeben hatten.

„Marie, hast du eine E-Mail-Adresse?“

Und sie konterte mit ihrem zauberhaften Akzent: „E-Mail-Adresse? Isch? Isch `abe eine Waschmaschin …!“

Meine weitere Abfrage ging in tosendem Gelächter unter.

*

Oftmals berichten mir Teilnehmer und auch Leser in ihren Briefen von den vielen Problemen in ihrem Leben. Ich nehme ihre Worte sehr ernst, weil ich natürlich auch aus eigener Erfahrung sehr gut weiß, wie es ist, ein Problem zu haben.

Nun mag der eine oder andere Leser denken: Na ja, welche Probleme kann Gila denn schon haben! Ihre Kinder sind weitestgehend selbstständig, sie hat ihre Lebensaufgabe gefunden – einen lieben und sympathischen Partner an ihrer Seite – ihre Finanzen sind auch okay, also, welche Probleme mag sie schon haben?

Jetzt möchtet ihr wohl, dass ich aus der Schule plaudere – oder? Aber es ist nicht meine Aufgabe, über *meine* Probleme zu schreiben, sondern euch Impulse zu geben, eure eigenen Lebensinhalte anzuschauen.

Obwohl! Ich habe über die Schmerzphase geschrieben, und das war ein großes Problem für mich. Doch ich sehe Probleme als Herausforderungen an, mit der Einstellung: „Mein Freund, ich bin stärker als du, weil ich weiß, ich finde für dich eine Lösung!“

Vielleicht haben wir alle schon einmal gedacht: ‚Das schaffe ich nicht. Das ist mir einfach zu viel!’ Wahrscheinlich war die Folge, dass wir uns hoffnungslos, schwach und hilflos gefühlt haben. Und doch haben wir irgendwann die Krise gemeistert, allerdings mit weit mehr Kraft, als wenn wir uns von

Anfang an mehr zugetraut hätten und unsere Schwingung oder Ausstrahlung kraftvoller gewesen wäre. Glaubt mir, es wäre leichter gewesen!

Der kraftvolle Satz dagegen: „Ich bin sicher, ich finde einen Weg. Es gibt immer eine Lösung!", wird von unserem Unterbewusstsein als Auftrag angenommen. Es wird sich unmittelbar auf die Suche nach einer Lösung begeben. Diese mag vielleicht darin liegen, unsere eigene Kreativität zu aktivieren oder andere Menschen um Hilfe zu bitten.

Und außerdem bekommen wir immer wieder besondere Zeichen – zum Beispiel bei unserem Spirituellen Seminar auf der Halbinsel Schwanenwerder in Berlin!

Das traditionelle Tagungshaus mit dem fernöstlich anmutenden Licht durchfluteten Tagungsraum hat eine zauberhafte Lage in einem großen Park direkt am Wannsee.

Es geschah bei dem ergreifenden Feuerritual. Schweigend und tief bewegt standen alle Gruppenmitglieder um die Feuerstelle. Einige Meter weiter hörten wir die Wellen des Sees direkt ans Ufer plätschern. Und dann vernahmen wir plötzlich in der Ferne leise Trommelgeräusche, die von Minute zu Minute lauter wurden, als wenn sie zu unserem Ritual gehörten. Ich horchte auf. Wer trommelte da?

Das gesamte Ritual wurde davon untermalt, und durch den wechselnden Schallpegel nahmen wir an, dass die anhaltenden Trommelklänge direkt von einem Schiff kamen. Als unser Feuerritual dann beendet war, ebbten auch die Trommelgeräusche ab.

Es musste wohl so gewesen sein – ein Schiff, auf dem ein Trommelkurs stattfand, während es auf dem Wannsee kreuzte! Ob wir mit unserer Vermutung richtig lagen, haben wir jedoch nie in Erfahrung bringen können.

Später wurde dieses Erlebnis dann ausgiebig besprochen: „Also so etwas habe ich noch nicht erlebt!“, meinte Anja, die bereits mehrere Kurse bei mir besucht hatte, kopfschüttelnd. „Genau passend! Ich dachte zuerst, Gila, du hättest die Trommler bestellt!“

Es war wieder eines der Ereignisse, die jemand, der sich mehr auf seinen Verstand verlässt, als Zufall einordnen würde. Es ist uns ja auch ‚zu-gefallen‘ – als Geschenk des Himmels! Immer wieder erlebe ich gerade bei diesem Ritual, in dem wir uns mit unseren Vorausgegangenen verbinden, die erstaunlichsten Dinge. Sie sind uns ganz nah und wir ihnen. Und wenn wir dann in Liebe Kontakt aufgenommen haben, geben sie uns Zeichen, die wir nie wieder vergessen werden.

So erinnere ich mich sehr gern daran, dass zwei Jahre zuvor bei diesem Ritual, genau während der Minuten, als ich zum Abschluss das *‚Vater Unser‘* betete, ein starker Sturm aufkam, um uns zu zeigen, dass alle Botschaften von uns Erdenmenschen bei allen Vorausgegangenen angekommen sind. Vorher war kein Windhauch zu spüren – während des Gebetes kam der Sturm – und gleich danach war es wieder still!

Wenn jemand meiner Leser jetzt ins Zweifeln gerät, ob das auch alles so stimmt, was ich hier schreibe – bitte, ich habe diverse Teilnehmer als Zeitzeugen – sie waren dabei!

In Hürtgenwald war es eine Hummel, die uns verblüffte. Am Tag zuvor hatten wir erstmals bei einer Partnerübung mit dem Symbol der Hummel gearbeitet. Die Hummel war also ein wichtiger Teil dieser Aufgabe gewesen.

Und während des Feuerrituals am darauf folgenden Tag flog auf einmal eine Hummel auf meinen Schuh, so dick beladen mit Blütenpollen an ihren Hinterbeinen, dass sie kaum noch hochkam. Aber wir kennen ja inzwischen den letzten Satz der

Hummel-Parabel: *‚Die Hummel weiß das nicht – und fliegt!'*

Voller Liebe und Dankbarkeit für dieses Zeichen unserer Lieben, mit denen wir uns verbunden hatten, habe ich sie ganz behutsam auf meinen Finger genommen und weit weg vom Feuer und dem Rauch auf eine blühende Pflanze gesetzt …

Ein weiteres berührendes Erlebnis hatte meine Gruppe am Traunsee bei einem Engelseminar. Der Tagungsraum lag in einer Abtei, ein uralter Saal mit vielen Gemälden und einer kunstvoll gestalteten Holzdecke ausgestattet. Das gab dem Ganzen wirklich einen ganz besonderen Rahmen.

Die liebevolle Schwingung stieg von Tag zu Tag. Und am dritten Tag geschah etwas ganz Eigenartiges – aus einer Art Düse an der Wand des Saals, hinter der sich eine kleine Küche befand, trat plötzlich nach einer tiefgehenden Engelmeditation geräuschvoll weißer Dampf aus.

Ich erhob mich und verließ leise den Saal, um zu sehen, woher der Dampf kam, vermutlich aus der Küche. Doch niemand hielt sich dort auf, den ich fragen konnte.

Erst später an der Rezeption erfuhr ich, dass dieser Dampf einmal pro Jahr – meistens jedoch im Hochsommer – in den Saal eingeleitet wird, um die Luft dort für die kostbaren alten Gemälde zu befeuchten. Niemand hatte dieses Mal jedoch den Dampf aktiviert.

Nun könnte man ja wieder sagen – Zufall! Okay, das sehe ich ein, wenn jemand so denkt. Als aber am nächsten Morgen die gleiche Prozedur noch einmal direkt während einer Meditation erfolgte, konnte man ja kaum mehr von Zufall sprechen. Und dafür hatte der Chef des Hotels jetzt überhaupt keine Erklärung mehr!

Ich bin ganz fest davon überzeugt, dass unsere Engel, die

für viele von uns nicht sichtbar sind, mit solchen Begebenheiten ein deutliches Zeichen ihrer Anwesenheit setzen wollen. Warum sollen sie sich denn nicht der technischen Einrichtungen bedienen, wenn wir es auch tun? Vielleicht verstehen manche von uns sie so einfach besser als durch heilige Rituale. Sie machen es uns oft so leicht, an sie zu glauben. Wenn wir es doch nur tun würden!

Wir sollten das Leben viel leichter nehmen! Die Lösung liegt immer im Einfachen, sagt man. Doch ich verstehe auch, dass diese Lebensweisheit für uns oft nicht gleich fassbar ist, wenn wir mitten in Schwierigkeiten stecken.

Weil Gott uns jedoch nach seinem vollkommenen Plan erschaffen hat, gibt er uns auch die Kraft, alle Situationen im Leben zu meistern. Und dieses Vertrauen sollten wir haben, wenn uns das Leben einmal nicht so leicht erscheint.

Es ist besser, jede Schwierigkeit als eine Herausforderung anzusehen. Damit erkennen wir das riesige Potential der eigenen Kraft! Das Leben zeigt uns immer wieder, wie viel Seelenstärke in Wirklichkeit in uns steckt.

Wir sollten es so machen wie der Schmetterling, der sich voller Vertrauen zu seinem Leben aus der Raupe entwickelt und durch seine neu gewonnene Leichtigkeit plötzlich ganz andere Möglichkeiten erkennt.

*

Nach einer Meditation sitzen wir oft in großer Runde oder auch in mehreren kleinen Kreisen zusammen, wo dann Fragen gestellt werden können, die ich – soweit ich dazu in der Lage bin – gern beantworte. Ich weiß nicht alles, aber was ich als Wissen verinnerlicht habe, das versuche ich behutsam weiterzugeben, niemals jedoch dogmatisch. Das hieße sonst ja, dass nur das, was ich denke, richtig ist. Was ist denn richtig – was ist falsch? Für mich ist der einzige Maßstab die Liebe – und nur die Liebe.

Zusammen saßen wir im Halbdunkel auf unseren Decken, einige auf Stühlen. In der Mitte brannte unsere Kerze und verbreitete ihr warmes, heimeliges Licht. Der gesamte Raum hatte eine sehr kuschelige Atmosphäre.

Das Thema der vergangenen Meditation sollte jetzt von der Gruppe gemeinsam besprochen werden.

Ich begann: „Wir alle wissen, dass die wesentlichen Entscheidungen unseres Lebens auf der Ebene der Seele fallen. Sie ist es, die unser ganzes Sein durchdringt, uns aber auch durch ein Symptom oder ein Gefühl zeigt, wenn ihr etwas fehlt. Dafür sollten wir immer sensibler werden und keine Angst haben vor den Herausforderungen unseres Lebens. Wie der Durst vergeht, wenn wir trinken, so vergeht auch die Lebensangst, wenn wir Vertrauen schöpfen und lernen, uns mit Liebe aufzutanken."

„Gila, kannst du noch mal etwas zu unserer Lebensaufgabe sagen?", fragte Jörg.

„Ja, gern. Ich möchte es mal so formulieren: Das Gesetz des Lebens ist das Gesetz des Glaubens. Dir geschieht also nach deinem Glauben. So ist dein Leben denn auch leichter durch eine positive Bewusstseinshaltung, die dir eher zur Sinnfindung im Leben verhilft. Wenn du das Leben als sinnvoll erlebst, stärkt das deine Gesundheit, sowohl seelisch als auch körperlich. Dein Glaube fordert dir keine Leistung ab, nur den Einsatz deiner Gedanken. Wenn du glauben kannst, dass du selbst in der Lage bist, Veränderungen in dein Leben zu bringen, wirst du zum Schöpfer deiner Lebensumstände. Setze also dieses Werkzeug ganz bewusst für ein sinnvolles und erfülltes Leben ein.“

Daraufhin erwiderte Jörg nachdenklich: „Manchmal bin ich von diesen Gedanken, die du gerade ausgesprochen hast, ganz fest überzeugt, aber dann packt mich doch wieder der Zweifel.“

„Spüre einfach in dich hinein, was du von Herzen gern tust, dann findest du deine Aufgabe im Leben – setze deine Begabungen zum Wohle aller ein! Wenn du erkennst, wie leicht es ist, mit der richtigen Glaubenshaltung Menschen und Ereignisse anzuziehen, die deiner positiven Einstellung entsprechen, wirst du mutiger. Höre auf deine Seele, und folge dem Weg, den sie dir zeigt.“

Marita, die bereits öfter bei mir war, begann: „Woher komme ich – wer bin ich – wo gehe ich hin? Das sind die immer wiederkehrenden Fragen, Gila, die ich mir auch schon zu Hause oft gestellt habe.“

„Marita, wenn du die Antwort darauf haben möchtest, dann komme erstmal zur Ruhe. Geh mit deiner Aufmerksamkeit ganz in dein Herz. Dort spürst du die Antwort, denn diese Fragen betreffen deine unsterbliche Persönlichkeit, die hinter allen Inkarnationen steht, deine Seele – die Ebene deiner Intuition.“

„Gut, das habe ich jetzt verstanden, Gila, aber ich habe da noch eine andere Frage. Weißt du, was mit unserer Seele zwischen den Leben geschieht?“

„Was ich darüber durch viele Übertragungen weiß, ist Folgendes: Beim Übergang vom Diesseits ins Jenseits löst sich die Seele von ihrem Körperkleid. Und ihr wisst bereits, wenn das körperliche Leben eines Menschen endet, nimmt die Seele alle Erfahrungen aus diesem Leben mit.“

Und dann berichtete ich darüber, dass unsere Seele in der

Sterbephase noch einmal eine Lebensbilanz zieht – wie der Schnelldurchlauf eines Films. Wenn erst einmal im Rückblick nachvollzogen worden ist, wie oft man Abschied, Trennung, Isolierung durchlebt, vielleicht sogar bewältigt hat, erlangt unsere Seele immer mehr Verständnis für die ewig wiederkehrenden Abläufe.

Dann findet die freigewordene Seele den Weg ins Licht und wird von nahen Verwandten oder Seelen, die sie in diesem Leben lieb gewonnen hatte und die bereits vor ihr nach Hause gegangen sind, empfangen.

In vielen medialen Büchern wird ganz klar beschrieben, dass die Seele eines Menschen, dem auf Erden der Gedanke an ein Weiterleben fremd war, sich danach erst einmal in astralen Ruheräumen erholen darf. Nach dieser Ruhepause, die unterschiedlich lang ist, wird diese energetische Persönlichkeit ganz langsam aufgeweckt, damit sie nicht erschrickt, wenn sie die neue Umgebung wahrnimmt.

Menschen, die überzeugt sind, dass sie nach dem Ablegen ihres Körperkleides weiterleben, werden nicht schlafen, sie müssen nicht geweckt werden. Es besteht keine Veranlassung dazu, weil sie nach dem Übergang ihr neues Sein erkennen und voller Freude darüber sind, dass alles so ist, wie sie es sich während ihrer menschlichen Existenz vorgestellt haben.

Zu Hause angekommen, bleibt den Seelen eine mehr oder weniger lange Ruhepause; das liegt, wie vorher bereits erwähnt, an der individuellen Entwicklung der einzelnen Seelen. Oftmals werden sie nach dem Übergang noch in die Nähe der an sie denkenden, auf Erden lebenden Menschen gezogen.

„Nachdem mein Vater ins Licht gegangen war, sind viele mysteriöse Dinge bei uns zu Hause geschehen, für die wir absolut keine rationale Erklärung hatten. Kann es sein, dass die

Seele meines Vaters uns damit zeigen wollte, dass sie weiterlebt?“, fragte Barbara ergriffen.

„Ja, Energie geht nie verloren, Barbara. Sie verändert nur ihren Zustand. In so einer wunderbaren Schwingung wie jetzt oder in einer Schweigeeinheit bei einem meiner anderen Seminare versuchen viele Seelen, in unsere Nähe zu kommen. Wir werden in Liebe umlagert von vielen, die uns kennen. Ihr Auftrag ist es, uns dabei zu helfen, Antworten zu bekommen und anderen Antworten zu geben, Aufträge zu übernehmen und uns Kraft zu schenken – Kraft, wo immer sie gebraucht und erbeten wird.“

Ich berichtete weiter, dass ich durch weitere mediale Übertragungen in Erfahrung gebracht habe, dass die Seelen dort im Jenseits durchaus aktiv sind. Das heißt, sie helfen einander, sich zu entscheiden, beantworten Fragen und erteilen Ratschläge in Liebe. Oh, es gibt dort sehr viel zu tun!

Soeben angekommene Seelen dürfen erst einmal ausruhen, Unangenehmes vergessen. Und dann besuchen sie dort ihre vielen Verwandten und Freunde, mit denen sie sich austauschen können. Wir ahnen ja gar nicht, um wie viele es sich handelt, die sich kennen – auch viele, die einmal zusammengelebt haben! Vor allem solche Seelen, die wieder gemeinsame Verabredungen treffen oder sich dort in Liebe wieder begegnen, vereinigen sich, was sie auf Erden vielleicht gar nicht geschafft haben. Das Zurechtfinden und die Neuorientierung benötigen jedoch eine gewisse Zeit.

Doch es kann auch passieren, dass ein ungelöstes Problem eine schnellere Wiederkehr erfordert, weil eine Seele noch eng verbunden ist mit der Aufgabe ihres letzten Lebens und diese in einer neuen Verkörperung lösen möchte. Eine neue Lebensphase kann mit anderen geplant werden. Doch jede Seele ist frei in ihrer Entscheidung, strebt aber dennoch beständig nach ihrer Weiterentwicklung.

Alle in den irdischen Leben gewonnenen Erkenntnisse können logischerweise dort eine ganz andere Wertung erlangen als auf Erden, denn hier kommen die Erfahrungen aus allen Leben zusammen. Damit ergibt sich eine andere Betrachtungsweise.

So wird ihnen vor Eintritt in ein weiteres Erdenleben geholfen, einen Lebensplan zur Aufarbeitung der Defizite zu erstellen. Sie kehren gern wieder und verabreden sich mit anderen Seelen, um das zu erfahren, was im letzten Leben noch nicht erkannt wurde oder zu kurz gekommen ist.

Ich schaute mich in dieser Runde um, und mein Blick blieb bei Titus hängen. Ich spürte, dass er etwas sagen wollte.

Titus schien für diese Runde eine ganz besondere Bedeutung zu haben, denn er war katholischer Priester, der als so genannter Streetworker eingesetzt war.

„Ich habe alle Bücher von Gila gelesen“, hatte Titus den anderen am ersten Tag mitgeteilt, „und in allen das Thema gefunden, das mit dem Hohelied der Liebe und meinem Glauben als katholischer Priester übereinstimmt – und das ist für mich das Wichtigste überhaupt. Und deshalb komme ich immer wieder gern zu Gila.“

Er lebte seit vielen Jahren als Mönch in einem Kloster und war bereits zum wiederholten Male bei mir.

„Gila, weißt du etwas über Besetzungen?“, fragte er jetzt, nachdem er ganz aufmerksam zugehört hatte.

„Soweit ich weiß“, antwortete ich, „kann es als Ausnahme geschehen, dass eine vom Ableben ihres Körpertempels irritierte Seele nicht gleich ins Licht geht und nach einer anderen Bleibe sucht, weil die gelebte Schwingung in ihrem vorherigen körperlichen Leben noch nicht zum Licht oder der Liebe passt. Und dann kann es passieren, dass sie sich in andere lebende Menschen einnistet. Das kann ihr jedoch nur gelingen bei besonders labilen Charakteren, deren Harmonie zwischen dem Bewusstsein und der eigenen Seele gestört ist. Die Psychiatrien sind voll von so genannten gespaltenen Persönlichkeiten."

„Wisst ihr", begann Titus, „Gila sprach gerade über gestörte Harmonie. In meiner Position habe ich mir oft Gedanken gemacht, was Harmonie heißt. Ihr könnt euch vorstellen, was mir so täglich an Gewaltbereitschaft nicht nur bei Jugendlichen begegnet. Harmonie bedeutet für mich in erster Linie, mit mir selbst in Frieden zu sein. Ich umgebe mich täglich mit einem Schutzmantel aus Liebe, indem ich versuche, allen Menschen in meinem Umfeld mit harmonischen Gedanken zu begegnen. Was meint ihr, wenn ich alles persönlich nähme! Was andere machen, hat nichts mit mir zu tun. Wenn ich es nicht zulasse, können andere mich gar nicht verletzen. Ihre Worte und Taten sind Projektionen ihrer eigenen Gedanken. Lasst doch einfach ihre Meinungen so stehen! So werden wir aufhören zu beurteilen, zu verurteilen oder Schuld zuzuweisen! Und durch diese Veränderung werden mehr und mehr Harmonie, Selbstsicherheit und vor allem Frieden in unser Leben einziehen. Wir sollten das tun, was wir wirklich wollen und nicht das, was andere von uns erwarten oder sogar verlangen!"

„Beeindruckende Worte", sagte ich anerkennend, und alle spürten die tiefe Liebe eines Menschen, der sich tagtäglich mit diesen Themen beschäftigte.

Und dann wechselte Titus das Thema: „Und wenn Harmonie durch jede Zelle meines Körpers strömt und Heilung bewirkt, warum sollte ich dann Antibiotika nehmen! Übrigens", sagte er und blickte dabei verschmitzt in die Runde, „kennt jemand den Unterschied zwischen einem Mönch und Penicillin?“

Als die anderen ihn erwartungsvoll anschauten und ihre Köpfe schüttelten, schmunzelte Titus: „Es gibt keinen! Penicillin ist ein Heil-Serum – und der Mönch hat ein Seil herum!“

Ach, Titus – wie gut es tut, alles nicht so ernst zu nehmen! Ja, Humor und Lachen tun wirklich gut! Mit dem Gefühl tiefer Freude sind wir mit Gott verbunden. In der Freude sind alle anderen hohen Qualitäten enthalten. Es ist schön, an das Gute zu glauben und immer mehr Freude in unser Alltagsleben zu bringen. Durch Harmonie und Frieden kann wieder Liebe in unsere Seele einziehen! Wenn wir Freude empfinden, befinden wir uns in einer besonders liebevollen Schwingung. Unsere ganze Aura wird dann von unserer Fröhlichkeit durchdrungen, und wir stecken die Menschen um uns herum mit diesem Gefühl an. Damit bewirken wir unbewusst auch eine Veränderung bei anderen.

Lasst uns wieder mehr Fröhlichkeit, Freude und Lachen in unser Leben bringen! Mit diesen Gedanken und Gefühlen setzen wir Ursachen, und als Wirkung wird sich dann auch immer mehr Freude in unserem Leben widerspiegeln.

# KAPITEL 16

*Je weiter man den Schmerz*
*hinter sich lässt,*
*um so mehr wird er*
*zu einem Stück Kohle,*
*das sich in einen Diamanten verwandelt.*

(Verfasser unbekannt)

Ende Mai bis Mitte Juni wollte ich in Österreich drei aufeinander folgende Kurse halten, darunter auch mein neu konzipiertes Hei-Li-Li – Heilung, Licht und Liebe. Mein Kombi war bis unters Dach voll gepackt, verständlich bei drei Seminaren.

Götz konnte dieses Mal nicht mitfahren, da er in der Zeit andere Termine wahrnehmen musste. Nun hatte er noch am Tag zuvor Geburtstag. Normalerweise backe ich sehr gern, doch ein paar Stunden vor der Abfahrt und bei den vielen Vorbereitungen schlug ich vor:

„Ich lade dich in ein Café ein. Das ist einfacher, als wenn ich jetzt noch damit beginne, eine Torte für dich zu backen. Bist du damit einverstanden? Wenn wir aus Österreich zurück sind, backe ich, versprochen!"

„Ja", stimmte Götz zu, „das ist okay für mich."

Und so fuhren wir los, stellten den Wagen ab und gingen zu einem kleinen Café direkt an der Hauptstraße, die durch unseren Ort führt. Einige Tische und Stühle standen draußen.

„Gila, wollen wir uns hier draußen hinsetzen?"

Ich schaute mich um – es war gerade Hauptverkehrszeit –

und eine lange Autoschlange wälzte sich durch unsere Stadt.

Jetzt muss ich gerade selber lachen bei dieser Beschreibung, denn Halle/Westfalen hat zur Zeit etwas mehr als 22000 Einwohner! Das erinnert mich an eine Ansichtskarte, die ich vor kurzem von Freunden aus Irland bekam. Abgebildet war ein Viehtrieb mit fünf Kühen – und darunter stand ‚Rushhour in Ireland'.

Und trotzdem wollte ich lieber drinnen in dem Café sitzen, weil die Geräuschkulisse dort gedämpfter war.

Das Café war vollbesetzt. Während Götz vorn an der Theke stehen blieb, um sich mit Torte einzudecken, marschierte ich zielsicher auf den letzten, gerade freigewordenen Tisch am Fenster zu, bevor dieser wieder neu besetzt wurde.

Nebenan saßen drei ältere Damen, die sich angeregt unterhielten. Kurz bevor ich den freien Tisch erreicht hatte, bemerkte ich plötzlich einen Hund, der an einem der Stühle bei den drei Damen lag. Die Tische standen ziemlich eng beieinander, und ich hätte den Hund vertreiben müssen, um zu meinem Platz zu kommen.

Abrupt wechselte ich meine Richtung und wollte mich an die andere Seite des freien Tisches setzen, um den Hund nicht zu stören. Das schien die Dame, zu der der Hund gehörte, wohl zu missdeuten, denn sie sagte freundlich zu mir: „Sie brauchen keine Angst vor dem Hund zu haben. Das ist ein ganz lieber!"

„Ich?", lächelte ihr zu. „Ich habe keine Angst vor Hunden. Wir haben selbst immer Hunde gehabt. Ich wollte ihn nur nicht von seinem Platz vertreiben, weil er da so eingepfercht zwischen den Stühlen liegt."

Und um ihr zu zeigen, wie gern ich Hunde habe, ging ich auf ihn zu. Ich hielt ihm zuerst meine Hand hin, dass er daran schnuppern konnte und streichelte ihn. Zumindest wollte ich das, aber es gelang mir nicht ganz, denn der Hund biss zu – tief und fest! Und als ich meinen Daumen reflexartig wegziehen wollte, zog er seine Zähne noch durch die Weichteile und zerfleischte ihn! Ungläubig starrte ich meine Hand an – das Blut, das nur so auf den Boden spritzte – die tiefen Wunden! Von den Schmerzen ganz zu schweigen! Dann wurde mir ganz schwummerig vor Augen.

„Schnell – einen Verband!", rief ein Gast. Dadurch wurde jetzt auch Götz aufmerksam, der mit seinem gefüllten Kuchenteller gerade Platz nehmen wollte und in dem Moment erst sah, was da passiert war und wie stark ich blutete.

„Ach, du liebe Zeit!", sagte er fassungslos, als er den Daumen betrachtete. „Komm, ich wickle dir erst einmal eine Serviette um den Daumen! Und dann sofort ab ins Krankenhaus!"

Wegen des Schocks konnte ich gar nichts mehr sagen. Ich musste mich nur hinsetzen, weil ich merkte, dass mir die Beine versagten.

„Nein, nicht ins Krankenhaus", sagte ich matt, „wenn es geht, nur zum Arzt. Der Daumen muss genäht werden. Götz, ich muss morgen früh los nach Österreich!"

„Gila, guck mich an – guck mich an!", hörte ich Götz' Stimme wie aus weiter Ferne, und dann drehte sich alles um mich herum.

Durch ein Glas Wasser erwachten nach und nach meine Lebensgeister wieder, und ich bemerkte, wie die Chefin des Cafés das viele Blut vom Fußboden wischte.

„Danke", sagte ich schwach.

„Das fehlt auch noch, dass Sie sich bedanken! Dafür können Sie doch nichts", hörte ich sie sagen, „aber sie müssen jetzt dringend zum Arzt. Wenn Sie Glück haben, hat die Praxis unseres Unfallchirurgen noch geöffnet, die ganz in der Nähe liegt. Ich rufe mal an!“

Wir hatten Glück und konnten sofort kommen. Inzwischen war auch die Schwester der Dame, zu der der Hund gehörte, zu mir gekommen und hatte mich gefragt, wie es mir ginge.

„Meine Schwester, die eben mit Ihnen gesprochen hat, ist fix und fertig! Sie kann gar nicht aufstehen. Es ist nicht ihr Hund, sondern der ihrer Tochter, den sie nur ausführt. Hier sind ihre Adresse und ihre Telefonnummer. Wenn Sie mir Ihren Namen und Ihre Telefonnummer geben, ruft sie Sie heute Abend an.“

Götz schrieb unsere Adresse auf – und dann wollten wir uns in Bewegung setzen.

„Ach je, mein Kuchen steht noch auf dem Tisch“, sagte Götz etwas hilflos zu der Inhaberin, die zuvor so nett die Spuren meiner Verletzung beseitigt hatte.

„Kommen Sie später noch mal zurück zu uns, oder soll ich Ihnen die Sachen einpacken?“

„Bitte einpacken“, murmelte ich schwach und wollte nur noch raus.

Als Götz den eingepackten Kuchen entgegennahm und dann bezahlen wollte, meinte sie kopfschüttelnd: „Nein, das geht aufs Haus!“

Diese Geste hat mich ganz tief berührt.

Mit ganz vorsichtigen Schritten ging ich zum Auto – immer noch bei Götz eingehakt – und hielt vorsichtig den verletzten und notdürftig mit einer Serviette verbundenen Daumen hoch, während Götz in seiner anderen Hand den eingepackten Kuchen trug.

Die Praxis befand sich nur zwei Straßen weiter. Wir trafen

bei der Rezeption ein, und Götz informierte die Sprechstundenhilfe, dass angerufen worden sei wegen des Hundebisses.

„Ja, richtig! Herr Doktor kommt sofort! Ein Hundebiss, sagen Sie? Wann ist das denn passiert?"

„Vor ungefähr 20 Minuten."

„Gut, dann hole ich erst einmal eine Tetanusspritze."

„Nein", sagte ich fest, „ich möchte keine Tetanusspritze!"

„Wie bitte?"

„Ich brauche keine Tetanusspritze. Ich habe ein gutes Immunsystem!"

„Nun gut", entgegnete sie unsicher, „mal gucken, was der Doktor dazu sagt."

Wir wurden gebeten, in der Zwischenzeit in einem Behandlungsraum Platz zu nehmen. Nach einer Weile ging die Tür auf, und der Arzt kam rein. „Guten Tag!", sagte er, „was ist passiert?"

Ich berichtete ihm von dem Vorfall, und er meinte: „Gut, dann schaue ich mir den Daumen mal an."

„Muss er genäht werden oder heilt das vielleicht auch von allein, wenn die Wunde gesäubert ist?", frage ich zaghaft.

„Ob Ihr Daumen genäht werden muss? Na, selbstverständlich! Oder wollen Sie das auch nicht?", fragte er nicht gerade freundlich. „Warum sind Sie denn überhaupt hier? Keine Tetanusspritze – was soll das denn! Wollen Sie sich überhaupt von mir helfen lassen?"

„Ich möchte nur keine Impfungen!"

„Ich kann Sie nicht dazu zwingen, aber wissen Sie eigentlich, wie schlimm so ein Hundebiss enden kann?"

Und dann malte er Horrorszenarien aus, was Tierbisse verursachen könnten. Ich konnte ihn sogar verstehen, denn er als Chirurg hatte sicherlich schon einige dieser Fälle gesehen.

„Ob Sie Ihren Daumen behalten werden, kann ich Ihnen nicht versprechen!“

Er schien wohl nicht seinen besten Tag zu haben. Ich aber auch nicht, wenn ich daran dachte, dass ich am nächsten Tag früh morgens allein nach Vorarlberg fahren sollte …

„Sie haben unsagbar viel Glück gehabt“, teilte er mir dann schon etwas freundlicher mit, als er den Daumen genäht hatte. „Der Hund hat direkt vor den Sehnen halt gemacht. Wenn *die* durchgebissen worden wären, hätten Sie sofort ins Krankenhaus gemusst zur Operation. Ich versorge Sie jetzt mit einem starken Verband, und dann kommen Sie bitte eine Woche lang jeden Tag zu mir in die Praxis zum Verbandwechsel. Ich muss mir die Wunde täglich ansehen, um zu beobachten, ob irgendwo eine Infektion entsteht.“

Das war ja sehr lieb von ihm, nur als ich ihm dann mitteilte, was am folgenden Tag geplant war, stellte er mich vor die Entscheidung: „Was ist Ihnen wichtiger – die Kurse oder Ihr Daumen?“

„Mir ist beides wichtig!“, entgegnete ich bestimmt. „Aber ich muss zu diesen Seminaren!“

„Und warum melden Sie sich nicht einfach ab?“

„… weil ich sie leite!“

Das machte ihn schon nachdenklicher, und mit etwas mehr Entgegenkommen entgegnete er: „Gut, ich merke, ich komme so bei Ihnen nicht weiter. Sie können aber allein kein Auto fahren.“

Und da sagte Götz: „Ich fahre mit.“

Überrascht sah ich ihn an und fragte: „Wie willst du das denn machen, Götz? Du hast doch selbst deine Termine.“

„Die muss ich heute Abend absagen. Das ist jetzt ein Notfall.“

„Danke, Götz!“ Das war alles, was ich sagen konnte.

„Gut – das ist dann etwas anderes“, meinte der Arzt. „Wann fahren Sie morgen früh los?“

„Um 9 Uhr!“

„Gut, dann seien Sie bitte gleich gegen 8 Uhr hier in der Praxis, und ich schau mir den Daumen noch einmal an. Aber begeben Sie sich bitte umgehend in Österreich zu einem Arzt, der Ihnen dann nach zehn Tagen die Fäden ziehen muss.“

„Versprochen“, willigte ich ein, froh, noch einmal davongekommen zu sein und total glücklich, keines der drei Seminare absagen zu müssen …

Vielleicht wird sich jetzt der eine oder andere fragen, warum ich mich der Tetanus-Impfung entzogen habe. Ich hätte mir ohne weiteres eine Spritze geben lassen, wenn – ja, wenn nicht Folgendes geschehen wäre.

Ich erhielt eine E-Mail von Dr. Joachim Grätz, in der er schrieb, dass ihn mein Buch *‚Mutter Erde, trage mich …‘* sehr anspräche. Er sei Heilpraktiker und habe unter anderem das Buch *‚Sanfte Medizin – Die Heilkunst des Wassermannzeitalters‘* herausgebracht. Gern würde er mir – wenn ich es möchte – mal ein Exemplar zusenden.

Dankbar antwortete ich ihm und war gespannt auf das Buch mit dem ansprechenden Titel. Ein wenig überrascht war ich schon, als ich dann bereits ein paar Tage später eine dicke Publikation von über 600 Seiten ins Haus bekam. Ich blätterte das Werk kurz durch und sah, dass es sich um ein Sachbuch handelte.

Während meines Studiums habe ich viele Sachbücher lesen müssen, und darum mag ich Bücher lieber, die etwas lockerer geschrieben sind. Doch ich dachte, Joachim Grätz wartet sicher auf ein Feedback, also fang zumindest mal an, ein paar Seiten zu lesen.

Und dann zog mich das Buch in seinen Bann! Obwohl sachlich geschrieben, verschlang ich Seite für Seite. Vieles wurde mir jetzt klarer! Wie viele Entscheidungen in meinem Leben hatte ich gerade im Bereich Gesundheit unbewusst verkehrt getroffen, indem ich die Homöopathie völlig außer Acht ließ!

Und dann das Thema Impfungen! Noch nie hatte ich die Gelegenheit, so viele Krankheitsbilder, die fast ohne Ausnahme auf Impfschäden beruhten, präsentiert zu bekommen.

Ich bin ein Mensch, der sich von seiner inneren Stimme leiten lässt und nehme für mich in Anspruch, dass ich inzwischen spüre, was echt und was falsch ist. Als ich die ersten 77 Seiten gelesen hatte, schrieb ich dem Autor ganz begeistert zurück.

Daraufhin hat sich zwischen uns ein netter Briefwechsel ergeben, der darin gipfelte, dass ich Jochen und seine Frau Andrea ein paar Monate später im Allgäu besuchte.

Was das Buch und auch die persönlichen Gespräche mit Jochen bewirkt haben und was mir immer im Bewusstsein bleiben wird: Ich lasse mich nicht mehr impfen – ich möchte dem Herrgott nicht ins Handwerk pfuschen. Er hat uns erschaffen – nach Seinem perfekten Plan, und der kann nur gut sein.

Wenn ich doch weiß, dass es an mir und meiner Einstellung liegt, ob mein Immunsystem Erreger abwehrt oder nicht, dann wappne ich mich mit guten, aufbauenden Gedanken. Wenn ich mir vorher als Seele den Zeitpunkt ausgesucht habe, diese Welt zu verlassen, dann ist das mein Plan – und dann hilft auch keine Impfung. Im Gegenteil – ich bin überzeugt davon, dass Impfungen die Harmonie zwischen Körper, Geist und Seele durcheinander bringen, und das mit Langzeitfolgen!

Fatal ist, dass sich Impfschäden oft erst nach Jahren oder

sogar Jahrzehnten bemerkbar machen, wo kaum noch jemand einen Zusammenhang zwischen der aufgetretenen Krankheit und einer Impfung sucht.

Ich bin weder Medizinerin noch Heilpraktikerin, und darum will ich gar nicht erst damit anfangen, irgendjemanden zu belehren. Ich kann und möchte nur für mich selber sprechen und nicht dogmatisch sein, aber meine Entscheidung steht fest – für mich keine Impfungen mehr!

Dazu kam, dass Jochen in seinem Buch den sinnlosen Einsatz von Ultraschallwellen in der Schwangerschaft anprangert. Nur weil es so nett ist, die Entwicklung seines Kindes von Monat zu Monat durch ein Foto zu dokumentieren, schreibt er, kann durch dieses Verhalten dem Fötus mehr Schaden zugefügt werden, als wir uns bisher vorgestellt haben.

Seit Jahren beobachten wir einen ständig wachsenden Einsatz von Ultraschall in der Schwangerschaft, ohne dass dessen Unschädlichkeit je bewiesen werden konnte. Dabei sollte man einen solchen Nachweis wohl erwarten können, bevor Ultraschallwellen bei ungeborenen Kindern routinemäßig angewendet werden.

Demzufolge nehmen unsere ungeborenen Kinder an einer der größten Langzeitstudien teil, deren weitere Folgen noch gar nicht abzuschätzen sind, da die oft erst später auftretende Schädigungen mancher Kinder überhaupt nicht mehr mit dem möglichen Auslöser Ultraschall in Verbindung gebracht werden.

Dabei fiel mir ein, wie gut es war, dass Yildiz während ihrer Schwangerschaft nur ein einziges Ultraschallbild hat machen lassen. Und es mag vielleicht sogar ein Segen sein, dass die Krankenkassen dazu übergegangen sind, bei normal verlaufenden Schwangerschaften nur ein Ultraschallbild kostenmäßig zu übernehmen. Sämtliche anderen Aufnahmen müssen selbst bezahlt werden.

In den 60-er und 70-er Jahren wurde Ultraschall als eine durchaus berechtigte Diagnostik bei Risikoschwangerschaften eingeführt. Aus dieser Vorsorge, die man anfangs nur bei medizinischer Indikation anwenden wollte, ist heute eine weit verbreitete Routineanwendung geworden, obwohl bereits in den 70-er Jahren auf die möglichen Gefahren dieser Untersuchungen hingewiesen wurde. Ultraschall wurde ursprünglich im Zweiten Weltkrieg als eine Technik zum Aufspüren von feindlichen Unterseebooten entwickelt.

Ich habe vor einiger Zeit eine aufrüttelnde Dokumentation über die Strandung der Wale im Fernsehen gesehen, in der aufgezeigt wurde, was geschieht, wenn die Ultraschallwellen die Kieferknochen dieser Tiere erreichen. Die Schmerzschwelle des menschlichen Ohres liegt bei 126 Dezibel, militärisches Sonar erzeugt einen Schalldruck von 220 Dezibel und zerstört damit die weit sensibleren Gehörorgane unserer Meeressäuger.

Dieser entsetzliche Lärm erschreckt sie derart, dass sie viel zu schnell auftauchen, und dadurch entstehen Gasblasen im ganzen Körper. Der Kreislauf der Tiere bricht zusammen, und die Wale beginnen innerlich zu verbluten. Herz und Gehirn werden nicht mehr mit Sauerstoff versorgt. Orientierungslos treiben sie im Wasser

Über Jahre hinweg habe auch ich mich immer gefragt: „Woher kommt das Walsterben? Warum treiben die Wale ans Ufer in den sicheren Tod?“

Ein Forscherteam von Meeresbiologen hat ganz klar erkannt, dass Wale sterben, wenn sie sich in der näheren Umgebung von U-Booten befinden, die Ultraschall zur Ortung von Hindernissen einsetzen.

Jochen berichtet in seinem Buch *‚Sanfte Medizin – Die Heilkunst des Wassermannzeitalters'* unter anderem von massenhaftem Fischsterben und schreibt: „Setzt man kleine Zierfische im Aquarium solchen hochfrequenten Schallwellen aus, so kippen diese sofort um und sind tot. Es braucht nicht viel Phantasie, um zu schlussfolgern, dass ein Embryo, eingebettet im Fruchtwasser, ebenfalls Schädigungen davontragen kann."

*

„Ich habe zuerst gar nicht gemerkt, dass du von dem Hund gebissen worden bist", sagte Götz betroffen auf der Rückfahrt nach Hause. „Du hast nicht einen Ton von dir gegeben! Hast nur ungläubig auf deinen Daumen gestarrt und warst weiß wie die Wand! Hast du arge Schmerzen?"

Ich entgegnete, dass im Moment noch alles betäubt sei, doch später sollte ich schon spüren, was da passiert war!

Am nächsten Morgen auf dem Weg nach Österreich begaben wir uns ganz früh wieder zur Praxis des Chirurgen, gewappnet gegen seine etwas rustikale Art.

Doch – o Wunder, er war richtig nett heute!

„Na, wie haben Sie denn geschlafen?", fragte er launig.

„Einigermaßen", entgegnete ich.

„Zeigen Sie mal her! Na, das sieht ja schon mal gut aus. Ich mache Ihnen jetzt einen neuen Verband – und denken Sie daran, dass Sie möglichst umgehend einen Kollegen aufsuchen, um den Daumen neu verbinden zu lassen. Sobald Sie aus Österreich wieder zurück sind, machen Sie bitte sofort bei mir einen Termin! Ich möchte unbedingt sehen, wie diese schwere Verletzung verheilt ist."

Danach führte uns unser Weg noch kurz zu dem kleinen Café in der Innenstadt, wo ich der Inhaberin als Ausgleich für den erlittenen Schrecken, das gestiftete Kuchenpaket und ihr liebevolles Mitgefühl ein gewidmetes Buch schenkte.

Ich erinnere mich noch heute an das reine Glücksgefühl, das mich durchströmte, als wir unterwegs beim Autohof Fulda Rast machten.

„Götz, ich bin auf einmal so glücklich! Und ich bin dir so unendlich dankbar, dass wir heute fahren konnten und jetzt unterwegs sind, das kannst du dir gar nicht vorstellen! Wären die Sehnen verletzt und eine OP erforderlich gewesen, wer weiß, was dann gewesen wäre! Ich danke allen Engeln im Himmel, dass alles so glimpflich verlaufen ist."

Götz schaute mich an und fragte: „Weißt du, was dir dieser Vorfall sagen will?"

„Ich habe diesen Hund gern gestreichelt. Noch nie habe ich Angst vor Hunden gehabt – und das wird auch so bleiben. Er fühlte sich ganz einfach bedroht und konnte nicht ausweichen. Rundherum hatten alle Stühle Hussen-Bezüge, die bis auf die Erde gingen. Dadurch war für ihn keine Rückzugsmöglichkeit gegeben. Er muss sich schon vorher sehr unwohl gefühlt haben. Und dann kam *ich* noch an! Hinterher hat er mir so leid getan, als er am ganzen Leib zitterte, weil er wusste, dass er durch seine Abwehr irgendetwas Schlimmes ausgelöst hatte."

Ich hielt einen Moment inne und überlegte dann: „Warum das Ganze geschehen ist, kann ich im Moment noch nicht ganz erkennen – vielleicht, dass ich plötzlich diese totale Dankbarkeit empfinden kann."

Ein wirklich wunderbares Gefühl durchströmte mich, dankbar zu sein für meine Kraft. Und plötzlich umfasste dieses Gefühl alle Bereiche, meine Freunde, die Liebe in meinem Leben

– alles, was ich bisher habe leisten können; Dankbarkeit für all das Gute, was mir widerfahren ist und was ich habe tun können! Ich war plötzlich auch so unendlich dankbar für meine Talente und Gaben!

Dieses plötzliche gute Gefühl betraf auch meine Eltern, dass sie mir das Leben geschenkt haben, und alles, was sie für mich getan haben! Jetzt in dem Moment hielt ich inne und dankte auch aus tiefstem Herzen für das Vertrauen und die Achtung derjenigen, die mich lieben! Ihr Vertrauen zu mir baut mich auf. Und ich spürte ganz stark: Alles, was ich zum Glücklichsein brauche, liegt in mir selbst!

Ich erwische mich ab und zu dabei, dass ich meine Kraft für ganz selbstverständlich halte. Dann passiert so ein Ereignis – und zeigt mir wieder, dass gar nichts normal ist.

Und ich sollte schon während der Zeit in Österreich erkennen, dass sich durch diese Verletzung zwei Punkte herauskristallisierten: Der erste war, dass ich mal wieder Hilfe annehmen durfte für kleinste Handreichungen – sei es das Waschen der Haare oder das Zuknöpfen der Hosen oder anderer weiblicher Utensilien.

Der zweite Punkt war, dass ich am eigenen Leibe erfahren durfte, was Heilung, Licht und Liebe ausmachte …

*

Anita hatte ich bereits einige Male vorher getroffen – eine wunderschöne junge Frau mit blonden Haaren und strahlenden dunklen Augen. Immer wieder muss ich sie anschauen, wenn sie lacht, weil so viel Herzlichkeit in ihrer Ausstrahlung zu spüren ist.

Seit langem ist sie mit Hanni befreundet, über die ich bereits in meinem Buch ,*... aus einem kleinen Samenkorn'* berichtet habe, als Götz und ich in ihrem Haus in Kärnten Urlaub machten.

Mich wunderte, dass Anita sich für alle drei aufeinander folgenden Seminare in Österreich angemeldet hatte, zwei weitere hatte sie in den Jahren zuvor bereits besucht, aber in größeren Abständen. Auf meine Frage hin hörte ich dann, dass sie momentan Schwierigkeiten in ihrer Ehe hatte und hoffte, dadurch Kraft zu tanken und wieder zur Ruhe zu kommen.

So freute ich mich sehr, sie in Schröcken, im Bregenzer Wald in Vorarlberg, wieder begrüßen zu dürfen.

„Gila", sagte Anita dann zum Abschluss des ersten Seminars, „das hat mir so gut getan! Mir ist so viel bewusst geworden! Ich bin so voller Liebe, das kannst du dir gar nicht vorstellen. Ich schwebe förmlich nach Hause!"

Die beiden weiteren Seminare sollten dann direkt nacheinander in Spital am Pyhrn stattfinden. Ihre Freundin Hanni wollte dort dann auch an beiden teilnehmen.

Später hörte ich, dass sie es gewesen war, die sowohl Anita als auch deren Mann Egon während ihrer Eheprobleme therapeutisch betreut hatte. Obwohl die beiden bereits von jeher geschäftlich bedingt zwei verschiedene Wohnsitze hatten, war in den vergangenen Monaten sogar eine Entscheidung für eine komplette Auszeit ihrer Ehe gefallen.

Wie sehr freuten Götz und ich uns dann, Hanni wiederzusehen, die damals unbeabsichtigt Zeitzeugin der ersten und bisher einzigen Krise zwischen uns wurde, über die ich auch in dem oben erwähnten Buch berichtet habe.

„Zumindest euch geht's gut!", lachte Hanni, als sie uns bei ihrer Ankunft auf ihre herzliche Art begrüßte und uns in die Arme nahm.

Ich liebe ihr strahlendes Lachen – und vor allem ihre blitzenden dunklen Augen.

„Jedenfalls freue ich mich sehr auf die beiden Wochen hier mit Anita und euch zusammen“, fuhr sie fort, „sie ist ja total begeistert von dem Affirmations- und Selbsterfahrungsseminar, das sie in Schröcken miterlebt hat!“

„Ja, das war auch wunderschön, was wir dort alles zusammen erlebt haben“, bestätigte Götz lachend.

Während des ersten Kurses in Spital zog mich Hanni dann zur Seite und fragte vorsichtig: „Gila, ich weiß zwar, der zweite Kurs nächste Woche ist seit langem ausgebucht, aber könntest du dir vorstellen, dass du noch einen Teilnehmer aufnehmen könntest?“

Ich schüttelte den Kopf und wollte von ihr wissen: „Warum fragst du? Hat sich noch jemand kurzfristig bei dir gemeldet?“

„Ich denke an Egon, Anitas Mann. Ich arbeite ja therapeutisch mit den beiden. Und Anitas Herz ist jetzt so weit und so voller Liebe, dass sie die Trennung gern rückgängig machen möchte. Und das Schönste, was sie sich vorstellen könnte, wäre, wenn Egon mir ihr zusammen dieses Hei-Li-Li besuchte.“

Wow! Ich bekam eine Gänsehaut! Da war die Beziehung zwischen zwei Menschen verhärtet, und zwar derart, dass sie sich bereits getrennt hatten – und nun hatte sich Anitas Herz durch die Erkenntnisse der beiden Seminare wieder mit Liebe gefüllt, Liebe zu allen Menschen, vor allem zum eigenen Partner, unabhängig davon, was vorgefallen war!

„Hanni, das ist in Ordnung! Das ist sogar mehr als in Ordnung! Wenn Egon dabei sein möchte, dann schaffen wir das auch noch! Danke, dass du der Partnerengel für die beiden sein darfst!“

Als Egon dann ankam, habe ich reines Glück und tiefe Liebe in diesem Menschen gespürt. Und als die beiden wieder zueinander gefunden hatten, sagte Egon abends mit Tränen in den Augen zu allen Teilnehmern:

„Ich war so stolz, dass ich noch eine Karte für das Fußballspiel Österreich gegen Deutschland in Wien bekam. Lange hatte ich mich schon darauf gefreut, live dabei zu sein. Und genau während des Spiels kam dann Hannis Anruf, in dem sie mir mitteilte, dass Anita und du einverstanden seid, dass ich komme! Österreich hat das Spiel zwar 1:2 verloren, aber glaubt mir, ich bin ganz sicher, ich war der einzige Österreicher, der das Fußballstadion überglücklich verlassen hat!"

Es tat uns allen so gut zu spüren, wie die beiden wieder in Liebe zueinander fanden.

Und als ich dich, liebe Anita, angerufen habe, und dich fragte, ob ich eure wunderbare Geschichte in diesem Buch veröffentlichen darf, hast du ganz dankbar gesagt: „Ja, Gila, von Herzen gern – und dann darfst du auch noch dazusetzen, dass Egon jetzt nach neun Jahren zu mir zieht und wir ab jetzt gemeinsam unsere Ehe in Liebe leben."

Danke, Anita, danke Egon – und vor allem – danke, Hanni!

*

Zweimal war ich in Spital am Pyhrn wegen der Verletzung meines Daumens beim Arzt gewesen: Das erste Mal, um die Bestätigung zu erhalten, dass alles gut heilte, und das zweite Mal, um die Fäden ziehen zu lassen.

Froh, dass wir trotz dieser starken Verletzung die drei Termine in Österreich so hervorragend geschafft hatten, fuhren wir dann wieder nach Hause. Unterwegs dachte ich daran, dass ich bei dem letzten Seminar in Spital, unserem Hei-Li-Li, ganz starke Schwingungen der Heilung am eigenen Leib verspürt hatte.

Ein paar Tage später wollte ich mein Versprechen gegenüber dem Arzt bei uns in Halle halten, der direkt nach dem Biss die tiefe Wunde des Daumens genäht und versorgt hatte. Ich machte einen Termin bei ihm.

„Na, da sind Sie ja wieder!“, begrüßte er mich freundlich. „Zeigen Sie mal Ihren Daumen!“

Und als er die Heilung sah, die eingetreten war, schüttelte er nur den Kopf und meinte: „Das glaube ich jetzt nicht! Das habe ich ja noch nie gesehen, dass in so kurzer Zeit eine so tiefe Wunde derart gut verheilt ist! Das sieht ja hervorragend aus!“

„Na ja, Sie haben die Wunde ja auch gleich gut versorgt“, gestand ich ihm zu.

Und da meinte er doch wahrhaftig: „Nein, das waren Sie mit Ihrer Einstellung!“

Ist es nicht schön, wenn ein Schulmediziner so etwas sagt?

# KAPITEL 17

*Auch aus Steinen,*
*die dir in*
*den Weg gelegt werden,*
*kannst du etwas Schönes bauen.*

(Erich Kästner)

Meine Freundin Marianne war zu einem Seelenkraft-Seminar nach Leutkirch mitgefahren. Ich muss anmerken, sie sieht immer noch recht jung aus, als wenn die vergangenen Jahre fast spurlos an ihr vorübergegangen wären. Ihr schwarzes, kurzes Haar – ihr liebes Lachen – das ist einfach Marianne! Es war dieses Mal eine sehr kurzweilige Fahrt dorthin, weil wir uns ständig etwas zu erzählen hatten.

Plötzlich wollte sie wissen: „Hast du eigentlich schon mal jemanden auf einem deiner Seminare gehabt, der absolut nicht zufrieden war?"

Eine gute Frage, über die ich erst nachdenken musste.

„Es wird sicher den einen oder anderen geben, der etwas Bestimmtes erwartet und dann eine ganz andere Erfahrung mit nach Hause genommen hat. In den ersten Jahren konnte das schon an meinem Ego nagen, aber heute bin ich so weit, dass ich meine Tätigkeit den universellen Gesetzen unterordne. Wenn ich denjenigen danach wieder treffe, erfahre ich erstaunlicherweise in den meisten Fällen, dass diese Erkenntnis, die er damals nicht erwartet hatte, später genau richtig für ihn war."

Während Götz das Auto steuerte, hingen wir eine Weile unseren Gedanken nach. Und dann fiel mir doch noch eine Episode ein, die mich damals zumindest etwas verunsichert hatte.

„Vor ungefähr zehn Jahren habe ich Ende Januar in Vorarlberg in dem wunderschönen tief verschneiten Ort Schröcken ein Seminar geleitet. Die Gruppe war super – alle waren begeistert, bis auf Sandra. Gleich am nächsten Tag kam sie zu mir und sagte mir ganz offen, sie habe sich etwas anderes unter dem Kurs vorgestellt und möchte ihn gern abbrechen."

„Na ja, das kann passieren", meinte Marianne. „Sie war wenigstens ehrlich!"

„Warte, Marianne, was kommt! Ich habe natürlich versucht zu erfahren, was sie denn erwartet hätte und ob sie nicht doch bleiben wollte, der Kurs habe ja gerade erst begonnen. Keine Chance! Sie sagte, sie hätte wirklich das Gefühl, sie müsste gehen. Alle guten Worte halfen nichts. Ich nahm sie zum Abschied noch einmal ganz herzlich in die Arme – und da spürte ich bereits, wie sie unsicher wurde."

„Ist sie dann geblieben?"

„Nein, sie ist gefahren, und ich muss zugeben, das hat mich damals ziemlich beschäftigt. Natürlich habe ich zuerst überprüft, ob irgendetwas in der persönlichen Kommunikation zwischen uns vorgefallen war – aber nein. Ich habe es dann später einfach meinen Engeln übergeben und losgelassen. Heute würde ich souveräner damit umgehen, aber damals war ich wohl noch nicht ganz soweit!"

„Ja, Gila, auch *du* darfst noch wachsen!"

„Na klar!", konterte ich, „aber jetzt kommt der Clou! Fast ein Jahr später zu Weihnachten erhielt ich einen langen Brief. Ganz verdutzt schaute ich auf den Absender – von Sandra! Und weißt du, was sie schrieb?"

„Du wirst es mir gleich erzählen“, meinte Marianne trocken.

„Sie leistete Abbitte mit ihren lieben Worten. Sie habe gespürt, wie betroffen ich von ihrem vorzeitigen Abgang gewesen sei. Sie habe jetzt einfach das Gefühl gehabt, sie müsse mir endlich sagen, was im vergangenen Winter wirklich passiert sei. Noch am Donnerstagmorgen sei sie als passionierte Skifahrerin auf der Piste in der Nähe von Schröcken noch Ski gefahren – und jetzt kommt's, Marianne! Sie habe einen supertollen Mann kennengelernt, der das gesamte Wochenende dort noch verbringen wollte.“

„Und dann musste sie sich überlegen – Mann oder Seminar?“, schmunzelte Marianne.

„Richtig! Sie hat mir dann geschrieben, sie habe sich für den Mann entschieden, das sei ihr aber nicht leicht gefallen, da sie sich auch sehr auf die Gruppe gefreut habe.“

„Das kann ich irgendwo verstehen“, gab Marianne zum Besten. „Ein Seminar kann ich immer noch mitmachen, aber wenn ich den Mann meines Lebens kennenlerne!“

„Ja, sie konnte eben nicht beides haben, aber sehr lieb fand ich von ihr, dass sie mich fast ein Jahr später davon in Kenntnis gesetzt hat, es habe nicht an den Seminarthemen oder an mir gelegen – es seien die Hormone gewesen. Das zeugt von einer warmherzigen und starken Persönlichkeit.“

Genau zwei Wochen nach diesem Gespräch sollte ich dann eine weitere Geschichte erleben, die zu diesem Thema passt.

Bettina war zuletzt vor fünf Jahren bei mir gewesen, und ich freute mich sehr, sie wiederzusehen. Mir fiel ihre Verschlossenheit auf, so kannte ich sie gar nicht. Am ersten Tag ist das nicht ungewöhnlich, weil man erst einmal ankommen muss. Doch als sich auch am zweiten Tag nichts änderte, sprach ich sie an: „Geht's dir gut, Bettina?“

„Alles bestens!“, war ihre schnelle Antwort. Ich glaubte ihr kein Wort. Selbst als ich sie später ein zweites Mal ansprach, kam wieder die gleiche Reaktion.

Ich schätze Bettina sehr, sie ist ein klarer und selbstbewusster Mensch, so ließ ich sie einfach in Frieden, behielt sie aber liebevoll im Blick.

Erst am Samstagmorgen platzte die Bombe, als wir in einem kleinen Kreis saßen und uns über die vorausgegangene Meditation unterhielten.

„Ich muss euch ja etwas beichten“, sagte sie plötzlich verschmitzt lächelnd und wurde wieder zu der Person, die mir von früher her vertraut war. Bei einer ‚Beichte' spitzten natürlich alle die Ohren – ich am meisten, da ich ahnte, jetzt kam die Lösung für ihre Zurückhaltung.

„Ich gebe zu“, fuhr Bettina fort, „dass ich dieses Mal gar nicht richtig dabei war, weil ich Sehnsucht nach meinem Freund hatte. Mir kam gestern Abend sogar der Gedanke der Abreise, aber nach Hause zu fahren, war langweilig. Die Alternative, zu *ihm* zu fahren, lag auf der Hand, denn er wohnt nicht weit von hier entfernt. Nur wie sage ich es Gila und der Gruppe? Mittags beim Essen habe ich auf meinen Teller geschaut – und da hatte ich die Lösung! Warum sollte ich mir darüber den Kopf zerbrechen, wenn meine Engel wissen, ob mir etwas gut tut.“

Gespannt hörten wir ihr zu – was kam jetzt?

„Na ja“, bekannte sie freimütig, „ich habe es einfach an sie abgegeben und um Zeichen gebeten, ob ich abreisen oder bleiben soll. Was soll ich euch sagen, wie jeden Mittag hier rief ich meinen Freund an, und bevor ich überhaupt etwas von meinen Absichten erzählen konnte, berichtete er mir, dass er gerade vor unserem Telefonat für Samstagabend einen Auftritt angenommen hätte. Er ist Musiker. Genau in dem Moment, als ich meine Engel um ein Zeichen bat, bekam er diesen Anruf. Ja, und dann war alles klar!“

Wir lachten herzlich mit ihr über diese bezeichnende Lösung, die unsere Engel wieder parat hatten. Und ab dem Moment hat sie sich ganz auf das Seminar einlassen können.

Ja, und gleich darauf bekam sie noch ein Zeichen. Direkt nach diesem Gespräch gingen wir in die Kaffeepause. Einige Teilnehmer hielten sich im Vorraum auf, um ihren Kaffee oder Tee zu trinken, andere gingen nach draußen, da inzwischen nach zwei Tagen Regen die Sonne wieder schien.

Plötzlich rief jemand: „Gila, komm mal schnell raus!“

Ich ging zur Terrasse, um zu sehen, was los war.

„Schau mal – am Himmel, die Feder!“

Es war mehr als beeindruckend! Am weiten blauen Himmel stand deutlich sichtbar eine einzige große senkrechte Federwolke als klares Zeichen dafür, dass viele Engel und Vorausgegangene bei uns waren.

‚Nehmt es doch einfach leicht!’, schien uns diese zauberhafte große Feder, die übrigens bei uns auf der Webseite unter den Bildern im September 2011 abgebildet ist, als klares Zeichen vermitteln zu wollen.

Und zwei Tage später strahlte Bettina, als sei sie mindestens zehn Jahre jünger, und meinte: „Jetzt verstehe ich meine Engel! Was hätte ich alles noch an Freude, Lachen und Liebe verpasst, wenn ich vorher abgereist wäre …!“

Beim Hei-Li-Li in Leutkirch zwei Monate zuvor war etwas passiert, dem ich damals nicht allzu viel Bedeutung beigemessen hatte. In der Endrunde hatten sich diverse Male einzelne Deckenleuchten von allein ein- und wieder ausgeschaltet.

„Guck dir das mal an, Gila!“, hatte Götz damals zu mir gesagt und ganz fasziniert an die Decke des Tagungsraumes geblickt, „da ist soeben das Licht einer Lampe angegangen, ohne dass sie jemand eingeschaltet hat!“

„Ja, das kann sicher mal passieren. Die Tagungsstätte hier in Leutkirch ist ja vor ein paar Monaten total renoviert worden, vielleicht ist dadurch noch irgendwo ein loser Kontakt in der Elektrik.“

Eigenartig war, das musste ich zugeben, dass es nur am letzten Tag des Seminars passiert war und nicht vorher. Ich hatte diesen Vorfall zwar gedanklich notiert, ihm aber nicht so viel Bedeutung beigemessen wie dem Energieball, den wir vor einiger Zeit in diesem Raum wahrgenommen hatten. Und jetzt das gleiche Phänomen wieder bei *diesem* Seminar! In der Abschlussrunde gingen noch weitere Lampen an und aus! Und das nur am Sonntagmittag – nicht ein einziges Mal vorher!

Die Teilnehmer starrten verblüfft an die Decke. Es war wirklich beeindruckend – eine technische Erklärung gab es dafür nicht. Der Hauptschalter war ausgeschaltet.

„Ich kann es mir nur so erklären“, bekannte ich, „dass die Schwingungen in unserem Raum sehr hoch sind. Vielleicht ist es auch so, das uns einige Vorausgegangene einfach grüßen wollen durch diese ‚Erleuchtung'. Vielleicht möchten sie uns danken, dass wir uns für die tiefen Erkenntnisse, die wir hier erfahren durften, geöffnet haben. Wie oft haben wir hier von Licht und Liebe gesprochen! Liebe haben wir im Überfluss in unseren Herzen, und sie ist vor allem zum Schluss unserer gemeinsamen Tage ganz stark spürbar. Und das Licht? Auch das Licht tragen wir in uns – spürbar in unserer Seele, sichtbar in unseren Augen und in unserem Lächeln.“

Und eigentlich sollte ich mich doch gar nicht mehr wundern, wenn sich auch in unserer materiellen Welt ab und zu das Licht widerspiegelt, ohne dass dafür die Technik verantwortlich ist – vor allem hier in Leutkirch …

*

Gunther und Elke Schneider wohnen in Schweinfurt. Als ich einen Wochenendkurs ganz in der Nähe von Bamberg hielt, hatte ich die beiden eingeladen. Gunther rief mich an und berichtete, dass er zu der Zeit zwei Wochen Ayurveda-Urlaub in Thailand machen wollte.

„Es ist erstaunlich, wie gut es mir im Moment geht“, sagte er fröhlich am Telefon, „das ist auch der Grund, weshalb ich nach Thailand fliegen werde. Ich lebe dort zwei Wochen lang ganz allein in einer einfachen Hütte, ganz nahe am Strand, und werde dort mal so richtig in mich gehen. Das ist genau das, was ich mir immer gewünscht habe. Elke versteht meinen Wunsch, und das finde ich großartig.“

Ich freute mich sehr über seine momentane gesundheitliche Stabilität, spürte aber irgendwie eine gewisse Wehmut, wie auch damals bei Günter Ilse.

Unsere Gespräche waren immer grundehrlich und sehr klar, genau das, was wir beide schätzen. So hatte ich ihn irgendwann einmal gefragt, ob er Angst habe vorm Gehen.

„Nein“, hatte er ganz klar erwidert.

„Das brauchst du auch nicht, Gunther. Durch dein Buch bist du sowieso unsterblich geworden. Du hast ein Werk geschaffen, das jeden Menschen erreicht und auch weiterhin erreichen wird. Und das ist und bleibt etwas Besonderes.“

Es war Elke, die mich dann immer auf dem Laufenden hielt, wie es Gunther gesundheitlich ging.

Ende April rief ich sie an und berichtete ihr: „Ich habe von einer Teilnehmerin erfahren, dass ihr beide Ende März ganz bei mir in der Nähe wart, weil Gunther bei mir quasi vor der Haustür einen Vortrag gehalten hat. Sie hatte von mir Gunthers Buch erhalten und gleich einen Vortrag für euch organisiert. Es ist so schade, dass ich genau an dem Termin selbst ein Seminar hatte. Sonst wäre ich liebend gern dabei gewesen. Das kannst du mir glauben, Elke!"

„Ja, Gila, der Abend ist super gelaufen. Es wäre so schön gewesen, dich dort zu treffen, aber es ging nun mal nicht."

„Wie geht es Gunther wirklich?", fragte ich Elke.

„Dieser Mann ist ein Phänomen, Gila! Er hat im April in Innsbruck einen Vortrag gehalten, der so voller Begeisterung war, dass keiner vom Publikum gehen wollte. Bis tief in die Nacht hat er erzählt – und die Menschen haben an seinen Lippen gehangen! Ja, und dann gibt es natürlich wieder Zeiten, wo er ganz unten ist durch seine Krankheit. Es ist ein Wechselbad der Gefühle."

Dieser wundervolle Vortrag in Innsbruck sollte der letzte sein, den er halten konnte. Am Dienstag, den 14. Juni 2011 ist Gunther dann ins Licht gegangen. Elke und seine Kinder waren bei ihm …

Lieber Gunther, ich bin überzeugt, dass du mich von dort, wo du jetzt bist, so jungenhaft angrinst, wie ich dich kennengelernt habe. Du weißt, ich habe lange überlegt, ob es richtig ist, die nette Geschichte unseres ersten Treffens in unserem Wintergarten und vor allem die Story mit dem Pflaumenkuchen zu veröffentlichen, da sie doch sehr persönlich ist.

Und jedes Mal höre ich deine Stimme: „Na klar, Gila, aber so war es doch! Und wir haben unseren Spaß dabei gehabt!

Bloß nicht darum herum reden! Das habe ich auch nie getan!"

Nein, das hast du wirklich nie getan! Und als ich Elke vor der Veröffentlichung dieses Buches diese Passage am Telefon vorgelesen habe, hat sie trotz ihrer Trauer im Herzen laut gelacht.

„Gila, mach dir keine Gedanken", sagte sie, „ich weiß, es ist Gunther eine Ehre, wenn du über ihn schreibst!"

Danke, Elke, ich weiß, dass Gunther ganz bewusst die richtige ausgewählt hat, um sein Werk fortzuführen.

Elke, du bist eine wundervolle Frau!

*

Gern erinnere ich mich an einen Kurs in Belgien, an dem Waltraud mit ihrer 15-jährigen Tochter Yvonne teilnahm.

In einem persönlichen Gespräch erzählte sie mir, dass ihre Tochter magersüchtig sei, was man ihr auch ansehen konnte.

Während unserer gemeinsamen Tage beobachtete ich Yvonne und bemerkte, dass sie sich anfangs sehr schwer tat, sich zu öffnen. Auch Waltraud litt unter der Situation, bis ich sie um ein weiteres Gespräch bat:

„Waltraud, so geht das nicht weiter mit euch beiden! Du leidest darunter, dass deine Tochter nicht so mitmacht, wie du es dir eigentlich erhofft hast. Und wenn du leidest, tust du dir selbst und auch ihr nichts Gutes. Vertrau einfach dieser wunderbaren Gruppe und auch mir! Yvonne darf sich hier entfalten und vor allem auch die Sympathie der anderen spüren. Du wirst sehen, wenn du einfach dieser liebevollen Schwingung vertraust, kann sich auch deine Tochter dieser nicht entziehen. Suche auch du bewusst mehr Kontakt zu den anderen, dann wird sich Yvonne hier freier fühlen."

„Ja, genau das ist der Punkt“, stimmte Waltraud zu. „Ich denke immer, sie ist so zart und so hilfsbedürftig, dass ich mich um alles kümmern muss!“

„Deine Tochter ist zwar zart, weil sie nichts auf den Rippen hat, aber hilfsbedürftig? Nein, das kommt bei mir überhaupt nicht an. Ich glaube eher, dass sie durch die Situation, in der sie sich befindet, unbewusst deine Liebe und deine Aufmerksamkeit einfordert, die sie ja auch bekommt, wie wir sehen. Wenn du dich weiterhin um alles kümmerst, wie soll Yvonne dann selbstständig werden?“

„Du hast ja Recht, Gila, aber es sitzt noch so drin bei mir.“

„Waltraud, ich helfe dir dabei. Ab sofort setzt ihr euch auseinander, und mit Yvonne werde ich sprechen, dass sie sich ab jetzt auch mal den anderen zuwendet.“

Von da an ging es beiden besser. Yvonne setzte ihren ganzen jugendlichen Charme ein, der bei allen wirkte, doch bei keinem das Gefühl der Hilfsbedürftigkeit hinterließ. Waltraud dagegen war ganz erstaunt, dass Yvonne mit ihrem lustigen Naturell alle anderen offensichtlich um den Finger wickelte.

Der Clou kam dann am letzten Tag. Vor der gesamten Gruppe meldete sich die zierliche Yvonne plötzlich zu Wort: „Hört mal her! Ich möchte euch alle um einen Gefallen bitten. Ihr wisst ja, was mit mir los ist, und ich gebe zu, dass ich manchmal keine Lust mehr hatte zu leben. Doch es gibt da ein altes Lied, das ich als Kind sehr gemocht habe, was ihr vielleicht kennt. Können wir das zusammen für mich singen? Und zwar heißt das Lied: ‚Schön ist es auf der Welt zu sein’!“

Gänsehaut pur, als dieses zarte Persönchen plötzlich die Hände der Teilnehmer, die neben ihr standen, nahm und dann mit ihrer feinen Stimme anhob, dieses alte Lied zu singen. Alle anderen bildeten einen Kreis, fassten sich an die Hände und stimmten total berührt und voller Freude ein. Es war die beste Botschaft überhaupt:

„Schön ist es auf der Welt zu sein …!"

*

Soeben hat mich beim Schreiben dieses letzten Kapitels eine E-Mail erreicht, deren Inhalt ich gern noch mit einfließen lassen möchte. Sie kam von Doris, einer Teilnehmerin, die ich bereits in den 90er-Jahren kennengelernt hatte.

Tief berührt sehe ich es als Zeichen der geistigen Welt an, mein Buch damit abzuschließen:

Liebe Gila, Du Detektivin der kosmischen Gesetze!
Hier ist ein ganz lieber Gruß, der zu Dir passt,
von Doris aus Düsseldorf:

*Ein Vater und sein Sohn lebten friedlich und in völliger Eintracht. Sie arbeiteten miteinander und teilten, was sie ernteten.*

*Alles fing durch ein kleines Missverständnis an. Eine immer größer werdende Kluft bildete sich dann zwischen ihnen, bis es zu einem heftigen Streit kam. Fortan mieden sie jeglichen Kontakt, und keiner sprach mehr ein Wort mit dem anderen.*

*Eines Tages klopfte jemand, der Arbeit suchte, an die Tür des Sohnes.*

*„Kann ich vielleicht einige Reparaturen bei dir durchführen?"*

*„Ich hätte schon Arbeit für dich", antwortete der Sohn. „Auf der anderen Seite des Baches steht das Haus meines*

*Vaters. Vor einiger Zeit hat er mich schwer beleidigt. Ich will ihm beweisen, dass ich auch ohne ihn leben kann. Hinter meinem Grundstück steht eine alte Ruine, und davor findest du einen großen Haufen Steine. Damit sollst du eine 2 Meter hohe Mauer vor meinem Haus errichten. So bin ich sicher, dass ich meinen Vater nicht mehr sehen werde.“*

*„Ich habe verstanden“, antwortete der Mann.*

*Dann ging der Sohn für eine Woche auf Reisen. Als er wieder nach Hause kam, war der Mann mit seiner Arbeit fertig.*

*Aber welche Überraschung!*

*Anstatt einer Mauer hatte der Mann eine schöne Brücke gebaut. Da kam auch schon der Vater aus seinem Haus, lief über die Brücke und nahm seinen Sohn in die Arme.*

*„Was du da getan hast, ist einfach wunderbar! Eine Brücke bauen zu lassen, wo ich dich doch so beleidigt habe!“*

*Während Vater und Sohn Versöhnung feierten, räumte der Mann seine Werkzeuge auf und schickte sich an, weiter zu ziehen.*

*„Bleib doch bei uns“, sagten sie.*

*Der Mann antwortete: „Gern würde ich bei euch bleiben, aber ich habe noch anderswo viele Brücken zu bauen ...“*

**L** asst
**I** mmer
**E** ine
**B** rücke
**E** ntstehen!

# SCHLUSS

*Die große Herausforderung*
*des Lebens liegt darin,*
*die Grenzen in dir selbst zu überwinden*
*und so weit zu gehen,*
*wie du dir niemals hättest träumen lassen.*

(Paul Gauguin)

Durch meine Entwicklung habe ich viel Freude und heitere Gelassenheit dazu gewonnen, weil ich spüre, dass das Leben hier auf der Erde nur ein kleines Zwischenspiel ist. Es ist meine Entscheidung, durch die Erkenntnisse und Erfahrungen meines Lebens anderen zu helfen, ihr Leben mit Liebe zu füllen, mich selbst aber auch manchmal ein wenig zurückzunehmen.

Zwischen diesen beiden Einstellungen besteht kein Widerspruch. Ich glaube zutiefst, dass das eine ohne das andere nicht sein kann. Man kann sich nicht verschenken, wenn man sich nicht hat. Und das, was man nicht teilt, wird man auch bald nicht mehr mit Freude besitzen. Wenn wir unser eigenes Leben würdigen, erkennen wir damit auch den Stellenwert der anderen an – und wenn wir das tun, wird unser Leben von ihnen auch wieder gewürdigt.

Es ist gut, jetzt da zu sein, wo ich bin! In mein Leben ist dadurch eine neue Klarheit getreten, eine Klarheit, derentwegen ich früher ein schlechtes Gewissen gehabt hätte.

Die universellen Gesetze sagen: Mit unseren Gedanken der

feinstofflichen Ebene schaffen wir die Wirklichkeit in der materiellen Welt. Wer das Kausalitätsgesetz – das Gesetz von Ursache und Wirkung – kennt, hält den Schlüssel in der Hand, aus der Rolle des Opfers zu schlüpfen, um damit zum verantwortlich denkenden und handelnden Menschen heranzuwachsen.

Doch nur mit dem Wissen an sich ist es nicht getan, wir müssen es zur Anwendung bringen. Wissen ist Macht, sagt der Volksmund. Ich möchte jedoch ergänzen: Nur angewandtes Wissen ist Macht. Ein Schlüssel allein bewirkt noch gar nichts, erst wenn die Tür zu einem verantwortungsvolleren Denken geöffnet wird, erkennen wir neue Möglichkeiten, nach denen wir immer schon gesucht haben.

Ändern wir unsere Blick- und Denkrichtung, so erweitert sich unser Horizont, und wir sind eigenverantwortlich in der Lage, unser Leben neu zu gestalten.

Das Beste, was wir anderen vermitteln können, ist das Beispiel unseres eigenen erfüllten Lebens.

Zum Sinn unseres Lebens gehört auch, dass wir offen sind, um unsere Erkenntnisse anderen weiterzugeben. Gleichzeitig können wir durch unser Wissen Lehrer sein für Menschen, die diese Impulse benötigen – so lehren und lernen wir gleichermaßen. Wir lernen durch das Leben und die Liebe.

Jeder hat den Auftrag, dem Nächsten durch seine Erkenntnisse neue Möglichkeiten aufzuzeigen. Wenn wir jedoch nur missionieren wollen, den anderen nur belehren wollen, so kann der Schuss auch nach hinten losgehen, und der andere zieht sich zurück.

Andererseits, wenn wir alle Erfahrungen nur für uns behalten, also untätig bleiben, obwohl andere uns brauchen, verliert unsere Seele Kraft ...

Es bleibt dabei – Liebe ist die größte Kraft in Gottes Universum!

Genau das spürten die Menschen wieder am 22. Juli 2011. Es war ein sehr schwerer Tag für Norwegen. Auf einer Ferieninsel, eine Autostunde von Oslo entfernt, hatten sich ungefähr 600 Jugendliche der sozialdemokratischen Partei Norwegens im Sommercamp zusammengefunden, um dort ganz entspannt Urlaub zu machen.

Innerhalb von nur einer Stunde erschoss ein 32-jähriger Attentäter auf dieser Insel 68 Jugendliche, nachdem er kurz zuvor in Oslos Innenstadt durch eine selbst gebastelte 500-Kilo-Bombe sieben Menschen in den Tod gerissen hatte.

Die Trauer um die vielen getöteten jungen Menschen war unermesslich.

Alle können wir uns vorstellen, was so eine Nachricht in uns auslöst – und es wurde tagelang in allen Medien darüber berichtet, von welch grenzenlosem Hass der Täter besessen sein musste.

Doch ich erwähne dieses Ereignis aus zwei Gründen. Denn da war auch die Stimme einer Überlebenden, die noch unter dem Eindruck des Geschehens die Worte sprach: „Wenn ein einzelner Mensch so viel Hass in sich hat, zeigt das doch, wie viel Liebe wir alle zusammen in uns haben …!“

Die zweite Aussage, die mein Herz erreichte, war, als der norwegische Thronfolger Haakon zu circa 200000 Menschen, die in Oslo in ihrer Trauer zusammen gekommen waren, mehrmals die Worte aussprach: „Ich spüre hier nur Liebe unter euch!“ Und das, obwohl der Stiefbruder seiner Frau unter den Opfern war.

Wenn wir immer weiter trauern, verpassen wir das Jetzt. Wir sind *heute* zusammen, aber keiner kann mit Gewissheit sagen, ob wir es morgen oder in einem Jahr noch sein werden. Egal, wie viele Pläne man macht, man kann nichts mit Sicherheit voraussagen. Wir sollten keinen Tag verstreichen lassen, ohne innezuhalten und darüber nachzudenken, was wir einander bedeuten. Wir dürfen uns bewusst werden, dass der beste Teil von uns derjenige ist, der sich zum Guten verändert.

Wir sind auf der Welt, um im Leben eine Aufgabe zu erfüllen. In diesem Wort steckt der Begriff ‚Gabe'. Lasst uns also erst einmal unsere eigenen Talente und Begabungen erkennen, um sie dann auch in Liebe zu leben.

Wir dürfen unserer inneren Stimme vertrauen, auch wenn wir nicht auf Anhieb erkennen, wohin unsere Seele uns führen möchte. Und wenn wir immer öfter auf unsere Vorstellungen und Träume achten, werden wir tief in uns spüren, wohin unser Lebensweg uns führt. Die Erfüllung unserer Lebensaufgabe muss nicht in fernen Ländern liegen, vielleicht wartet sie ja am Wohnort, vor der Haustür, in der Familie oder an der Arbeitsstelle auf uns.

Wir sollten den Mut haben, der Stimme des Herzens zu folgen und – statt immer nur auf eine bessere Zukunft zu warten – das Leben *jetzt* leben! Wenn es etwas gibt, das wichtig für unseren Seelenfrieden ist, dann lasst es uns jetzt tun!

Hinterfragen wir doch mal: Finde ich Erfüllung in meiner beruflichen Tätigkeit? Lebe ich meine Partnerschaft, wie ich sie leben möchte? Wenn nicht, was kann *ich* ändern?

Die Liebe im Leben ist weit wichtiger als Karriere- und Machtdenken. Wenn wir uns der Liebe versagen, verpassen wir das Leben. Gleichgültig, ob wir sie geben oder sie empfangen, immer spüren wir sie in unserem Inneren. Doch wir können sie nur spüren, wenn wir entdecken, dass alle Menschen liebenswert sind und Liebe verdient haben.

Ständig werden wir mit dieser unendlichen, nie endenden Liebe vom Universum versorgt. So kann unsere Liebe nie versiegen. Wir dürfen also verschwenderisch damit umgehen. Lasst uns Liebe weitergeben! Jeder benötigt sie – und zwar dringend! Und je mehr wir verschenken, desto mehr kehrt sie zu uns zurück.

Wir sind immer mit der Göttlichen Liebe verbunden. Wir sind Liebe, wir waren nie etwas anderes und werden nie etwas anderes sein als Liebe.

Gott hat uns Menschen den freien Willen gegeben, und jeder Einzelne kann sich entscheiden – entweder für das Licht oder für die Dunkelheit. Wenn wir Liebe leben, so dienen wir Gott und damit uns selbst! Darum sollten wir uns immer wieder bewusst an den Göttlichen Liebesstrom anschließen.

Mit dem Wissen, dass wir von Gott immer geliebt sind, fällt der Druck von uns ab, eine Rolle spielen zu müssen. Die Kraft, die wir dafür benötigen, können wir viel sinnvoller dafür einsetzen, unserer Lebensaufgabe näher zu kommen.

Wenn wir nach unserer Berufung fragen, so liegt für mich die Antwort darin, dass wir diese Aufgabe – bewusst und voller Gottvertrauen – in uns selbst finden, wenn wir an Gottes Vollkommenheit und seine Schöpfung glauben.

Manchmal lasse ich mich treiben, spüre keine Zeit, kein Ticken der Uhr, komme zur Ruhe, höre kein Telefon, habe meinen Computer ausgeschaltet und träume. Ich lasse mich fallen, höre in mich hinein, spüre hinein in meine innere Stimme und lausche ihr. Ich höre ihren liebevollen Hinweis, meinen Weg weiterzugehen – meiner eigenen Kraft zu vertrauen. Es ist die Sprache der Intuition, der Inspiration, die mir sagt, was ich zu tun habe.

Und dann spüre ich meine Kraft wieder, fühle, wie diese Energie mich durchströmt – ich bin dann einfach glücklich und unendlich dankbar!

Der Weg zu Gott ist die Liebe. Das Neue Zeitalter von Licht und Liebe ist da. Es liegt vor uns wie ein unbekanntes Land. Was wird uns widerfahren auf unserer Reise durch das Licht? Welche Herausforderungen werden uns begegnen? Freude und Schmerz werden uns begleiten.

Ich bin gespannt auf dieses neue Bewusstsein der Liebe, ich will es erfahren, erleben. Ich will mein Leben in Liebe leben mit Dir, mein Gott.

***Liebe ist die größte Kraft!***

*Ich danke euch von ganzem Herzen,*
*dass ihr dieses Buch gelesen habt!*

*Eure*
*Gila van Delden*

***Für ein Leben in Licht und Liebe***

## GILA VAN DELDEN's AFFIRMATIONS-KARTEN

***Vertraue der grenzenlosen Kraft deiner Seele!***

Mit diesen 52 bereichernden Affirmationskarten erhältst du Impulse für die Lösung einer Situation – oder einfach gute Energien für die Woche!
Inspirierende Texte und über 100 hochwirksame Affirmationen helfen dir dabei, sämtliche Bereiche deines Lebens voller Freude zu gestalten.
Zieh einfach eine Karte, und lass dich von den wunderbaren Schwingungen berühren …

***… dann ist alles wieder gut!***

INTEGRAL VERLAG

ISBN 978-3-7787-9199-8

---

## GILA VAN DELDEN's ENGELKARTEN

***Frage deine Engel!***

Auch wenn du deine Engel nicht siehst – sie sind da! Und immer, wenn du sie brauchst, spürst du sie ganz besonders.

Du bist dir nicht sicher?
Du hast eine Frage?
Du suchst eine Lösung?

Spüre in dich hinein, werde still, und bitte deine Engel um innere Führung. Gleiches zieht Gleiches an.

Diese 52 Engelkarten haben eine sehr hohe Schwingung und helfen dir bei deinen Entscheidungen. Du wirst überrascht sein, wie sehr dich die Antworten deiner Engel inspirieren.

COUNTRY VERLAG
D-33790 Halle/Westf.

ISBN 978-3-9803144-8-0

Gila van Delden

**... nicht heulen Husky!**

Der fesselnde Tatsachenbericht einer Auswanderung nach Kanada

Ein Selbsterfahrungsbuch

Mit Humor und Selbstironie erzählt die Autorin freimütig ihre turbulente Geschichte. Sie möchte damit nicht zuletzt dem Leser eine Anregung geben, an die Kraft der Gedanken zu glauben. Dieses erfolgreiche Buch wurde sogar mit sehr bekannten internationalen Schauspielern verfilmt.

In aller Heimlichkeit plant sie ihre Auswanderung nach Kanada, gemeinsam mit Rainer, dem Mann ihrer besten Freundin Eva und Vater ihrer Tochter Dana. Trotz vieler scheinbar unüberwindlicher Hindernisse gelingt ihnen die Einwanderung in die Yukon Territories – und ohne Evas Wissen verlassen sie Deutschland. Doch es zeigt sich, dass Rainers Liebe zu seinen dreizehn Huskies nicht unproblematisch ist. Liegt nur in der endgültigen Rückkehr nach Deutschland die Chance für ein gemeinsames Leben für alle?

In Persönlichkeits-Seminaren lernt Gila van Delden die Kraft des positiven Denkens kennen, die ihr zur Lebensphilosophie wird. Obwohl sie ihren ganzen Glauben an das Gute einsetzt, um nochmals ein Leben in Kanada zu beginnen, muss sie sich schließlich doch der Macht des Schicksals beugen. In ihrem zweiten Buch *„Mutter Erde, trage mich . . .“* setzt sie ihre Geschichte fort.

Seit 1994 leitet die Autorin selbst auf sehr liebevolle Art Seminare über die Kraft des Unterbewusstseins, nachdem sie durch ihre eigene Geschichte gelernt hat, nichts mehr zu tun, was auf Kosten anderer geht. In ihren Selbsterfahrungsseminaren können die Teilnehmer lernen, neue Glaubenssätze für ihr Leben zu formen und daraus Kraft zur Meisterung ihres Schicksals zu schöpfen.

COUNTRY VERLAG
D-33790 Halle/Westf.

ISBN 978-3-9803144-0-4

Gila van Delden

**Mutter Erde, trage mich . . .**

Ein erfrischender,
spiritueller Tatsachenbericht

Die Autorin ist 1947 in Bielefeld geboren. Durch ihr erstes Buch „. . . nicht heulen, Husky!“ ist sie in Presse, Funk und Fernsehen bekannt geworden. Nach ihrer Rückkehr aus Kanada versucht sie, mit ihren drei Kindern allein durchzukommen. Dankbar erlebt sie, wie ihr spirituelles Bewusstsein ihr immer wieder sogenannte Wunder präsentiert und ihr hilft, ausweglos erscheinende Situationen zu meistern.

Lebendig und voller Humor beschreibt die Autorin, wie es ihr gelingt, Spiritualität in ihren Alltag einzubinden und auf ihre innere Stimme zu hören. Fesselnd beschreibt sie ernste, aber auch viele heitere Situationen ihrer kleinen Familie. Und dann begibt sie sich auf die spirituelle Suche nach einem Ehemann . . .

Diese Geschichte berührt, stimmt nachdenklich und macht Mut zum Leben. Gleichzeitig jedoch lässt die Autorin den Leser auf eindrucksvolle Weise an dem Erlebnis teilhaben, dass der Tod nicht das Ende des Daseins bedeutet, sondern ein wunderbarer Neubeginn ist. Seit 1994 leitet die Autorin Seminare zu diesen Themen.

Dieses Buch ist eine spannende, humorvolle, aber tiefgründig spirituelle Reise in das innere Ich und macht deutlich, dass jeder Mensch sein Leben nach den geistigen Gesetzen selbst gestaltet.

COUNTRY VERLAG
D-33790 Halle/Westf.

ISBN 978-3-9803144-2-8

Gila van Delden

## ... gib uns Herzen, die verstehen!

Ein Tatsachenbericht, tiefgründig, spirituell und voller Humor

Das Thema dieses Buches „… gib uns Herzen, die verstehen!“ entspringt dem tiefen Wunsch nach Frieden in dieser Zeit. Wer Tiefgang, Humor und Authentizität liebt, wird von diesem Buch vollauf begeistert sein.

Die Autorin hat durch die Verfilmung ihres ersten Buches „… nicht heulen, Husky!“ sowie ihre Bücher „Mutter Erde, trage mich ...“, „Impulse zum Glücklichsein“ und „Lass dein Leben leuchten!“einen großen Bekanntheitsgrad in Europa erreicht. Mit viel Liebe leitet sie Kurse über die Kraft des Unbewussten überall in Deutschland, Österreich und der Schweiz. Sie beschreibt viele humorvolle und berührende Erlebnisse aus ihrer langjährigen Tätigkeit als Seminarleiterin und als alleinerziehende Mutter von vier Kindern.

Der Leser schmunzelt, lacht – ist andererseits tief berührt durch das Erkennen: Spiritualität gehört zum Alltag – wir Menschen sind ganzheitliche Wesen. Erfrischend ist, wie erdverbunden und dennoch spirituell Situationen von ihr beleuchtet werden. Behutsam lässt sie den Leser an ihren feinsinnigen Erkenntnissen der Heimkehr der Seele teilhaben und führt ihn somit in das Vertrauen, dass alles im Leben einen Sinn hat.

Liebe ist die größte Kraft im Universum, und Gila van Deldens Leben sowie ihre Bücher sind ein Beweis dafür, dass alle Situationen durch die Liebe und die richtigen Lebensformeln zu meistern sind.

Leserstimmen:

*„Die Bücher von Gila van Delden habe ich schlichtweg verschlungen.“* *(H.S.)*

*„Diese Bücher haben mein Leben zum Guten verändert.“* *(A.P.)*

*„Durch diese Bücher habe ich die Angst vor dem Tod verloren!“* *(I.N.)*

COUNTRY VERLAG
D-33790 Halle/Westf.

ISBN 978-3-9803144-6-6

Gila van Delden

**... aus einem kleinen Samenkorn**

Ein Tatsachenbericht, voller Humor, Tiefgang und Spiritualität

*„Werde ich spüren, wenn irgendwann wieder mein Engel der Partnerschaft sich mit dem Engel meines Partners in Verbindung setzt, um ein heimliches Arrangement zu treffen – eine Begegnung, die meiner jetzigen Einstellung entspricht: Ich habe aufgehört zu suchen – ich lasse mich finden?*
*Werde ich spüren, wenn diese Engel gemeinsam einen Plan für zwei Menschen entwerfen, um alles für die beiden in die richtigen Bahnen zu lenken?“*

Als sie sich diese Fragen stellt, ahnt die Autorin noch nicht, dass sie bald danach im Internet einen Mann kennenlernen wird. Beide spüren, dass sie offenbar durch ihre gemeinsame Lebensaufgabe füreinander bestimmt sind.

Erfrischend erdverbunden, humorvoll und sehr tiefsinnig schildert Gila van Delden hier ihre authentischen Erlebnisse. Daneben lässt sie den Leser teilhaben an bewegenden und heiteren Episoden aus ihren Seminaren und führt ihn so auf lockere und humorvolle Art an tiefe Erkenntnisse heran. Voller Liebe und Herzlichkeit leitet sie seit 1994 sehr erfolgreich Kurse über die Kraft des Unbewussten in Deutschland, Österreich und der Schweiz.

Gila van Delden hat durch die Verfilmung ihres ersten Buches „... nicht heulen, Husky!“ sowie ihre Bücher „Mutter Erde, trage mich ...“ – „... gib uns Herzen, die verstehen!“, „Impulse zum Glücklichsein“ und „Lass dein Leben leuchten!“ einen großen Bekanntheitsgrad in Europa erreicht.

***Ein Buch mit viel Tiefgang, humorvoll und locker geschrieben – man möchte immer weiter lesen!***

COUNTRY VERLAG
D-33790 Halle/Westf.

ISBN 978-3-9803144-9-7

Gila van Delden

**Impulse zum Glücklichsein**

Positive Affirmationen
und Lebensgedanken ☺

Dieses Buch enthält eine besondere Auswahl geistiger Lebensgesetze und positiver Glaubenssätze aus den bisherigen Büchern und Vorträgen der Autorin.

- Wie lasse ich Menschen und Situationen in Liebe los?
- Wie gehe ich mit Trauer um?
- Wie löse ich Konflikte zwischen Partnern, Kindern und Eltern?
- Wie bekomme ich mein Leben selbst in den Griff?
- Wie erlange ich mehr Selbstvertrauen?
- Wie bringe ich Gesundheit, Frieden und Wohlstand in mein Leben?
- Wie erkenne ich Ursachen von Krankheiten – wie kann ich sie auflösen?
- Wie verzeihe ich, ohne selbst dabei zu leiden?

Dieses Buch bietet dem Leser anhand der dargestellten Lebensformeln und durch neue Affirmationen und Glaubenssätze auf liebevolle Art Lösungen an, wie er die Umstände seines Lebens durch seine eigene innere Kraft selbst bestimmen oder verändern kann.

COUNTRY VERLAG
D-33790 Halle/Westf.

ISBN 978-3-9803144-5-9

Gila van Delden

**Lass dein Leben leuchten!**

Affirmationen
zum Glücklichsein

***Für ein Leben in Licht und Liebe***

Die Kraft der Gedanken ist das allergrößte Geschenk des Lebens.Wenn wir diese Energie liebevoll einsetzen, wird sich unser Leben von Grund auf verändern. Denn die Gedanken von heute sind die Wirklichkeit von morgen.

Mit über 100 hochwirksamen Affirmationen zu den wichtigen Fragen des Lebens weist die Bestsellerautorin und Seminarleiterin Gila van Delden den Weg zu innerem Frieden, Zuversicht und Harmonie.

Erkenne dein wirkliches Potenzial, schöpfe es voll und ganz aus – und lass dein Leben leuchten!

HEYNE-VERLAG ISBN 978-3-453-70190-8

# COUNTRY MENTAL POWER

**Gila van Delden**

*Gepr. psychologische Beraterin - Therapeutin für Hypnose- und Entspannungsverfahren*

**C.M.P. Seminare · Fischweg 7 · D - 33790 Halle/Westf. · Telefon +49 (0) 52 01/66 55 77 · Fax +49 (0) 52 01/66 55 11**
**www.country-verlag.de · email info@country-verlag.de**


## *Liebevoll geführte Meditationen von Gila van Delden*

### Engel-Traum

Die Welt, in der wir leben, ist voller Herausforderungen, doch wir dürfen auf die Kraft des Universums vertrauen, dass uns für all unsere Aufgaben unsere Engel zur Seite gestellt werden. In dieser zauberhaften Phantasiereise erscheint uns unser persönlicher Engel, der unsere Lebenssituation überprüft und uns hilft, das Leben zu meistern und unsere Lebensaufgabe zu finden. Er hilft uns, Körper, Geist und Seele zu stabilisieren und zu heilen. Es tut so gut, sich eine Weile ganz vertrauensvoll nur der wohltuenden, licht- und liebevollen Präsenz unseres Engels zu überlassen.

**COUNTRY VERLAG** **Best.-Nr. 3247-12**

### Leuchtende Visionen

Bei dieser entspannenden Meditationsreise werden unser Körper, unser Geist und unsere Seele mit vielen kraftvollen und aufbauenden Affirmationen gestärkt, die jedem von uns gut tun. Die hochwirksamen Affirmationen helfen uns, unser Lebensschiff auf einen richtigen Kurs zu bringen und damit unser Leben wieder zu meistern. Auf ganz sanfte und liebevolle Weise werden hier direkt die tiefsten Schichten unseres Unterbewusstseins angesprochen. Diese licht- und liebevollen Glaubenssätze verankern sich tief in unserem Unbewussten und streben über kurz oder lang die Verwirklichung in unserem Leben an.

**COUNTRY VERLAG** **Best.-Nr. 3247-11**

### Heilung

Unser Körper ist der Tempel unserer Seele. Diese wunderbare Heilungsmeditation lässt uns intuitiv erkennen, was für unseren Körper wichtig ist. Sie bringt Seele, Geist und Körper in Harmonie und vermittelt Verständnis für die Zusammenhänge der ganzheitlichen Schwingungen. Mit wunderbarer heilender Energie wird dem Körper frische Kraft gegeben, und der Heilungsprozess wird auf der mentalen Ebene gefördert oder sogar vollzogen. Diese heilende Meditation ist sehr kraftvoll und kann immer wieder bei allen seelischen und körperlichen Disharmonien eingesetzt werden.

**COUNTRY VERLAG** **Best.-Nr. 3247-10**

### Vergebung

Bewusst oder unbewusst ist unser aller Wunsch, dass uns vergeben wird und dass wir vergeben können, damit sich mehr Lebendigkeit, Liebe und Freude in unserem Leben zeigt. Alles, was uns nicht mehr bedrückt, gibt uns ein Gefühl von Leichtigkeit und Frohsinn. In dieser tiefgehenden Meditation haben Sie die Möglichkeit, alle Verletzungen aufzuarbeiten. Auf der unbewussten Ebene erfahren Sie Verständnis und Vergebung für die Menschen, von denen Sie selbst sehr verletzt worden sind, aber auch für Ihr eigenes Fehlverhalten. Vergebungswünsche erreichen jede Seele, wo immer sie auch ist – im Diesseits oder Jenseits.

**COUNTRY VERLAG** **Best.-Nr. 3247-9**

### Delfin

Unser Freund, der Delfin, begleitet uns spielerisch durch die ruhige See und taucht mit uns als liebevoller Begleiter in die tiefen Schichten unseres Unbewussten ein. In dieser eindrucksvollen Meditationsreise wird uns ein Teil unseres Wesens gezeigt, dessen wir uns bewusster werden können. Wir nehmen Kontakt auf zu unserem Höheren Selbst und erkennen über unsere Intuition Wege, die uns zu unserem Lebensziel führen. Voller Liebe geleitet uns unser Freund, der Delfin, wieder zurück zu dem Strand, wo unsere Reise ins innere Ich begann. Wenn wir das Element Wasser lieben, so wird uns diese wunderschöne geführte Meditation ganz besonders gefallen.

**COUNTRY VERLAG** **Best.-Nr. 3247-8**

### Herzenswärme

Unser Herz steht für das Gefühl. Wie viele Erfahrungen haben uns wachsen und reifen lassen! Oft erschien uns der Preis dafür sehr hoch. In dieser wunderschönen Meditation bringen Sie Wärme und Licht in Ihr Herz und spüren, wer von all den Menschen in Ihrem Leben wichtig für Sie ist. Sie erfahren Ihr Herz als Zentrum Ihres Ichs – als Ihr innerstes Zuhause, in dem Sie sich wieder wohl fühlen. Hier lernen Sie, auf leichte und lockere, aber wirkungsvolle Art Menschen loszulassen, die in Ihrem Leben zwar eine Rolle gespielt haben, die aber jetzt nicht mehr wichtig für Sie sind. Sie schöpfen Klarheit und neue Kraft aus dieser Erkenntnis.

**COUNTRY VERLAG** **Best.-Nr. 3247-7**

# COUNTRY MENTAL POWER

Gila van Delden

*Gepr. psychologische Beraterin - Therapeutin für Hypnose- und Entspannungsverfahren*

**C.M.P. Seminare · Fischweg 7 · D - 33790 Halle/Westf. · Telefon +49 (0) 52 01/66 55 77 · Fax +49 (0) 52 01/66 55 11**
**www.country-verlag.de · email info@country-verlag.de**

---

## *Liebevoll geführte Meditationen von Gila van Delden*

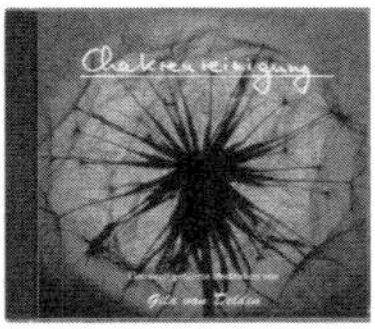


### Chakrenreinigung

Diese wunderschöne geführte Farbreise durch die sieben Chakren gibt Ihnen die Möglichkeit, die Energiewirbel, die wie zart geöffnete Blütenblätter auf der subtilen Ebene Ihres Geistes schwingen, auf sanfte Art zu reinigen und mit Energie anzufüllen. In Ihrer Imagination können Sie hier ganz deutlich spüren, wie sich der Energiefluss in allen Bereichen wieder aktiviert. Je strahlender und klarer die Chakren in Ihrer Vorstellung erscheinen, um so mehr Kraft strömt aus dem kosmischen Energiefeld ein – und um so mehr Gesundheit und Wohlbefinden wird Ihr Leben widerspiegeln.

**COUNTRY VERLAG** **Best.-Nr. 3247-6**

### Schmetterling

In dieser zauberhaften, geführten Phantasiereise fliegen Sie in Ihrer Imagination als Schmetterling in das Land Ihrer Phantasie. Auf ganz leichte und entspannende Art spüren Sie die Verwandlung, wie Sie aus Ihrem begrenzten Kokon schlüpfen und in eine wunderbare Welt der Farben, des Lichtes und der Harmonie eintauchen. Diese wunderschöne Meditation führt Sie in die Natur, in den verborgenen Bereich Ihrer Träume und Ihres Unbewussten, wo noch viele unentdeckte Schätze liegen. Diese Meditation ist nicht nur für Erwachsene, sondern auch sehr gut für Kinder geeignet, um ihnen auf ganz sanfte Weise die Metamorphose der Natur nahe zu bringen.

**COUNTRY VERLAG** **Best.-Nr. 3247-5**

### Weiser Ratgeber

Die positiven Kräfte unseres Unbewussten geben uns ein Gefühl der Sicherheit und der inneren Wärme. Zum Glück sammelt unser Unbewusstes all unsere Erfahrungen, so dass es tief in uns selbst so etwas gibt wie eine Stimme der Weisheit. Diese Stimme unseres weisen Ratgebers von Zeit zu Zeit zu hören ist wichtig.
In dieser zauberhaften, geführten Meditation können Sie sich an die innere Stimme der Weisheit und Lebenserfahrung wenden, um von dort Zuversicht und Anregung bei der Lösung aktueller Probleme zu erfahren. Und wenn es der richtige Zeitpunkt ist, so werden Sie auch eine Antwort erhalten...

**COUNTRY VERLAG** **Best.-Nr. 3247-4**

### Spiegel der Persönlichkeit

Wir können einiges dazu tun, uns die Möglichkeiten unseres Unbewussten mehr und mehr zu Nutze zu machen. In dieser sanft geführten Meditation können Sie Ihren unbewussten Geist dazu einladen, Sie mit frischen, kreativen Energien zu versorgen. So wird auch Ihre Intuition wieder angesprochen, und Sie kommen auf sanfte und leichte Art Ihren gesetzten Zielen wieder näher.
Diese Phantasiereise wird das Tor zu Ihrem Unbewussten weit öffnen und Ihnen mehr Einblick und Erkenntnisse geben in die verschiedenen Phasen und Prozesse Ihres Lebens.

**COUNTRY VERLAG** **Best.-Nr. 3247-3**

### Traumreise ins Licht

Eine zauberhafte, geführte Lichtmeditation: Sie atmen das Licht der aufgehenden Sonne ein und beginnen, Ihren Körper mit dieser Energie aufzuladen. Es sind Wellen goldenen Lichtes, die zu Ihnen kommen – die krafvoll sind. Die goldenen Strahlen der Sonne berühren Ihren Körper – und Sie atmen alles tief ein und füllen Ihren Körper immer mehr an mit dieser großen Kraft. Und mit dem Ausatmen öffnet sich Ihr Energiezentrum oben auf Ihrem Kopf wie eine Blüte. So kann Ihre Energie zu Ihrem Sonnensymbol Ihres Höheren Selbst fließen, und Ihre Wünsche werden hoch getragen zu Ihrem Höheren Selbst...

**COUNTRY VERLAG** **Best.-Nr. 3247-2**

### Begeisternde Rede

Bei dieser wunderschönen, geführten Meditation wird die Motivation aufgebaut, in größeren Gruppen zu sprechen. Hier können Sie auf der Bühne Ihrer Phantasie ausprobieren, wie das, was Sie eigentlich sagen möchten, bei dem zuhörenden Publikum ankommt. Sie werden immer sicherer und spüren die Begeisterung, die Ihnen von Ihren Zuhörern entgegenschlägt. Vorstellung schafft Wirklichkeit! Diese wirkungsvolle Phantasiereise gibt Ihnen die Gelegenheit, Ihre Begeisterung und Ausstrahlung von Mal zu Mal überzeugender auf andere Menschen wirken zu lassen. Hier lernen Sie auf angenehme und völlig entspannende Art, vor anderen zu reden und aufzutreten.

**COUNTRY VERLAG** **Best.-Nr. 3247-1**